EU SOU TREZENTOS
MÁRIO DE ANDRADE
VIDA E OBRA

eduardo jardim

EU SOU

TREZENTOS
MÁRIO DE ANDRADE
VIDA E OBRA

© 2015 desta edição, Edições de Janeiro
© 2015 Eduardo Jardim

Todos os direitos reservados e protegidos pela Lei 9.610, de 19.2.1998. É proibida a reprodução total ou parcial sem a expressa anuência da editora e do autor.

Este livro foi revisado segundo o Acordo Ortográfico da Língua Portuguesa de 1990, em vigor no Brasil desde 2009.

EDITORA
Ana Cecilia Impellizieri Martins

COORDENADORA DE PRODUÇÃO
Cristiane de Andrade Reis

ASSISTENTE EDITORIAL
Aline Castilho

COPIDESQUE
Leny Cordeiro

REVISÃO
Vania Santiago
Laura Folgueira

CAPA E PROJETO GRÁFICO
Victor Burton

ASSISTENTE DE PESQUISA (IMAGEM)
Raquel Nunes

DIAGRAMAÇÃO
Filigrana

PRESIDENTA DA REPÚBLICA
Dilma Rousseff

MINISTRO DA CULTURA
Juca Ferreira

BIBLIOTECA NACIONAL
PRESIDENTE
Renato Lessa

DIRETORA EXECUTIVA
Myriam Lewin

CHEFE DE GABINETE
Ângela Fatorelli

CENTRO DE PESQUISA E EDITORAÇÃO
Marcus Venicio Ribeiro

CIP-BRASIL. CATALOGAÇÃO NA FONTE
SINDICATO NACIONAL DOS EDITORES DE LIVROS, RJ

J42m
Jardim, Eduardo
Mário de Andrade: Eu sou trezentos: vida e obra / Eduardo Jardim. - 1. ed.
– Rio de Janeiro: Edições de Janeiro, 2015.
: il. Inclui bibliografia
ISBN 978-85-67854-37-3
1. Andrade, Mário de, 1893-1945. 2. Escritores brasileiros - Biografia. I. Título.
14-17634   CDD: 869.98   CDU: 821.134.3(81)-94

EDIÇÕES DE JANEIRO
Praia de Botafogo, 501, 1º andar, bloco A
Rio de Janeiro – RJ | 22250-040
+55 (21) 3796-6708
contato@edicoesdejaneiro.com.br
www.edicoesdejaneiro.com.br

Mário de Andrade, 1917.

SUMÁRIO

APRESENTAÇÃO | RENATO LESSA | 8

PRÓLOGO | 11

SÃO PAULO: INFÂNCIA E JUVENTUDE (1893-1917) | 17
    Há uma gota de sangue em cada poema 30

O MEU POETA FUTURISTA (1917-1924) | 37
    Descoberta da Arte Moderna – Anita Malfatti 37
    Venturas e desventuras de uma amizade – Oswald de Andrade 44
    Pauliceia desvairada 48
    Questões de estética 51
    Pontos de História da Arte 55
    Em torno da Semana de 1922 57

NO FUNDO DO MATO-VIRGEM | 67
    Segundo tempo modernista 67
    "Pau-brasil" 72
    O papa do Modernismo 74
    Moderno, nacional, popular, folclórico 80
    Macunaíma 84
    Desgeografização 88
    Tradicionalização 89
    Tudo estourava no final da década 94

ARTE SOCIAL | 107
    Revoluções – 1930 e 1932 107
    Folclore e o sentido social da arte 115
    Contra o individualismo e o virtuosismo 118

DRAMAS DA CONTRARIEDADE | 125
"Aceitarás o amor como eu o encaro?" 132

VIDA E MORTE DO DEPARTAMENTO DE CULTURA (1935-1938) | 139

AI, AI, GUANABARA! (1938-1941) | 151
Catete – Rio de Janeiro 151
O artista e o artesão 154
Exílio no Rio 158
Quatro pessoas e poemas do Rio 162
Mário de Andrade em Minas 164
Os moços 168
Rio – Santa Teresa 171
Mário de Andrade e o catolicismo – debate com Tristão de Athayde 173

DE VOLTA A SÃO PAULO (1941-1945) | 185
Segall x Portinari 192
Revisão do Modernismo 196
Arte de combate 199
"A meditação sobre o Tietê" 202

EPÍLOGO | 215

OBRAS DE MÁRIO DE ANDRADE 223
CORRESPONDÊNCIA 235
BIBLIOGRAFIA GERAL 239
ACERVOS 251
AGRADECIMENTOS 252
SOBRE O AUTOR 253

MÁRIO DE ANDRADE
ESTÉTICA E DEMIURGIA
RENATO LESSA

Este belo livro de Eduardo Jardim parte de uma proposição forte. Com efeito, o estilo suave da escrita, quase uma conversa coloquial com o leitor, não esconde a presença de argumentos inequívocos. A proposição em questão sustenta que Mário de Andrade, entre os anos 1917 e 1937 teria sido "figura central na vida intelectual do país". Os termos postos são claros: "Nenhum escritor, nunca mais, teve como ele tanta importância como artista, como formulador de uma interpretação do Brasil e como animador cultural."

Um dos muitos méritos do texto de Eduardo Jardim é o de indicar os elementos textuais e imaginativos, na obra e na atuação de Mário de Andrade, que teriam sustentado tal centralidade. Tais elementos estão ali presentes sob a forma de "tensões", a saber: entre o "impulso lírico" e a "inteligência analítica"; entre o "nacional" e o "universal"; entre a "cultura letrada" e a "cultura popular; entre "invenções formais" e "exigências materiais", inerentes ao trabalho artístico.

A interseção das tensões indicadas fez com que o esforço intelectual de Mário de Andrade implicasse o desenvolvimento de uma estética própria, ao lado de uma vontade de militância, fundada na crença de que a arte é "um componente da vida social". Ao Mário de Andrade dos anos 1917-1937 não teria faltado ímpeto demiúrgico, pelo qual uma estética própria e a prática da interpretação do Brasil deram passagem a um espírito de intervenção na vida cultural do país. A síntese desses aspectos não escapou a Eduardo Jardim: a vida de Mário de Andrade teria sido marcada pela "urgência de realizar um projeto literário, de reforma da cultura e do país". Não surpreende que esta apreciação notável do programa de Mário de Andrade utilize a forma biografia.

Ator central do Modernismo brasileiro, Mário de Andrade manifestou, na altura dos anos 1940, sua reserva a respeito do que Antonio Candido tão bem denominou como a rotinização do Modernismo. Para Mário, o sucesso estético e a nacionalização artística trazida pelos modernistas, ambos aspectos positivos, teriam dado passagem a um absenteísmo. Ter-lhe-ia faltado um espírito de "maior revolta contra a vida como está". O livro de Eduardo Jardim ilumina tanto o trajeto de Mário quanto o limite a ele imposto. O que disto resulta é o perfil de um herói intelectual, grande em suas descobertas, em suas perplexidades e em seus desencantos.

RENATO LESSA É PRESIDENTE DA BIBLIOTECA NACIONAL

Na casa de Câmara Cascudo, em Natal, Rio Grande do Norte, 1928.

PRÓLOGO

Mário de Andrade tinha "o tipo físico de um índio espadaúdo. Uma boca enorme, cheia de dentes, que os caricaturistas aproveitavam com razão como foco central de sua fisionomia. Umas mãos enormes como patas de urso. Uns ombros muito largos, uns óculos muito espessos, um riso muito aberto, uma fala muito caipira, mas nada descansada, tudo nele respirava irradiação, dinamismo, exuberância, alegria de viver. Estava talhado fisicamente para agitador."

As fotos e os diversos retratos, pelos mais importantes artistas, confirmam a descrição que Alceu Amoroso Lima fez do amigo, alguns anos depois de sua morte.[1] Mário de Andrade nasceu em São Paulo, em 9 de outubro de 1893, e morreu na mesma cidade, em 25 de fevereiro de 1945.

O agitador apareceu em 1917, ano inaugural do Modernismo no Brasil, e perdeu todo o vigor no final de 1937, com a instauração do

---

1   LIMA, Alceu Amoroso (Tristão de Athayde). *Companheiros de viagem*. Rio de Janeiro: José Olympio, 1971, p. 44.

Estado Novo. Nesses vinte anos, ele foi a figura central da vida intelectual do país. Nenhum escritor, nunca mais, teve como ele tanta importância como artista, como formulador de uma interpretação do Brasil e como animador cultural.[2]

Mário de Andrade era de uma família de classe média, que tinha conexões com membros dos grupos abastados e tradicionais da cidade, chamados por ele de "donos da vida". Em seus contos retratou cenas de uma infância solitária e reclusa, que bem pode se assemelhar à sua própria. O catolicismo teve grande influência na sua formação e o sentimento religioso o acompanhou a vida toda. Por volta dos vinte anos, o jovem, muito sensível, entrou em contato com a arte e a estética modernas. Foi decisiva, nessa altura, sua amizade com a pintora Anita Malfatti e com Oswald de Andrade.

Seu primeiro combate foi em defesa da modernização das linguagens artísticas, quando recorreu a uma vasta informação sobre as vanguardas europeias, que ele adaptou e utilizou contra o "passadismo" local. Nessa época participou da Semana de Arte Moderna, em 1922, e publicou o primeiro livro de poesias modernistas, *Pauliceia desvairada*, no mesmo ano, que continha o renomado "Prefácio interessantíssimo".

A segunda etapa do combate iniciou-se em 1924. O programa nacionalista definido nesse momento afirmava que a nacionalização da arte e da cultura era o único meio de assegurar a modernização cultural do país. Para o poeta, a arte brasileira só seria moderna e teria um significado universal no dia em que se fixasse com uma fisionomia particular. A questão da brasilidade foi tratada em ensaios, poemas e em *Macunaíma* (1928), obra que contém um retrato bastante irônico do Brasil e uma proposta de invenção de uma nação moderna, diversificada, mas unida. Nesses anos, Mário de Andrade concebeu sua vocação de escritor como intérprete da nacionalidade, cujos componentes estariam depositados na cultura popular, a qual ele passou a pesquisar e na qual buscava inspiração.

A década de 1930 foi marcada pelas disputas políticas no Brasil e no mundo. O debate ideológico se intensificou, com posições que iam do comunismo ao autoritarismo e ao fascismo. Mário de Andrade esteve ligado ao movimento de 1932, em São Paulo – uma reação à

---

2   Mário de Andrade foi chamado de animador cultural por Manuel Bandeira, em conferência no Teatro Municipal do Rio, em 1954. "Mário de Andrade, animador da cultura musical brasileira", *Colóquio unilateralmente sentimental*. Rio de Janeiro: Record, 1968, p. 69.

ditadura instaurada com a tomada do poder por Getúlio Vargas, em 1930. Ao longo da década, o tema da função social da arte adquiriu enorme importância para ele, que passou a ver nela um componente formador da vida social. Preocupavam-no, por essa razão, os recursos para assegurar sua expansão. Em suas iniciativas, pretendeu pôr em contato e amalgamar as várias camadas da população através da cultura, dedicando os anos de maturidade à realização desse projeto. Em 1935, quando foi convidado para ser diretor do Departamento de Cultura da Prefeitura de São Paulo, concebeu um programa ímpar de política cultural. Deu tudo de si para concretizar seus planos, mas não foi bem-sucedido.

Em 1938, afastado da direção do Departamento de Cultura, Mário de Andrade foi para o Rio de Janeiro, onde pensava reiniciar a vida. Nunca mais recuperou o sentido pleno da sua vocação. Fez, em 1942, uma avaliação muito crítica do movimento modernista e de sua atuação como seu expoente. Seu estado de espírito tornou-se sombrio em seus últimos anos, quando testemunhou a Segunda Guerra e a ditadura no Brasil. Dramática situação para quem tinha acreditado que a própria dor era uma felicidade![3] Defendeu nessa época a proposta de uma arte militante, mas nunca realizou nada de expressivo nesse sentido. Escreveu poemas de extrema beleza até o final da vida. O poeta morreu aos 51 anos, de ataque cardíaco, antes que pudesse ver o fim da guerra e a queda do Estado Novo.

O escritor e homem multifacetado vivenciou fortes tensões e as incorporou em suas obras. Primeiramente, como poeta, experimentou a presença, na criação artística, de um impulso vital, que constitui a própria inspiração, muitas vezes caótica, e da necessária disciplina técnica que possibilita construir a obra a ser transmitida ao leitor. A tensão entre o impulso lírico e a inteligência crítica foi a primeira experimentada pelo poeta. Em seguida, as relações entre o elemento nacional e o contexto universal e entre a cultura letrada e a popular mereceram sua atenção. Os anos 1930 introduziram o tema do confronto entre a preservação da individualidade e o apelo coletivo. Por último, o escritor propôs aos artistas contemporâneos um ideal de

---

3   Afirmação contida no livro *Losango cáqui* e comentada em carta a Carlos Drummond de Andrade. FIGUEIREDO, Tatiana Longo e LOPEZ, Telê Ancona (org.). *Poesias completas*. Rio de Janeiro: Nova Fronteira, 2013, p. 159. SANTIAGO, Silviano (org.). *Carlos & Mário*. Rio de Janeiro: Bem-Te-Vi, 2002, p. 129.

superação da tendência formalista predominante na arte moderna. Imaginou, então, que seria preciso criar um novo tipo de intercâmbio entre as invenções formais e as exigências materiais presentes em todo fazer artístico, ao aproximar o artista do artesão. Mário de Andrade não resolveu nenhuma dessas tensões, mas as manteve vivas, e com elas marcou toda a sua obra.

A maneira apaixonada de lidar com todos esses embates explica a declaração feita aos amigos de que era dotado de uma espécie de bivitalidade.[4] Ela também está na origem do vigor de seus escritos e de sua atuação pública.

A mesma inquietação anima tanto a vida quanto a obra de Mário de Andrade. É impossível considerar uma sem a outra. Sua vida foi tomada pela urgência de realizar um projeto literário, de reforma da cultura e do país. Para isso era preciso que tivesse uma personalidade com enorme disponibilidade para acolher tão grandes encargos. O escritor construiu sua biografia para realizar o que considerava ser sua vocação. Sua personalidade única apareceu nas suas iniciativas e nos seus livros. Mário de Andrade viveu em uma época traumática da história recente, sofreu o impacto dos principais acontecimentos da primeira metade do século XX e reagiu a eles. Ao traçar o perfil do grande escritor, é possível, ainda, lançar luz sobre sua época.

A crítica e a história da literatura já sublinharam a importância de Mário de Andrade, cujos poemas, contos, romances e ensaios continuam a interessar e a comover muitos leitores. Suas realizações são gigantescas, do ponto de vista da renovação das artes no país. Porém, ao considerar-se a trajetória da sua vida, nota-se que ele não conseguiu realizar seu intento principal. O sonho de construir um Brasil diversificado e, ao mesmo tempo, inteiriço, dotado de fisionomia própria e inserido no concerto universal, cioso de suas tradições e acolhedor das linguagens modernas não se concretizou. Suas propostas foram ceifadas por uma intervenção autoritária que antecipou outros momentos da história brasileira. A reação de Mário foi, primeiro, de abatimento e, em seguida, de desesperado ativismo. No entanto, esta não foi a última mensagem do poeta. A derradeira palavra está nos

---

4   ALVARENGA, Oneyda (org.). *Cartas: Mário de Andrade e Oneyda Alvarenga*. São Paulo: Duas Cidades, 1983, p. 273.

versos de "A meditação sobre o Tietê", poema datado de poucos dias antes de sua morte.

A beleza da obra de Mário de Andrade permanece, mas já não somos seus contemporâneos. O Modernismo como movimento cultural, de que ele foi o mais expressivo representante, esgotou-se. Acontecimentos que afetaram não só o país, mas o mundo, inviabilizaram o projeto moderno. Os historiadores precisarão ainda examinar o significado dessa ruptura que dá início ao nosso tempo. Por ora, este livro tem o propósito de reconstituir a trajetória do poeta e pensador até o momento da sua morte, no ponto em que os impasses com que se deparou se mostraram insuperáveis. Sugere também que a reflexão sobre o encerramento desse percurso motive uma interrogação sobre a nossa época, que contrasta com aquela em que o poeta viveu.

Largo do Paissandu, São Paulo, anos 1910.

CAPÍTULO 1

SÃO PAULO
INFÂNCIA E JUVENTUDE
(1893-1917)

"São Paulo! comoção de minha vida...",[1] era o verso de "Inspiração", que abria *Pauliceia desvairada*,[2] o primeiro livro modernista de Mário de Andrade. Em seu último livro de poemas, *Lira Paulistana*, escrito mais de vinte anos depois, a cidade continuava a ser, além da paisagem moderna e contraditória que sempre o impressionou, sua verdadeira morada afetiva.

Minha viola quebrada,
Raiva, anseios, lutas, vida,
Miséria, tudo passou-se
Em São Paulo.[3]

De fato, as cidades têm sido fonte de inspiração e assunto dos poetas modernos. Nem é preciso lembrar da Paris de Baudelaire. Émile Verhaeren, um poeta belga bem menos conhecido, que escreveu *Villes*

---

[1] ANDRADE, Mário de. *Poesias completas*. Rio de Janeiro: Nova Fronteira, 2013, p. 77.
[2] Idem.
[3] Ibidem, p. 491.

tentaculaires, foi uma influência muito mais marcante, especialmente para Mário de Andrade. São Paulo foi para ele quase uma obsessão.

A São Paulo em que Mário de Andrade (Mário Raul de Moraes Andrade) nasceu, a 9 de outubro de 1893, passava naquele momento por sua primeira grande transformação. Ao contrário do que ocorreria uma década mais tarde no Rio de Janeiro, que teria uma urbanização planejada para atender ao status de capital da República, a renovação da capital bandeirante, como era chamada, foi bem mais espontânea e dependeu de fatores econômicos mais prementes. No final do século XIX, o plantio do café, base da economia do país, deslocou-se do Vale do Paraíba para o interior de São Paulo. As novas fazendas eram agora verdadeiras empresas capitalistas. Ficavam muitas vezes afastadas da capital e dependiam, desde antes da Abolição, em 1888, do trabalho livre, inclusive de imigrantes europeus. A administração desses grandes empreendimentos era feita na cidade, na proximidade dos bancos e dos agentes exportadores, o que fazia seus proprietários construírem opulentas residências na capital. As fotos das casas de dona Olívia Guedes Penteado, da família Prado e da Villa Kyrial, do senador Freitas Valle, frequentadas pelos modernistas, impressionam pela imponência. Essas mansões não eram mais construídas no centro velho da cidade, e sim em bairros como Higienópolis e na região da avenida Paulista, aberta na última década do século XIX, para onde a cidade se expandia. A decoração era feita com objetos e quadros vindos da Europa, especialmente da França. Aos poucos, algumas dessas casas passaram a abrigar também arte moderna, como o Pavilhão de Arte Moderna, de dona Olívia, e a casa de Tarsila do Amaral. Foi decisiva a contribuição desses salões aristocráticos na consolidação do primeiro grupo modernista. Também não se pode esquecer que seus proprietários apoiaram com seu prestígio e financiaram a Semana de Arte Moderna.

A cidade crescia em todas as direções. Passou a ser povoada também por fábricas e por imigrantes, sobretudo italianos. Estes não compunham apenas os setores mais pobres da população, mas logo se firmaram como uma vanguarda industrial. Em 1907, por exemplo, as Indústrias Matarazzo – na origem, uma pequena fábrica de banha de porco em lata – já apareciam como das maiores do país.[4] O processo de crescimento da

---

4   Cf. ODALIA, Nilo e CALDEIRA, João Ricardo de Castro (orgs.). *História do estado de São Paulo/ A formação da unidade paulista: República*, vol. 2. São Paulo: Unesp/Imprensa Oficial, 2010.

cidade, motivado por fatores econômicos, logo veio a ser acompanhado pelos engenheiros egressos da cada vez mais prestigiada Escola Politécnica, responsáveis pelas soluções urbanísticas e pela edificação de marcos arquitetônicos como a Estação da Luz, de 1901, e o Teatro Municipal, de 1911, que apareceriam como cenário do movimento modernista.

O nascimento de Mário de Andrade foi na rua Aurora, 320, no centro da cidade, na casa do avô materno, Joaquim de Almeida Leite Moraes, onde seus pais Carlos Augusto de Andrade e Maria Luísa moravam. Carlos Augusto tinha trabalhado em duas ocasiões com o futuro sogro. Quando este foi indicado presidente da província de Goiás, o jovem tipógrafo e jornalista o acompanhou, como secretário, em uma longa viagem pelo interior, que passou por Goiás e chegou a Belém, no Pará, com retorno a São Paulo por mar. Os *Apontamentos de viagem* de Leite Moraes fazem parte do repertório de diários de viajantes pelo interior do país, que constitui a principal fonte da história do Brasil até o século XIX. Carlos Augusto foi também jornalista no diário *O Constituinte*, de propriedade de Leite Moraes. O casamento com Maria Luísa o aproximou ainda mais da família tradicional, e o próprio fato de ter sido acolhido na casa do sogro indica esse forte vínculo.

Depois da morte de Leite Moraes, Carlos Augusto mudou-se com a família para o Largo do Paissandu, 26, ainda no centro da cidade. Mário de Andrade viveu ali, em um sobrado de aspecto sóbrio, a infância e a juventude, até os 28 anos, com o pai – até sua morte em 1917 –, a mãe, dois irmãos –, Carlos, nascido em 1888, e Renato, em 1899, morto em um acidente em 1913 –, a irmã, Maria de Lourdes, nascida em 1901, e a tia Nhanhã, Ana Francisca, irmã de sua mãe e sua madrinha. Os tempos do Largo do Paissandu – alguns poemas e contos revelariam mais tarde – foram marcados pelo isolamento durante a infância e pelos dramas do adolescente com seus conflitos íntimos. Em 1921, a mãe viúva, com sua irmã e os filhos, mudou-se para a rua Lopes Chaves, 108, depois 546, no bairro da Barra Funda. Mário viveu nessa casa – atualmente um centro cultural – até o final da vida.

Na rua Aurora eu nasci
Na aurora da minha vida
E numa aurora cresci.

*No Largo do Paissandu
Sonhei, foi luta renhida,
Fiquei pobre e me vi nu.*

*Nesta rua Lopes Chaves
Envelheço, e envergonhado
Nem sei quem foi Lopes Chaves.*[5]

Raras são as fotos de Mário de Andrade quando criança. Fora um retrato de bebê bastante convencional e outro do rosto, de óculos, com lábios grossos, no quadro de formatura do ginásio (em 1909), só se conhecem os retratos já no serviço militar. Uma lacuna intrigante, quando se sabe do hábito da época de fotografar as crianças de forma solene em ambientes encenados. Não temos a sorte de Walter Benjamin, que se utilizou de uma fotografia de Kafka criança para comentar a tristeza profunda do escritor. Após descrever o fantasioso cenário em que foi feito o retrato, o filósofo comentou: "Seus olhos incomensuravelmente tristes dominam essa paisagem feita sob medida para eles, e a concha de uma grande orelha escuta tudo que se diz."[6]

Mário de Andrade talvez se incomodasse com a visão da criança muito feiosa em que se reconhecia. Em um de seus contos, há a descrição de uma cena em que o personagem já adulto destrói, por uma espécie de "polidez envergonhada", um retrato da infância, e guarda outro que o mostra de forma ridícula, vestido com uma camisolinha.[7]

A figura da criança feia retorna no mais autobiográfico de seus poemas, "Reconhecimento de Nêmesis", nas repetidas visitas de uma visagem que o assombra:

*Mão morena dele pousa
No meu braço... Estremeci.
Sou eu quando era guri
Esse garoto feioso.*[8]

---

5 ANDRADE, Mário de. *Poesias completas*, p. 521.
6 BENJAMIN, Walter. *Obras escolhidas* I. São Paulo: Brasiliense, 2010, p. 144.
7 ANDRADE, Mário de. *Contos novos*. Belo Horizonte/Rio de Janeiro: Itatiaia, 1999, p. 102.
8 ANDRADE, Mário de. *Poesias completas*, p. 407.

E segue com a descrição:

Menino... cabelos só,
Que à custa de muita escova
E de muita brilhantina,
Me ondulavam na cabeça
Que nem sapé na lagoa
Se vem brisando a manhã.[9]

No poema, três vezes, o pequeno fantasma o visita, em momentos em que a vida se tornara amarga e uma fresta se abrira para o passado, interrompendo o ritmo dos afazeres diários. Em uma primeira vez, o poeta pôde notar a distância que o separava do menino, e o encarou com a superioridade dos que têm a "alma aquecida pelo fogo humano do universo". Num segundo momento, irritado, ele desdenhou a visagem, que foi embora. Uma terceira visita, a mais impressionante, motivou a composição do poema. A presença do curumim é inevitável. Mesmo com todo o esforço para se concentrar na labuta diária, "ele não vai-se embora. E o vulto do curumim, sem piedade, me recorda a minha presença em mim".[10]

É um encontro doloroso do poeta não só com a criança que ele foi, mas também consigo mesmo, com sua "estragosa sensibilidade", como deixou anotado em um esboço biográfico no seu primeiro livro, *Há uma gota de sangue em cada poema* (1917).

São Paulo o viu primeiro.
Foi em 93.
Nasceu, acompanhado daquela
estragosa sensibilidade que
deprime os seres e prejudica
as existências, medroso e humilde.
E, para a publicação destes
Poemas, sentiu-se mais medroso e mais humilde, que ao nascer.[11]

---

9   Idem.
10 Ibidem, p. 238.
11 Ibidem, p. 31.

Também os contos de Mário de Andrade ajudam na decifração da sua infância. Seu significado biográfico é menos explícito do que alguns poemas, mas chamam a atenção os que se ocupam de personagens infantis, que podem ser lidos como reminiscências, como "Vestida de preto" e "Tempo da camisolinha", de *Contos novos*, seu livro póstumo de 1947. O primeiro narra o amor terno de duas crianças, que acontece entre brincadeiras, asperamente interrompido pela tia vestida de preto. É comovente a descrição do beijo de Juca e Maria e o que ocorreu em seguida:

> Maria, só um leve entregar-se, uma levíssima inclinação para trás me fez sentir que Maria estava comigo em nosso amor. Nada mais houve. Não, nada mais houve. Durasse aquilo uma noite grande, nada mais haveria porque é engraçado como a perfeição fixa a gente.

A situação imaculada é interrompida pela entrada da Tia Velha, ao que o narrador observa:

> Percebi muito bem, pelos olhos dela, que o que estávamos fazendo era completamente feio. – Levantem!... Vou contar pra sua mãe, Juca![12]

O conto se desdobra em um segundo tempo, quando, na idade adulta, o casal se reencontra. O desfecho da história, porém, é uma frustrante separação.

"Tempo da camisolinha" se passa em Santos, durante as férias, na praia, e foi inspirado em um episódio vivido pelo autor. Um menino solitário perambula por uma casa triste e seus arredores e mostra, desafiador, em um diminuto sacrilégio, o pintinho para a imagem de uma santa, que pertencia à mãe:

> Entrei na sala da frente, solene, com uma coragem desenvolta, heroica, de quem perde tudo mas se quer liberto. Olhei francamente, com ódio, a minha madrinha santa, eu bem sabia, era santa, com os olhos doces se rindo para mim. Levantei quanto pude a camisola e empinando a barriguinha, mostrei tudo pra ela. "Tó! Eu dizia, olhe! Olhe bem! Tó!

---

12 ANDRADE, Mário de. *Contos novos*, p. 21.

Olhe bastante mesmo!" E empinava a barriguinha de quase me quebrar pra trás.¹³

O tema do desejo contrariado, da oposição entre o impulso amoroso e as normas sociais, ficou estampado nessas pequenas histórias sobre crianças, e sugere o embate entre forças contraditórias com que o autor lidou ao longo da vida. Outro assunto da narrativa é o da generosidade que exige o sacrifício de si. O personagem criança se compadece do operário sofredor que encontra na praia, descrito como tendo má sorte, e cede seu bem mais precioso – uma estrela do mar – para confortá-lo. A narrativa termina com a descrição dos sentimentos confusos da criança, depois do enorme sacrifício. É como se perguntasse: "Valeu a pena?" Também Mário de Andrade indagou, ao longo da vida, sobre o sentido da sua própria vocação, que lhe cobrava uma entrega integral.

> Eu corri. Eu corri pra chorar à larga, chorar na cama, abafando os soluços no travesseiro sozinho. Mas por dentro era impossível saber o que havia em mim, era uma luz, uma Nossa Senhora, um gosto maltratado, cheio de desilusões claríssimas, em que eu sofria arrependido, vendo inutilizar-se no infinito dos sofrimentos humanos a minha estrela do mar.¹⁴

Outros elementos ajudam na reconstituição da atmosfera dos primeiros anos. Em geral estão relacionados com a vida escolar e mostram a ligação muito forte com o catolicismo e suas práticas, como o "santinho" da primeira comunhão, de 1904. Mário de Andrade entrou para o grupo escolar da Rua do Triunfo, perto da casa onde morava, aos seis anos. Em 1905, transferiu-se para o Ginásio Nossa Senhora do Carmo, dos Irmãos Maristas, em que se formou em 1909. Nessa ocasião, levado pelo irmão Carlos, ingressou na Congregação Mariana da Igreja de Santa Efigênia, à qual ficou vinculado ativamente por muitos anos, até 1920. Sua filiação ao catolicismo o levou a fazer profissão de fé como irmão da Ordem Terceira do Carmo, em 1919, e a pedir licença, em duas ocasiões, à autoridade eclesiástica para ler livros do "Index" de livros proibidos. Ao longo da vida, seu contato com o catolicismo se tornaria muito mais complexo.

---

13 Ibidem, p. 105.
14 Ibibem, p. 109.

Pelo que sabemos das recordações do poeta, as figuras femininas predominavam no ambiente do "casão meio espandongado" em que viveu no Largo do Paissandu. O pai morreu em 1917, quase sem ser notado. É apenas em 1943, aos cinquenta anos, que Mário de Andrade trataria longamente da figura paterna em uma carta endereçada à poeta mineira Henriqueta Lisboa. Nela, o poeta confessava um forte antagonismo:

> Meu pai foi positivamente um homem estupendo, chegando mesmo a uma excepcionalidade do ser que, por exemplo, minha mãe não tem. Mas é estranhíssimo: eu nunca pude "perdoar" (é bem o termo) meu pai! ... Se eu não posso perdoar meu pai é nele mesmo e por mim. A raiva que eu tenho dele sem querer deriva em grande parte de um excesso de dignidade em que ele me respeitou.[15]

O irmão Carlos esteve próximo a vida inteira, mas nunca houve uma relação de maior intimidade, nem mesmo de afinidade. A postura muito conservadora do irmão mais velho fez com que ele repreendesse a arte do mais moço, suas atitudes e seus gostos modernistas. Foi muito próximo de Renato, que, como ele, pretendia ser músico e cursava o Conservatório Dramático e Musical. A irmã, Maria de Lourdes, o auxiliou como secretária, copiando seus textos e organizando a biblioteca, até 1936, quando se casou.

Entre as figuras masculinas, quem esteve mais próximo foi o tio Pio, um parente por afinidade, afilhado do avô Joaquim, que acolheu Mário de Andrade muitas vezes na cidade de Araraquara, na fazenda e na Chácara Sapucaia, nos momentos de crise e de doenças, onde foi redigida a primeira versão de *Macunaíma*. Pio Lourenço Corrêa, dezoito anos mais velho que Mário, era chamado de tio no círculo familiar. O retrato por Antonio Candido e Gilda de Mello e Souza é de um fazendeiro mais envolvido com os estudos do que com os negócios, um tipo severo e algo casmurro.[16] Tio Pio ocupou na vida de Mário de Andrade o lugar de um pai, a seu modo, afetuoso.

A mãe e as tias tiveram presença muito mais marcante. Tia Nhanhã, Ana Francisca de Almeida Leite Moraes, sempre morou com a

---
15 SOUZA, Eneida M. (org.). *Correspondência: Mário de Andrade & Henriqueta Lisboa*. São Paulo: Edusp, 2010, p. 239.
16 *Pio & Mário: Diálogo da vida inteira*. Rio de Janeiro: Ouro sobre Azul, 2009.

irmã, Maria Luísa, e, para o sobrinho, era toda ternura. Havia outra tia, mais severa, que era menos próxima, e inspirou a figura da tia em "Vestida de preto". A mãe foi o centro da vida afetiva do poeta. Ele a amava com devoção, poupava-a de todas as más notícias e sentiu profundamente sua falta no período em que morou no Rio de Janeiro, de 1938 a 1941. Esse vínculo intenso com a mãe motivou uma curiosa revelação em carta a Paulo Duarte. Declarou ao amigo estar hesitante em continuar na capital do país, o que se devia, em parte, à saudade da mãe. Em São Paulo, ele teria "de perto a imagem de minha mãe, que de longe não é suficientemente forte pra vencer meus desesperos". E introduz o assunto que será retomado em outra passagem: "Complexo de Édipo, que estupidez!" Descreveu, em seguida, detalhadamente, o que sentia:

> Muito eu tenho analisado em mim o meu amor por minha Mãe, que coisa admirável, que você está em boas condições de compreender. Amor que se foi acrescentando com os anos, nada de ciúmes, jamais tive ciúmes dela, jamais me amolei dela amar meu pai, amor que não existiu conscientemente em criança nem na força egoística do rapaz, amor que só com a força do homem foi se condensando em verdadeiro amor, claro, nutrido de camaradagem absurda, sem o menor disfarce, sem a menor estupidez de discrição.[17]

Toda essa intimidade possibilitou ao escritor já adulto contar para a mãe, que o acolhia sem censura, até sobre uma "doença feia", de origem sexual. Continuou relatando ao amigo:

> Amor de poucos beijos, de poucos abraços. O beijo, o abraço quando nascia entre nós, era uma ternura perfeita, possível em qualquer lugar, um prolongamento físico de uma confidência, de uma inquietação. Passados os tempos do protocolo infantil, jamais a beijei na hora do bom-dia ou do boa-noite, como currículo da vida familiar. Às vezes o beijo aparecia nesses momentos também, mas raro, e sempre como uma verdade sentida. Ora você bem imagina a falta que me faz essa companheira de quarenta e quatro anos de vida em comum...[18]

---

17 DUARTE. Paulo. *Mário de Andrade por ele mesmo*. São Paulo: Edart, 1971, p. 181.
18 Idem.

A relação descrita por Mário de Andrade comporta, ao mesmo tempo, atração e recato. Como conciliar tanta intimidade e o respeito filial? Esta tensão atravessou, possivelmente, toda a vida do poeta. Na mesma época dessa carta, ao escrever o conto "Vestida de preto", mergulhou novamente no assunto edipiano: "Como se vê, jamais sofri do complexo de Édipo, graças a Deus. Toda a minha vida mamãe e eu fomos muito bons amigos, sem nada de amores perigosos."[19]

A vida em família teve importância crucial para Mário de Andrade. Já adulto, também em carta a Paulo Duarte, identificou-se com o amigo pelo fato de os dois serem, em suas famílias, a "alegria da casa". Manteve sempre algo das traquinagens de uma criança. Era o centro das atenções, a "movimentação familiar", como ele chamou. Gilda de Mello e Souza, que morou um período na mesma casa, conta que as cartas enviadas do Rio para a família eram disputadas pelos moradores da rua Lopes Chaves.[20]

Aos poucos, a partir de 1909, o pequeno círculo doméstico e dos compromissos religiosos começou a se abrir. Nesse ano, Mário de Andrade formou-se bacharel em Ciências e Letras no Ginásio Nossa Senhora do Carmo. Em 1911, ingressou na Escola Técnica de Comércio Álvares Penteado, para se formar em guarda-livros, a mesma carreira do pai, mas saiu depois de poucos meses, por causa de uma briga com o professor de português, Gervásio de Araújo. Como se vê, o futuro poeta não buscou nenhuma das profissões "nobres", como direito ou medicina, escolhidas pela maioria dos seus futuros companheiros modernistas, e também por seu irmão mais velho.

Em 1910, junto com o irmão Carlos, o escritor fez cursos de filosofia na Faculdade de Filosofia e Letras de São Paulo, no Mosteiro de São Bento, ligada à Universidade Católica de Louvain, na Bélgica. Desse modo, não se afastava totalmente dos ensinamentos católicos em que fora educado, mas ampliava muito seu campo de interesses intelectuais. A Universidade de Louvain era, na época, um centro de renovação do tomismo – a filosofia adotada oficialmente pela Igreja. Os filósofos neotomistas pregavam a atualização das teses de Tomás de Aquino para que a Igreja pudesse participar dos

---

19 Mário de Andrade, *Contos novos*, p. 19.
20 MELLO E SOUZA, Gilda de. *A palavra afiada*. Rio de Janeiro: Ouro sobre Azul, 2014, p. 245.

debates da vida moderna. Um dos professores de Mário de Andrade, Charles Sentroul, já tinha publicado um importante livro sobre Aristóteles e Kant, no qual buscava um diálogo entre o pensamento tradicional e o moderno. O neotomismo foi uma referência importante na formulação de questões filosóficas e estéticas em vários trabalhos do escritor. Sobretudo as ideias de Jacques Maritain, o mais destacado filósofo católico da época, cujas obras começaram a ser publicadas nos anos 1920, inspiraram sua concepção de arte, inclusive na maturidade, como em "O artista e o artesão", de 1938. O questionamento do individualismo moderno e a crítica do formalismo na arte contemporânea são devedores, ao menos em parte, das teses maritainistas.

Na mesma época, o futuro escritor atualizou sua cultura literária. Começou a se interessar pela literatura contemporânea, sobretudo de língua francesa. Data dessa época o contato com a poesia unanimista, que influenciou sua produção inicial.[21]

Em 1911, ingressou no Conservatório Dramático e Musical. A instituição, criada em 1906 para formar músicos em um ambiente ainda muito carente culturalmente, veio a se instalar na avenida São João, no centro da cidade. A música foi a primeira opção artística de Mário de Andrade. Sua intenção era seguir a carreira de pianista, o que também pretendia seu irmão Renato. A entrada no Conservatório significou uma expansão do círculo familiar, não uma ruptura com ele. O irmão já era aluno da escola e o pai ajudava na parte administrativa. No ano seguinte, Mário de Andrade foi indicado monitor do curso de Teoria Musical e, em 1913, passou a lecionar piano e foi chamado para ser professor substituto de História da Música. O contato com o Conservatório se estendeu por toda a vida, com um intervalo durante o período em que foi diretor do Departamento de Cultura e em que esteve no Rio de Janeiro, de 1935 a 1941. Tornou-se catedrático de Estética e História da Música em 1922.

Em 1913, Mário de Andrade sofreu o duro golpe da morte do irmão mais moço, Renato, que mudou o rumo de sua vida. Machucado em um acidente banal, jogando bola no pátio do colégio, Renato morreu em 22 de junho. O efeito da tragédia na vida de Mário foi devastador.

---

21   O unanimismo, corrente literária surgida na França, apresentava uma defesa dos sentimentos coletivos em oposição ao individualismo. Seu principal representante foi Jules Romains (1875-1972).

Caiu em depressão profunda, tendo sido salvo pelo tio Pio, que o levou para a fazenda de Araraquara. Muitos anos depois, recordou em carta para Manuel Bandeira o terrível momento:

> O caso típico da minha afetividade foi a morte de meu mano mais moço, que me levou quase pra morte também. Os médicos chegaram a não dar nada mais por mim, médicos de moléstias de nervos e o diabo. Não comia, não dormia e com os sintomas característicos de neurastenia negra, ódio de minha mãe, de todos os meus etc. Foi o bom senso dum tio, espécie de neurastênico de profissão, que me salvou. Pegou em mim, levou pra fazenda dele, onde ele não morava, me deixou lá sozinho. De tempo em tempo aparecia, perguntava se eu não queria nada. Não queria e ele ia-se embora.
>
> Um dia me chegou enfim a curiosidade de saber como era o princípio do cafezal, por trás da casa, fui até lá. Fiz o mesmo no dia seguinte, até mais longe e pra encurtar coisas aqui estou ainda vivo. Só que voltei poeta da fazenda.[22]

A repercussão desse choque foi significativo por vários motivos. Em primeiro lugar, Mário de Andrade desistiu de seguir a carreira de concertista, pretendida também pelo irmão. Apesar de continuar tocando, um tremor nos dedos o impediu de ser pianista. Ao mesmo tempo, firmou-se sua vocação de poeta, possivelmente como uma resposta ao trágico episódio. Antes dessa data, já tinha escrito poemas. No entanto, ele próprio fixou a data do início da sua trajetória poética na experiência da perda do irmão.

Que tipo de poesia Mário de Andrade escrevia por essa época? Ele confessou, em tom muito magoado, que seus primeiros poemas, feitos ainda na adolescência, foram acolhidos negativamente pelos familiares, às gargalhadas. O pai, em especial, nem deu atenção, e, ao saber da existência deles, fez um "muxoxo desprezivo".[23] Em 1944, o poeta entregou à amiga Oneyda Alvarenga um conjunto de poemas, compostos antes de 1917, em sua maioria, chamados por ela de *Poesias "malditas"*.[24] Nele

---
22 MORAES, Marcos Antonio de (org.). *Correspondência: Mário de Andrade & Manuel Bandeira*. São Paulo: Edusp, 2000, p. 508.
23 Ibidem, p. 243.
24 ANDRADE, Mário de. Poesias "malditas". *Revista do Livro*, 20, ano V, dez. 1960. Cf. também ALVARENGA, Oneyda. *Mário de Andrade um pouco*. Rio de Janeiro: José Olympio, 1974.

está incluído até mesmo o primeiro poema escrito pelo autor, aos dez anos de idade, um jogo músico-verbal para ser cantarolado:

Fiorí de la-pá!
Jení-trans féli gúidi nus-pigórdi,
Jení-trans...féli-guinórdi,
Jení!

Quinze desses poemas, em forma de soneto, foram enviados, em 1914, para avaliação de Vicente de Carvalho, poeta parnasiano que Mário de Andrade admirava, e que, alguns anos mais tarde, em 1921, seria criticado em "Mestres do passado", série de artigos muito polêmicos publicada no *Jornal do Comércio*, de São Paulo. Não houve resposta. Manuel Bandeira conheceu uma versão resumida da coletânea e disse ter achado os versos muito ruins, até mesmo impublicáveis. O poeta de *Libertinagem* afirmou que eram versos de um "romântico atrapalhado pelo parnaso e ainda por cima com infiltrações simbolistas".[25] O traço simbolista se devia, possivelmente, à grande admiração pelo poeta simbolista Alphonsus de Guimaraens, que tinha até motivado uma viagem, em 1919, para visitá-lo em Mariana, Minas Gerais. O encontro foi relatado em crônica de *A Cigarra* e também em carta do poeta mineiro ao filho João Alphonsus, que mais tarde se tornaria amigo de Mário de Andrade.

Para Manuel Bandeira, apenas um dos poemas, "Só", teria importância, e mesmo assim do ponto de vista estritamente biográfico:

Não tem ninguém por si, ninguém que o estime,
Percebe em todos natural repulsa,
Sorri, ninguém sorri, e à dor que o oprime,
Sai-lhe a risada, esgar, torta e convulsa.

Jamais pratica um mal, jamais um crime
Dentro em seu peito encontra abrigo e pulsa,
Mas vai, sem ter um ombro a que se arrime,
De coração sem eco, de alma avulsa.

---

25 MORAES, Marcos Antonio de (org.). *Correspondência: Mário de Andrade & Manuel Bandeira*, p.247.

Desde que assim se viu, perdeu a calma,
Busca em ânsia um amigo, e ao grande mundo,
Só vê desertos a florir abrolhos.

Até para chorar, no fundo da alma,
Precisou cavar um poço fundo,
Onde escoassem os prantos dos seus olhos.

HÁ UMA GOTA DE SANGUE EM CADA POEMA

A Primeira Grande Guerra, de 1914 a 1918, repercutiu na economia e na política do Brasil. O país se manteve neutro nos primeiros anos do conflito, mas em 1917, por força de pressões internacionais, do ataque de navios brasileiros pela Marinha alemã e com a mobilização da opinião pública, inclusive com violentas manifestações nas ruas, o país declarou guerra à Alemanha, a 1º de junho. Houve também a campanha de grupos pacifistas, alguns ligados ao movimento anarquista, relativamente forte no meio operário, que chegou a deflagrar greves nas duas principais cidades do país – Rio de Janeiro e São Paulo. O primeiro livro de poemas de Mário de Andrade, *Há uma gota de sangue em cada poema*, assinado com o pseudônimo Mário Sobral, refletia sua posição pacifista. Como o livro foi publicado depois da entrada do país na guerra, uma nota explicativa teve que ser acrescentada, justificando sua tomada de posição. O autor argumentou que, na data da publicação, não escreveria mais o livro daquela forma, "os versos seriam muito outros e mostrariam um coração que sangra e estua".[26]

O livro foi custeado pelo próprio autor, responsável também pelo projeto gráfico. Uma gota de sangue em cor vermelha aparece no canto da capa e no início de cada poema. Alguns comentários críticos saudaram a publicação. Por vários motivos, não é um livro bem-sucedido. Os poemas são ambientados no cenário de guerra europeu, descrito de forma muito artificial. A posição pacifista assumida pelo

---

26   ANDRADE, Mário de. *Obra imatura*. Rio de Janeiro: Agir, 2009, p. 29.

autor é muito abstrata. Também do ponto de vista das soluções literárias é insuficiente. O livro sofreu várias influências: Heine, lido já no original alemão, Jules Romains, Victor Hugo, Verhaeren e o português António Nobre, autor de um conhecido livro, *Só*.[27] O amigo Manuel Bandeira não gostava do livro. Considerava mesmo "uma merda aquilo", só encontrando três versos que prenunciavam o poeta de quem se tornaria admirador. Tentou pouco depois, sem muito sucesso, atenuar sua crítica, dizendo a Mário de Andrade que seu comentário tinha sido escrito quando estava à vontade, de pijama e de chinela, e que, quando isso acontecia, o ruim virava uma merda. Finalmente, concluiu que o livro é de um "ruim diferente dos outros ruins, um ruim esquisito".[28]

De qualquer forma, devia haver uma forte inquietação no ânimo do jovem poeta e uma curiosidade ainda sem foco definido, pois, em 1917, o conhecimento da pintora Anita Malfatti e da arte moderna foi uma revelação para ele.

---

27   LOPEZ, Telê Ancona. "Uma estreia retomada". In: ANDRADE, Mário de. *Obra imatura*. Rio de Janeiro: Agir, 2009.
28   MORAES, Marcos Antonio de (org.). *Correspondência: Mário de Andrade & Manuel Bandeira*, p.241.

PIE JESU, DOMINE, DONA EI REQUIEM

Renato de Moraes Andrade

Nascido aos 6 de Fevereiro de 1899, falleceu aos 22 de Junho de 1913, na santa paz do Senhor e confortado com os ultimos sacramentos da Madre Igreja. Contava apenas 14 annos; como a flôr que viceja de manhã e murcha á noite, passou elle rapido por este valle de lagrimas e evolou-se para a mansão dos Bemaventurados, deixando, a quantos tiveram a ventura de o conhecer, a suave e imperecivel memoria de filho amantissimo, de alumno tão piedoso quão applicado e de collega exemplar.

Orae por elle.

2 de Julho de 1913.

Gymnasio N.ª S.ª do Carmo

ACIMA:

Lembrança funerária de Renato, irmão mais moço de Mário, a quem foi muito ligado. Sua trágica morte, em 1913, foi para o poeta um duro golpe. Sua vocação poética surgiu, em parte, como uma reação ao acontecimento.

AO LADO:

Lembrança da primeira comunhão de Mário, em 1904. O poeta teve uma formação religiosa nos moldes muito tradicionais da Igreja católica. Apesar de afastado da Igreja, manteve por toda a vida um forte sentimento religioso.

NA PÁGINA AO LADO:

A foto de Mário de Andrade bebê deve ter sido tirada na casa da rua Aurora, em 1894, no antigo centro de São Paulo, onde a família residiu com o avô materno Joaquim de Almeida Leite Moraes.

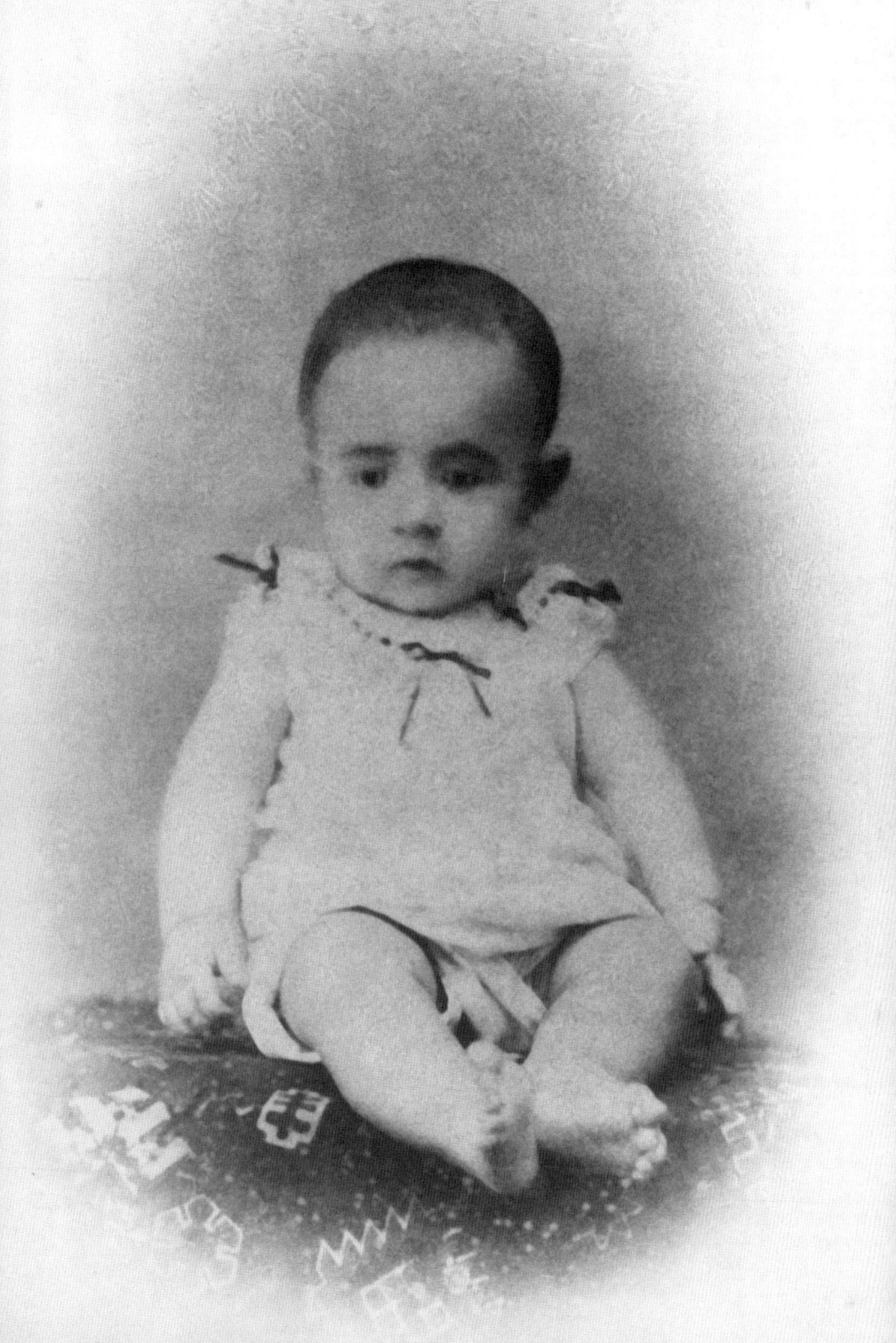

NA PÁGINA AO LADO:
Mário de Andrade (ao centro, com uma flor na lapela) com familiares em Poços de Caldas, 1918. Entre eles, sua irmã Maria de Lourdes (primeira sentada da esquerda para a direita) e o irmão Carlos (primeiro no alto do canto esquerdo, de barba).

ACIMA:
Maria Luísa, mãe de Mário e principal referência afetiva na vida do poeta, 1890. Sempre vestida de preto, de fisionomia severa, era para o filho figura terna que acolhia suas confidências.

Carlos Augusto de Andrade, pai de Mário, 1890. Ao contrário da relação com sua mãe, Mário nunca teve muita intimidade com o pai.

AO LADO:
Mário (à direita), no serviço militar, 1916, no quartel do subúrbio do Rio de Janeiro. Em 1922, foi convocado para participar de exercícios militares, o que inspirou o livro *Losango cáqui*.

Grupo formado pelos modernistas, São Paulo, 1922. Nota-se a presença do poeta Manuel Bandeira (segundo da esquerda para a direita, de gravata borboleta), Mário (terceiro da esquerda para a direita, em primeiro plano), Oswald de Andrade (sentado na frente), Graça Aranha (terceiro da direita para a esquerda, com mãos apoiadas na cadeira), entre outros.

CAPÍTULO 2

O MEU POETA FUTURISTA
1917-1924

DESCOBERTA DA ARTE MODERNA – ANITA MALFATTI

Tudo começou na exposição da pintora Anita Malfatti, inaugurada em 12 de dezembro de 1917 na rua Líbero Badaró, 111, centro de São Paulo. Mário de Andrade visitou a mostra pela primeira vez no dia seguinte, e depois várias outras vezes, até o final do ano. O primeiro contato entre ele e a pintora foi no sábado, 15 de dezembro, mas se resumiu a um grande mal-entendido. Anita descreveu o ocorrido: o visitante chegou acompanhado de um amigo e teve uma explosão descontrolada de riso. A artista se aproximou irritada: "O que está engraçado aqui?" E quanto mais ficava enfurecida, mais o jovem poeta ria. Perplexidade de Mário de Andrade? Ele abordou o assunto várias vezes para explicar sua reação. Aqueles 53 quadros da pintora e mais outros quatro, de seu professor americano e de três amigas, causaram-lhe forte impacto. Em diversas ocasiões repetiu que tinha ficado apaixonado pelo que vira, sem saber direito o motivo.[1] A descoberta daquelas pinturas provocou nele um enjoo de tudo que conhecia em matéria de arte. Também reconheceu que a camarada-

---
1 FERNANDES, Lygia (org.). *Mário de Andrade escreve cartas a Alceu, Meyer e outros*. Rio de Janeiro: Editora do Autor, 1968, p. 50.

gem com a nova amiga tinha sido o principal estímulo para aderir às posições estéticas modernas. Ao fazer a revisão do Modernismo na conferência de 1942, "O movimento modernista", mencionou "um fenômeno estritamente sentimental, uma intuição divinatória, um... estado de poesia" que teria se apossado dele na ocasião.² Recordou o contexto em que o encontro se deu para sublinhar sua importância:

> Educados na plástica "histórica", sabendo quando muito da existência dos impressionistas principais, ignorando Cézanne, o que nos levou a aderir incondicionalmente à exposição de Anita Malfatti, que em plena guerra vinha nos mostrar quadros expressionistas e cubistas? Parece absurdo, mas aqueles quadros foram a revelação. E ilhados na enchente de escândalo que tomara a cidade, nós, três ou quatro, delirávamos de êxtase diante de quadros que se chamavam o *Homem amarelo*, a *Estudanta russa*, a *Mulher de cabelos verdes*.³

As artes visuais foram a verdadeira vanguarda do movimento modernista brasileiro. Anita Malfatti e Di Cavalcanti se projetaram nos primeiros anos, quando ocorreu a Semana de 1922. No momento seguinte, Tarsila formulou visualmente a proposta Pau-Brasil e, em 1928, antecipou a Antropofagia – os dois movimentos liderados por Oswald de Andrade. Entre todos os artistas, Anita Malfatti foi quem abriu o caminho, como reconheceu Mário de Andrade. Foi ela a primeira a trazer "uma sistematizada manifestação de arte moderna para o Brasil" e sua obra significou uma "confissão de independência".⁴

Quem foi Anita Malfatti? Mesmo tendo sido hostilizada pelos conservadores da época, a pintora não foi "a mulher que sofre" ou a "sensitiva do Brasil", mas detinha o "másculo poder de deformação" de seus quadros expressionistas, como disse o amigo.⁵ Anita Malfatti nasceu em São Paulo, em 1889, de pai italiano e mãe de origem norte-americana e alemã. Um defeito na mão direita, sempre coberta nas fotografias, obrigou-a a exercitar a esquerda como instrumento de trabalho. Anita não era uma mulher bonita. O autorretrato de rosto,

---

2   ANDRADE. Mário. *Aspectos da literatura brasileira*. São Paulo: Martins, 1972, p. 232.
3   Idem.
4   BATISTA, Marta Rosseti; LOPEZ, Telê Ancona; LIMA, Yone Soares. *Brasil: 1º tempo modernista: 1917-/29 - Documentação*. São Paulo: IEB/USP, 1972, p. 69-70.
5   Idem.

de 1922, mostra uma boca pequena e os olhos muito marcantes, que definem o conjunto da fisionomia. A família materna forneceu os meios para sua formação em pintura, na Alemanha e nos Estados Unidos, o que não era comum no Brasil daquela época. Na Alemanha, onde viveu de 1910 a 1914, estudou em várias escolas, mas foi a visita à exposição dos pós-impressionistas em Colônia, em 1912, onde viu obras de Van Gogh, Cézanne, Gauguin, Picasso e Edvard Munch, que pôs fim às suas reservas com a arte moderna. Ficara feliz nessa ocasião – ela declarou. Em 1914, regressou ao Brasil, quando fez sua primeira exposição individual, sem provocar nenhuma polêmica. Em 1915, viajou novamente, dessa vez para os Estados Unidos, onde pintou suas obras mais importantes, como *O farol*. Em Nova York esteve em contato com representantes das vanguardas, inclusive os refugiados da guerra na Europa, como Marcel Duchamp, que na época fazia o *Grand verre*, descrito pela pintora como "enormes placas de vidro".[6] Em 1916, de volta a São Paulo, por insistência de Di Cavalcanti, começou a preparar a exposição de dezembro do ano seguinte.

Como já registraram os historiadores do movimento modernista, a exposição de dezembro de 1917 foi alvo do duro ataque de Monteiro Lobato, no artigo "A propósito da Exposição Malfatti".[7] O articulista chamava as obras modernas em geral, como as de Picasso, de furúnculos, e via nos quadros da artista uma manifestação de paranoia e mistificação. Dias depois, Oswald de Andrade saiu em defesa da pintora em artigo em que, de forma precisa, dava conta de alguns pontos da estética moderna, como o antinaturalismo, e sublinhava a originalidade dos seus quadros.

As acusações de Monteiro Lobato repercutiram muito negativamente no ânimo da sensível Anita. Nos anos seguintes, inclusive em uma exposição de 1920, ela adotaria soluções muito conservadoras nos seus quadros, em um nítido recuo no caminho já percorrido. A pintora começou a estudar com um mestre acadêmico, Pedro Alexandrino, e passou a fazer um impressionismo bastante diluído.[8]

Mário de Andrade ficou mais próximo de Anita em 1921. A partir desse momento é possível acompanhar sua amizade através de car-

---

6 Ibidem.
7 BRITO, Mário da Silva. *História do Modernismo brasileiro: antecedentes da Semana de Arte Moderna*. Rio de Janeiro: Civilização Brasileira, 1971, p. 52-6.
8 Cf. BATISTA, Marta Rossetti. *Anita Malfatti e seu tempo*. Catálogo da exposição. Rio de Janeiro: CCBB, mar.-mai. 1996.

tas e também de escritos sobre a pintora. O escritor não escondeu a decepção com os rumos da arte de Anita Malfatti depois de 1917. Em 1924, quando a pintora estava em Paris, com bolsa do Pensionato Artístico do Estado de São Paulo, ele lhe contou que estava animado com as notícias transmitidas por Oswald de Andrade:

> Disse-me ele que fizeste já umas coisas muito boas. Que teu último trabalho já recorda o bom tempo do *Homem amarelo*, do *Japonês*... Bravíssimo! Lembras-te? Tu mesmo me confessaste que depois desse período nada fizeras que te satisfizesse totalmente... Foi uma das últimas frases tuas, quando conversamos pela última vez, na tua casa. Creio que agora estarás de novo contente. Eu estou satisfeitíssimo.[9]

Antes do retorno da amiga, comentou, preocupado, em carta a Prudente de Moraes, neto, as opiniões negativas que ouvira sobre seu trabalho:

> Um artigo de anúncio sobre a coitada da Anita que está penando na Europa e toda a gente fala que completamente estragada. Pelas reproduções que vi em revistas francesas e fiz reproduzir não me parece que esteja completamente estragada não, porém essa é a opinião geral. E isso me entristece que você não imagina. A tragédia de Anita é terrível. Lutou contra tudo e soçobrou porque os inimigos eram mais fortes que ela e ainda por cima estava desprestigiada pra consigo mesma por causa dum caso sentimental doloroso. Hoje inda estive conversando com o Brecheret recém-chegado sobre ela e ele me confessou que a pobre não faz nada que preste a não ser uns quadrinhos de evasão. Embora isso não me pareça pelas fotografias que vi é lógico que me abateu. Anita quero muito bem e imagino que será terrível se quando ela chegar eu tiver a mesma opinião que toda a gente. Não sei se terei coragem de dizer pra ela não. Creio mesmo que não terei e que a defenderei. Você me conhece bastante pra saber que não é covardia não, antes será um desses cinismos heroicos talvez o mais heroico que eu tenha de praticar pois que é contra mim mesmo.[10]

---

9 ANDRADE, Mário de. *Cartas a Anita Malfatti*. Marta Rossetti Batista. (org.). Rio de Janeiro: Forense Universitária, 1989, p. 66.
10 *Cartas de Mário de Andrade a Prudente de Moraes, neto*. Georgina Koifman (org.). Rio de Janeiro: Nova Fronteira, 1985, p. 197-8.

Na carta, de forma recatada, Mário de Andrade fez alusão à paixão não correspondida de Anita por ele, uma situação que a deixara muito magoada. Em 1923, Anita declarara, por escrito, seu amor, mas o poeta preferiu, talvez por timidez, não responder.[11] Manteve uma atitude que lembra a de um irmão mais velho que dá conselhos e apoia.

Mário de Andrade cumpriu sua promessa e mais de uma vez saiu em defesa da amiga. No *Diário Nacional*, em fevereiro de 1928, escreveu uma crônica em que anunciava a chegada da pintora e historiava sua trajetória. Depois de insistir na posição vanguardista da artista de 1917, referiu-se ao período de Paris como de um novo aprendizado, e a aproximou, nesse aspecto, do músico vanguardista Eric Satie.[12]

Entretanto, um dos mais belos depoimentos de Mário de Andrade sobre Anita Malfatti foi escrito bem antes, no Carnaval de 1922, alguns dias depois da Semana de Arte Moderna. Descreve uma cena no ateliê da pintora, no momento em que ela pintava seu retrato. Dois ambientes contrastam: o exterior iluminado da vida de todo dia e a penumbra do ateliê. Nesse cenário quase mágico em que a artista trabalha, celebram-se ao mesmo tempo a amizade e a criação artística. Anita guardou, junto das cartas de Mário de Andrade, um texto escrito sobre essa ocasião. O poeta registrou:

> Calara-me. Sentia uma comoção reverente, religiosa diante daquela figura soberanamente enérgica e artista. Ela nem percebera o meu silêncio. Trabalhava. Sorrateiramente eu abandonara o meu posto, colocara-me por trás da artista, a observar-lhe o trabalho. Não sei se percebeu minha fuga. Pintava. Pintava sempre. Pintava de cor, trêmula de ânsia, gloriosa de força divinatória. Suas cores eram fantasmagorias simbólicas, eram sinônimos! Por trás da minha face longa, divinizada pelo traço do artista, um segundo plano arlequinal, que era minha alma. Tons de cinza que eram minha tristeza sem razão... Tons de oiro que eram minha alegria milionária... Tons de fogo que eram meus ímpetos entusiásticos.

No mesmo texto, Mário de Andrade revelou o que se passou no final da sessão, confirmando a grande cumplicidade entre eles:

---

11   MORAES, Marcos Antonio de (org.). *Correspondência: Mário de Andrade & Manuel Bandeira*, p.115.
12   BATISTA, Marta Rosseti; LOPEZ, Telê Ancona; LIMA, Yone Soares. *Brasil: 1º tempo modernista*, p. 102-3.

Foi então que, virando-me para a artista, eu lhe falei de nós dois. Disse-lhe desta ânsia de amizade que me inquieta e me sacrifica. Disse-lhe que para as almas como as nossas, enclausuradas no sacrifício conventual das artes, apenas um socorro existe: amizade.[13]

Mário de Andrade expressou sua amizade a Anita também na dedicatória de *Losango cáqui*, livro de poemas escrito de 1921 a 1923 e publicado em 1926. Existe, além disso, um curioso verso em um poema nunca incluído na obra publicada, do final 1923, "Reza de fim de ano", que pede a Deus: "Não te esqueças de me fazer bom como Anita Malfatti."[14]

O contato de Mário com Anita Malfatti foi fundamental também sob o aspecto da formação das suas ideias sobre arte. A pintora abriu para o escritor o acesso à cultura alemã contemporânea, muito pouco prestigiada em um ambiente de influência predominantemente francesa. Mário começou a estudar alemão em 1919, e teve duas professoras – Else Schöler-Egbert e Käthe Meichen-Blose –, a segunda, a professorinha de alemão por quem se disse apaixonado e que inspirou a criação da personagem Fräulein de *Amar, verbo intransitivo*. Por essa época, sua atenção voltou-se para o expressionismo. Leu em *L'Esprit Nouveau*, revista francesa que já conhecia, artigos sobre o movimento alemão, inclusive o de Ivan Goll,[15] sobre os periódicos vanguardistas da Alemanha, e incorporou à sua biblioteca alguns deles, como *Der Sturm* e *Das Kunstblatt*. Também tomou conhecimento da coletânea organizada por Kurt Pinthus, *Menscheits Dämmerung*, de 1920, a mais importante do movimento.

Algumas características da obra poética de Mário de Andrade, sobretudo em *Pauliceia desvairada*, de 1922, refletem o contato com o expressionismo. "Ode ao burguês", por exemplo, tem o impacto dos versos dos poetas mobilizados pela Primeira Guerra, e o retrato do burguês – "o burguês-níquel, o burguês-burguês" – lembra as caricaturas e pinturas do artista alemão George Grosz.[16]

Na formação do pensamento estético de Mário de Andrade, o expressionismo aglutinou-se com outras doutrinas. A incorporação de propostas das vanguardas francesa, alemã e italiana, da poesia de

---

13   Ibidem, p. 49.
14   ANDRADE, Mário de. *Cartas a Anita Malfatti*, p. 70.
15   Ivan Goll (1891-1950), poeta francês ligado ao Expressionismo alemão e ao Surrealismo.
16   George Grosz (1893-1959) integrou o movimento Dada e se notabilizou pelas caricaturas muito críticas da vida alemã nos anos 1920.

Walt Whitman, de aspectos da filosofia católica e do evolucionismo se deu no contexto brasileiro, onde se travou o embate com os chamados passadistas. Mário certamente não se interessou pelo extremado subjetivismo, até deformador, das principais tendências expressionistas. Para ele, deve ter contado muito mais a tese de que toda arte é expressão de algum sentimento ou de um conteúdo ideal. Isso contribuía para a refutação da doutrina da arte pela arte e firmava a posição de que a arte tem um significado e uma dimensão coletivos. A afirmação, repetida ao longo de toda a sua obra, de que a beleza é uma consequência, e não o objetivo da arte, resume a doutrina estética do modernista e manifesta a presença das posições estéticas do expressionismo.

Mário iniciou a redação de *Amar, verbo intransitivo* em 1923, mas o livro só foi publicado em 1927. Conta a história do romance de Carlos, rapaz de classe alta de São Paulo, com Fräulein Elza, contratada pelo pai para fazer a iniciação sexual do adolescente. Hoje, com a distância, pode-se medir a ousadia desse pequeno livro. É impressionante a denúncia da hipocrisia das classes burguesas de São Paulo, estampada já no subtítulo "Idílio", que revela uma crítica irônica mas muito firme da "boa sociedade" da época, com todos os seus preconceitos raciais, sexuais e sociais. Para alcançar todo o efeito crítico desejado, Mário introduziu a figura do narrador que comenta o enredo. Não faltam nem os comentários sobre a própria feitura do livro e sobre a aceitação, naquele momento, de uma obra modernista:

> Volto a afirmar que o meu livro tem 50 leitores. Comigo 51. Não é muito não. Cinquenta exemplares distribuí com dedicatórias gentilíssimas. Ora dentre cinquenta presenteados, não tem exagero algum supor que ao menos 5 hão de ler o livro. Cinco leitores. Tenho, salvo omissão, 45 inimigos. Esses lerão meu livro, juro. E a lotação do bonde se completa. Pois toquemos pra avenida Higienópolis.[17]

A novidade do tom coloquial foi sublinhada nos comentários da época e impressiona até hoje. O romance mostra, com algum exagero, o aprendizado da cultura alemã por seu autor. Traz informações sobre a história literária, a música, a produção artística da época, como as

---

17   ANDRADE, Mário de. *Amar, verbo intransitivo*. Belo Horizonte/Rio de Janeiro: Villa Rica, 1993, p. 57.

obras de Schikele, Werfel e a revista *Der Sturm*, trazidas "por um médico recém-chegado da Alemanha e convicto do expressionismo".[18] Apresenta também uma discussão sobre o caráter alemão, dividido entre uma tendência romântica e o espírito prático, o qual termina por prevalecer. Para concluir, o escritor faz, em nota, um comentário sobre sua tradução do *Lied*, de Heine, "A linda peixeirinha", e a compara com a de Gonçalves Dias e com a que foi proposta pelo amigo Manuel Bandeira, considerada por ele a melhor. Esta é sua tradução:

Peixeira linda.
Do barco vem;
Senta a meu lado,
Chega-te bem.

Ouves meu peito?
Por que assustar!
Pois não te fias
Ao diário mar?

Como ele, eu tenho
Maré e tufão,
Mas fundas pérolas
No coração.[19]

VENTURAS E DESVENTURAS DE UMA AMIZADE – OSWALD DE ANDRADE

Foi em uma palestra do secretário de Justiça de São Paulo, Elói Chaves, a favor dos Aliados, em 21 de novembro de 1917, realizada no Conservatório, que Mário e Oswald de Andrade se conheceram. Quem conta o episódio é Oswald, na época repórter do *Jornal do Comércio*. Ficou tão impressionado com o discurso de recepção feito por Mário que se atracou com o repórter de outro jornal para conseguir a matéria.

---

18 Ibidem, p. 70.
19 Ibidem, p. 148.

Em suas memórias, Oswald disse que Mário, lisonjeado, se tornou seu amigo.[20] De fato, no dia seguinte, o texto saiu no jornal.

Em torno de Mário de Andrade e Oswald de Andrade aglutinou-se o pequeno grupo que preparou a Semana de 22. A eles se juntaram Di Cavalcanti, Guilherme de Almeida, Menotti del Picchia e Anita Malfatti. Nesses tempos chamados por Mário de "heroicos", quando eles eram "puros e livres, desinteressados, vivendo numa união iluminada e sentimental das mais sublimes",[21] o grupo se encontrava em restaurantes e leiterias do centro da cidade para discutir as novidades, sobretudo as que chegavam da Europa. Era uma descoberta após outra: em 1919, Oswald de Andrade conheceu o escultor Victor Brecheret, a quem apresentou Mário de Andrade. Para Oswald, o escultor ainda não era "o avarento sórdido que se tornou depois de milionário".[22] No ano seguinte, Mário de Andrade comprou do artista a *Cabeça de Cristo*, um Cristo com trancinhas, para grande escândalo da família conservadora. Nesse dia, o poeta, revoltado com a reação da família, de um fôlego só compôs a primeira versão de *Pauliceia desvairada*.

Da correspondência entre Mário e Oswald só são conhecidas as cartas de Oswald.[23] Quase todas foram enviadas durante as viagens à Europa, em longas temporadas em Paris, acompanhado de Tarsila do Amaral. Redigidas no estilo telegráfico e muito cheio de humor já conhecido de seus leitores, as cartas noticiam os contatos do casal com artistas e escritores que viviam na França, mostrando a grande curiosidade por tudo que acontecia, mas também certa superficialidade nas avaliações: "Todos os dias passam-se coisas novas. Estou já há bastante tempo na intimidade de Picasso, Cocteau, Romains e Larbaud".[24] O autor de *Os condenados*, cuja primeira parte foi lançada em 1922, se preocupava com a remessa de publicações brasileiras para Paris, principalmente de *Klaxon*, a primeira revista modernista. As cartas de Mário para Tarsila são igualmente relevantes para se con-

---

20 ANDRADE, Oswald de. *Um homem sem profissão: sob as ordens de mamãe*. Rio de Janeiro: Civilização Brasileira, 1974, p. 105.
21 ANDRADE, Mário de. *Aspectos da literatura brasileira* (1943), p. 237.
22 ANDRADE, Oswald de. *Um homem sem profissão: sob as ordens de mamãe*, p. 135.
23 Cf. ANDRADE, Gênese. "Amizade em mosaico: a correspondência de Oswald de Andrade a Mário de Andrade". *Teresa*: Revista de Literatura Brasileira, 8-9. São Paulo: USP/Imprensa Oficial/ 34 Letras, 2008. MORAES, Marcos A. (org.). *Tudo está bom, tão gostoso: postais a Mário de Andrade*. São Paulo: Hucitec/Edusp, 1993.
24 ANDRADE, Gênese. "Amizade em mosaico: a correspondência de Oswald de Andrade a Mário de Andrade". *Teresa*: Revista de Literatura Brasileira, 8-9.

siderar a relação entre os dois escritores, já que ele sabia que estava sendo lido também por Oswald.²⁵

Tarsila do Amaral foi apresentada a Mário de Andrade por Anita Malfatti em meados de 1922, ao chegar de uma primeira temporada em Paris. Imediatamente Mário ficou encantado com a artista e com sua beleza. Por vários dias enviou buquês de margaridas para a nova amiga. Ao final de uma carta em que comentou uma desavença com Oswald de Andrade, declarou:

> Perdoa-me esta pequena confissão de sofrimento. Afinal: nem este é tão grande pois que qualquer coisa me consola. E o sorriso que me mandaste no final de tua carta foi um consolo ideal e fecundíssimo. Revi toda tua feminilidade, toda a tua beleza e o teu talento. E me ponho de novo a ser feliz.²⁶

Depois da Semana de Arte Moderna, ocorrida em fevereiro de 1922, Mário de Andrade, Oswald de Andrade, Tarsila, Anita Malfatti e Menotti del Picchia formaram o "Grupo dos Cinco", que se reuniu quase diariamente até o final do ano, quando Tarsila partiu para um novo período na Europa. Um célebre desenho de Anita Malfatti retrata o grupo em um momento de relaxamento e intimidade. Os encontros aconteciam no ateliê de Tarsila na alameda Barão de Piracicaba, na *garçonnière* de Oswald no centro da cidade, e, às terças-feiras, no estúdio do andar superior da casa de Mário na rua Lopes Chaves.

Em sinal de amizade, Mário dedicou a Oswald *A escrava que não é Isaura*, seu primeiro ensaio de teoria poética, redigido em 1922 e publicado em 1925. A afinidade entre os dois era tanta que Oswald e Tarsila mediaram a compra de obras de arte para o amigo, como um óleo de André Lhote, artista com quem a pintora estudou. As informações sobre as tendências artísticas francesas passadas pelo casal podem ter sido de algum proveito. Mário contava também com as cartas enviadas na mesma época por outro amigo, também em Paris, Sérgio Milliet, de quem se manteria próximo a vida inteira. De qualquer modo, seu contato com as vanguardas europeias já havia começado antes, especialmente através da leitura da revista *L'Esprit Nouveau*, e era motivado pela necessidade de montar um ambicioso programa de modernização das artes no Brasil.

---

25 AMARAL, Aracy (org.). *Correspondência: Mário de Andrade & Tarsila do Amaral*. São Paulo: IEB/USP, 1999.
26 Idem, p. 74.

Mário de Andrade e Oswald de Andrade estiveram juntos, ao longo de 1921, nos preparativos da Semana de Arte Moderna. Logo em janeiro foi feita uma homenagem a Menotti del Picchia, por ocasião da publicação do livro *As máscaras*, quando Oswald tomou a palavra em nome de um "restrito bando de formalistas negados e negadores", abrigados na "cidade tumultuária" de São Paulo.[27] O discurso foi feito no Trianon, no alto da avenida Paulista, de onde – ele dizia – se devassava "a cidade panorâmica no recorte desassombrado das suas ruas de fábricas e dos seus conjuntos de palácios americanos".[28] A cidade moderna exigia a criação de uma arte à sua altura: "São Paulo é já a cidade que pede romancistas e poetas, que impõe pasmosos problemas humanos e agita, no seu tumulto discreto, egoísta e inteligente, as profundas revoluções criadoras de imortalidades".[29] O estilo é ainda antiquado, mas o conceito é atual e lembra o elogio das cidades do grupo futurista, liderado por Marinetti, na Itália.[30]

O apelo de Oswald de Andrade foi logo acolhido por Menotti del Picchia no artigo "Na maré das reformas", que acrescentou que era preciso questionar a produção artística existente. Para o articulista, "colocando o problema da reforma estética entre nós, pouco se salva do passado".[31] Desse modo, fixavam-se as posições na polêmica dos renovadores, comprometidos com a expressão dos novos tempos, contra os chamados "passadistas".

A tese central do primeiro tempo modernista já estava formulada a essa altura. O grupo renovador queria modernizar a produção intelectual do país para adequá-la aos novos tempos. Faltava acrescentar, como Mário faria logo depois, que o projeto modernizador correspondia à exigência de entrada do país no concerto internacional, isto é, no universo moderno.

A relação entre Mário e Oswald de Andrade teve tensões desde o início, como no caso da apreciação do livro de Menotti del Picchia, *O homem e a morte*. O livro mereceu um artigo elogioso de Mário de

---

27 BRITO, Mário da Silva. *História do Modernismo brasileiro: antecedentes da Semana de Arte Moderna*, p. 181.
28 Ibidem, p. 182.
29 Idem.
30 Giuseppe Tommaso Marinetti foi o mentor do movimento futurista na Itália. Escreveu o "Manifesto Futurista" em 1909. Veio ao Brasil em 1926 para dar conferências. Mário de Andrade o encontrou, mas não simpatizava com ele, inclusive pelo apoio que deu ao fascismo de Mussolini.
31 BRITO, Mário da Silva. *História do Modernismo brasileiro: antecedentes da Semana de Arte Moderna*, p. 190.

Andrade em *Klaxon*, o que magoou Oswald de Andrade por achar que seu romance *Os condenados* não tinha obtido tanto destaque. Também houve divergências doutrinárias e políticas na orientação do grupo modernista, como no debate a respeito do "Manifesto da poesia pau-brasil", em 1924. Além disso, conflitos pessoais que contribuíram para esse afastamento aparecem, por exemplo, na correspondência de Mário com Tarsila. Entretanto, nada nos primeiros anos permite antever a ruptura definitiva em 1929, considerada uma espécie de cisma no Modernismo.

PAULICEIA DESVAIRADA

Oswald de Andrade foi também o responsável pela divulgação da poesia de Mário de Andrade no artigo "O meu poeta futurista", no *Jornal do Comércio*, de São Paulo, em 27 de maio de 1921. Nele foi transcrita uma passagem de *Pauliceia desvairada* e foi feita a associação do autor com o futurismo italiano. Mário de Andrade logo recusou essa qualificação, em artigo no mesmo jornal: "Futurista?!" Ele não queria vincular o grupo de que fazia parte a uma exclusiva orientação do Modernismo europeu. A seu ver, o contato com as mais variadas correntes deveria ser incentivado, visando a assegurar a modernização da arte no país e a fornecer argumentos na polêmica com os passadistas. Mário de Andrade absorveu tanto as ideias do expressionismo alemão quanto as do purismo de *L'Esprit Nouveau*.[32] Articulou de forma original essas referências, já que estava preocupado em solucionar questões propostas no ambiente brasileiro em que vivia. Destacou no expressionismo a importância dada aos elementos instintivos, que vivificam a criação artística. No purismo da escola de Le Corbusier, chamou sua atenção a preocupação construtiva e o ideal de contenção formal, que ele haveria de perseguir em seus livros.

---

32 Tendência estética surgida na França, o purismo pregava a disciplina formal e o racionalismo. O papel de Le Corbusier, seu principal expoente, no desenvolvimento da arquitetura moderna no Brasil foi determinante.

O primeiro livro modernista, *Pauliceia desvairada*, não levou muito tempo para ser composto. Em apenas uma noite, em dezembro de 1920, o poeta esboçou uma primeira versão, aprimorada até o final do ano seguinte. O livro foi lançado em julho de 1922, pela Casa Mayença, de São Paulo, custeado pelo próprio autor, estampando na capa, de autoria do poeta Guilherme de Almeida, losangos coloridos, em uma alusão ao espírito arlequinal reivindicado por Mário. *Pauliceia desvairada* é composto de duas partes: o "Prefácio interessantíssimo", que resume o pensamento estético de Mário de Andrade naquele momento, e o conjunto de 22 poemas, sendo que o último, mais longo, "As enfibraturas do Ipiranga", chamado de "Oratório profano", é um conjunto de poemas mais curtos. Quatro poemas chamados "Paisagem" apresentam visões da cidade, em torno das quais o livro se organiza.

"Paisagem nº 1" começa com a intrigante definição de São Paulo: "Minha Londres das neblinas finas! Pleno verão. Os dez mil milhões de rosas paulistanas./ Há neve de perfumes no ar./ Faz frio. Muito frio..."[33] O poeta queria igualar São Paulo à capital britânica, já que as duas cidades participariam do contexto moderno – uma igualdade sugerida pela presença, em ambas, da neblina fina. Porém, a definição proposta no poema causa sobretudo estranheza, e é ela o motivo de o livro ser poeticamente tão bem-sucedido. Mesmo que o último verso de "Paisagem nº 4" soe quase chauvinista – "Oh! Este orgulho máximo de ser paulistamente!!!"[34] –, uma espécie de desambientação provocada pela curiosa definição favorece a composição de surpreendentes flashes da cidade.

Os instantâneos de São Paulo de *Pauliceia desvairada* apresentam em geral um tom melancólico ou um viés satírico muito forte, o que contrasta com os escritos da maior parte dos autores modernistas, como os discursos de Oswald de Andrade e Menotti del Picchia feitos no Trianon. Em "Rua de São Bento", o poeta adverte: "Nem chegarás tão cedo à fábrica de tecidos dos teus êxtases".[35] Outro poema, "Os cortejos", se refere à cidade como "a grande boca de mil dentes". "Tristura" associa o estado de espírito oscilante do poeta às corcundas da avenida São João.[36] Os imigrantes estão presentes na fala italianada

---

33 ANDRADE, Mário de. *Poesias completas*, p. 86.
34 Ibidem, p. 110.
35 ANDRADE, Mário de. *Poesias completas* (vol. I), p. 79.
36 Ibidem, p. 89

que reproduz, em alguns versos, o linguajar popular. A propósito, nem sempre o poeta registrou com simpatia o imigrante recém-chegado. O italiano muitas vezes foi visto como intruso, aparecendo em caricaturas exageradas. Venceslau Pietro Pietra é o antagonista do herói Macunaíma no livro de 1928. Mesmo em algumas crônicas posteriores, o italiano é descrito em tom depreciativo, o que revela como foi problemática sua abordagem do tema da imigração.

É verdade que, em *Pauliceia desvairada*, também os políticos locais, representantes da velha oligarquia, portando trajes antiquados, foram retratados acidamente, em "O rebanho". Os novos-ricos, por sua vez, foram atacados na conhecida "Ode ao burguês", que começa assim: "Eu insulto o burguês! O burguês-níquel, o burguês-burguês!/ A digestão bem-feita de São Paulo!/ O homem-curva! O homem nádegas!/ O homem que sendo francês, brasileiro, italiano/ é sempre um cauteloso pouco a pouco."[37]

Pauliceia desvairada é importante não apenas por ter sido o primeiro livro de poesias modernistas. Suas soluções poéticas continuam a surpreender o leitor, sobretudo naquelas passagens em que aparece o elemento arlequinal, na criação de metáforas inabituais e de estranhas justaposições, como em "Paisagem nº 3":

Chove?
Sorri uma garoa cor de cinza,
muito triste, como um tristemente longo...
A casa Kosmos não tem impermeáveis em liquidação...
Mas neste Largo do Arouche
posso abrir meu guarda-chuva paradoxal,
este lírico plátano de rendas mar... [38]

---

37   Ibidem, p. 87.
38   Ibidem, p. 104.

QUESTÕES DE ESTÉTICA

Foi também Oswald quem providenciou para Mário a publicação da série "Mestres do Passado", em agosto e setembro de 1921, no *Jornal do Comércio*.[39] São sete artigos dedicados à crítica dos poetas parnasianos, representantes máximos da estética passadista: Francisca Júlia, Raimundo Correia, Alberto de Oliveira, Olavo Bilac e Vicente de Carvalho, vistos por Mário de Andrade como mestres ultrapassados pelos novos tempos. Assim, merecem a saudação devida aos que já morreram: "Ó Mestres do Passado, eu vos saúdo! Venho depor a minha coroa de gratidões votivas e de entusiasmo varonil sobre a tumba onde dormis o sono merecido!"[40]

Os primeiros anos da década de 1920 foram de muito estudo para Mário de Andrade. O resultado de tanta aplicação foi ter conseguido firmar a base conceitual de sua teoria da arte, mantida ao longo de toda a obra, ainda que revista e enriquecida de novos elementos. Além da série "Mestres do Passado", são desse período dois ensaios de teoria poética – o "Prefácio interessantíssimo", de *Pauliceia desvairada*, e *A escrava que não é Isaura*. Um pouco depois, compôs um livro sobre estética musical, que ficou incompleto, e outro sobre história da música, publicado, anos mais tarde, como *Compêndio de história da música*, ambos destinados a seus alunos do Conservatório Dramático e Musical.

Esses estudos iniciais revelam o conhecimento já extenso de Mário de Andrade sobre a literatura e a arte do período. Especialmente o "Prefácio" e a *Escrava* recorrem a uma ampla bibliografia sobre teoria da arte e sobre a produção poética recente em várias línguas. Era a primeira vez que um material desse tipo e nessa quantidade chegava ao país, e pode-se imaginar o impacto da novidade em um ambiente bastante acanhado do ponto de vista do conhecimento dos movimentos artísticos e dos debates sobre arte.

Quais eram as principais teses estéticas de Mário de Andrade nesses ensaios? Uma delas afirma a distinção entre a beleza natural e o belo na arte. A arte não tem por tarefa imitar a natureza, mas possui critérios próprios. O escritor reagia, desse modo, às críticas dos con-

---

39   BRITO, Mário da Silva. *História do Modernismo brasileiro: antecedentes da Semana de Arte Moderna*, p. 254-309.
40   Ibidem, p. 257.

servadores à arte moderna, como a de Monteiro Lobato, que via nos quadros expressionistas de Anita Malfatti uma forma de paranoia ou de mistificação. Mário expôs esse ponto de vista no "Prefácio interessantíssimo", ao afirmar que a "arte não consegue reproduzir natureza, nem este é seu fim".[41] É preciso fugir da natureza, ele pensava, já que "só assim a arte não se ressentirá da ridícula fraqueza da fotografia... colorida".[42] Em *A escrava que não é Isaura*, resumiu seu pensamento: "O poeta não fotografa, cria." Querer que o poeta reproduza a natureza significa desvirtuar sua vocação, "mecanizá-lo e rebaixá-lo". Nesse ponto, Mário de Andrade apoiou-se em uma passagem de Goethe, que dizia que "o artista não deve estar conscientemente com a natureza, deve conscientemente estar com a arte".[43]

Outra tese defendida nesses textos iniciais tem a ver com a relação entre o conteúdo a ser transmitido pela obra de arte e os aspectos formais nela envolvidos. Mário de Andrade entendia que toda poesia parte de um anseio de exprimir e partilhar um sentimento ou uma ideia, isto é, certo conteúdo. Para conseguir isso o poeta precisa recorrer a artifícios formais ou técnicos, e o sucesso de uma obra depende muito do modo como estes são usados. Assim, a realização artística se baseia no equilíbrio entre o anseio de expressão e comunicação de algum conteúdo e os recursos mobilizados pelo trabalho do artista com seus instrumentos. Esse equilíbrio muitas vezes não foi alcançado, tanto por causa das limitações individuais de cada artista quanto por motivos históricos. Por exemplo, ouve-se que um poeta é muito inspirado, mas não consegue se exprimir por causa do pouco domínio da técnica. Nesse caso, ele não encontrou uma forma adequada para transmitir sua ideia. Também se diz que determinado músico é um virtuose, mas sua execução não tem vida. Nesse caso, faltaria o conteúdo a ser transmitido.

Ao formular seu ponto de vista, Mário tendeu a dar mais importância ao conteúdo. Sua opção se explica pelo fato de ele ter avaliado que a arte moderna – a arte do seu tempo – estava em um desvio formalista. Ele não achava que os aspectos formais fossem sem importância, mas queria que estivessem subordinados a imperativos superiores e estes

---

41 ANDRADE, Mário de. *Poesias completas*, p. 25.
42 Ibidem, p. 26.
43 ANDRADE, Mário de. *Obra imatura*, p. 274.

correspondem sempre a certo conteúdo. Quando não há uma ideia para expressar, corre-se o risco do formalismo.

Outra versão dessa tese está contida na afirmação de que a beleza não é o objetivo da arte, mas apenas uma consequência. O elemento estético, defende, não tem autonomia: a beleza serve para assegurar a transmissão de um conteúdo. Disso resulta que o âmbito da arte seria muito mais abrangente que o da busca pela beleza. Mário de Andrade pensava que é preciso garantir a mútua dependência entre o conteúdo e a forma, mas, como se pode observar, ele atribuiu um peso muito maior ao conteúdo.

A preocupação de Mário com a dimensão expressiva da arte o conduziu à defesa de um princípio de contenção formal a ser respeitado pelos artistas. Para ele, as iniciativas do artista nunca devem ultrapassar as necessidades expressivas. Se isso ocorrer, a obra de arte se torna gratuita e artificial. Em "Mestres do Passado" ele criticou os poetas parnasianos pelo fato de sua poesia ser apenas bela e não verdadeira arte. Os parnasianos erraram por terem resumido seu objetivo à busca da beleza e se esqueceram de ser verdadeiros artistas. Alguns poemas parnasianos continuam belos, "não porque sejam arte, mas porque são belos".[44] Olavo Bilac "foi apenas um deslumbrado, um escravo... um deputado da Beleza".[45]

Outro aspecto da visão de poesia de Mário de Andrade, nesses primeiros anos do Modernismo, diz respeito à participação tanto do lirismo quanto da inteligência ou, em outros termos, da inspiração e da crítica na arte do poeta. Em *A escrava que não é Isaura*, o escritor propôs a seguinte fórmula para definir a poesia: ela deve conter o máximo de lirismo e o máximo de crítica, para assegurar o máximo de expressão. Todo poema é inicialmente apenas lírico. O lirismo, esclarece, é um "estado afetivo sublime – vizinho da sublime loucura".[46] Um verso começa como força descontrolada: "Quando sinto a impulsão lírica escrevo sem pensar tudo que o meu inconsciente me grita".[47] Pessoalmente, Mário de Andrade vivenciava essa situação como um impulso fortíssimo que o fez escrever, de um jato só, *Pauliceia desvairada* e *Macunaíma*. Em seus textos teóricos iniciais, ele não

---

44   BRITO, Mário da Silva. *História do Modernismo brasileiro*, p. 256
45   Ibidem, p. 288.
46   ANDRADE, Mário de. *Poesias completas*, p. 33.
47   Ibidem, p. 19.

cessa de acrescentar novos elementos para descrever esse momento de inspiração: ele é considerado fugaz e violento e qualquer empecilho o perturba e mesmo o emudece. Em outra passagem, afirma: o poeta quer a realização sincera da matéria afetiva e do subconsciente.[48]

Ao mesmo tempo, Mário exigia, na realização poética, o máximo de crítica, que é fruto da inteligência. Uma obra de arte não faria sentido caso se contentasse em ser um amálgama das emoções do artista. Uma metáfora curiosa do "Prefácio interessantíssimo" ajuda na exposição desse ponto: "Dom Lirismo, ao desembarcar do Inconsciente no cais da terra do Consciente, é inspecionado pela visita médica, a Inteligência, que o limpa dos macaquinhos e de toda e qualquer doença que possa espalhar confusão..."[49] Diz ainda: "Parece que sou todo instinto... Não é verdade. Há no meu livro [*Pauliceia desvairada*] tendência pronunciadamente intelectualista."[50]

Ao argumentar a favor da intervenção da inteligência na arte, Mário de Andrade recorreu às teses da revista *L'Esprit Nouveau*, de orientação racionalista, dirigida por Le Corbusier, chegando a usar a fórmula corbusiana de que a arte é uma máquina de produzir comoções.[51] De Paul Dermée, autor que publicava na mesma revista, Mário de Andrade adotou a seguinte posição: "O poeta é uma alma ardente, conduzida por uma cabeça fria".[52]

A teoria da arte de Mário de Andrade abriga uma série de oposições – entre a natureza e a arte, entre a forma e o conteúdo, entre a inspiração e a crítica. Praticamente toda a sua teoria estética considera a presença destas e de outras oposições e constitui um esforço de busca de um equilíbrio entre elementos antagônicos. A dualidade é a marca da sua obra e, possivelmente, também de sua personalidade dotada de uma espécie de bivitalidade.[53]

É tentador recorrer a uma observação de Manuel Bandeira sobre a personalidade do amigo para apresentar também o conjunto de sua obra. O poeta referiu-se a Mário de Andrade como "um sujeito em que

---

48   ANDRADE, Mário de. *Obra imatura*, p. 329.
49   ANDRADE, Mário de. p. 34.
50   Ibidem, p. 35.
51   Ibidem, p. 294.
52   Ibidem, p. 238.
53   ALVARENGA, Oneyda (org.). *Cartas: Mário de Andrade e Oneyda Alvarenga*, p. 273.

a comoção poética se debate no círculo de ferro de uma inteligência perpetuamente insatisfeita".[54]

Os dois princípios vitais que regem a personalidade de Mário de Andrade, derivados da emoção e da inteligência, apresentam dinâmica própria: a comoção se debate como uma força viva; a inteligência insatisfeita está sempre em transformação. Além disso, os dois elementos são mutuamente dependentes. A comoção se dispersaria caso não fosse apreendida no "círculo de ferro" da inteligência. Esta seria um mero artifício se não incorporasse a força viva da comoção.

Mário de Andrade reconheceu a dificuldade de conciliar o máximo de lirismo ou "a realização sincera da matéria afetiva e do subconsciente" e o máximo de crítica, de inteligência e de estilização; de "juntar num todo equilibrado essas tendências contraditórias".[55] No momento da redação de seus primeiros ensaios, o poeta entendeu que essas contradições refletiam o espírito da época, marcadamente crítico. Exclamava, então: "Depois que viessem os clássicos!"

PONTOS DE HISTÓRIA DA ARTE

Já nos seus primeiros ensaios, Mário de Andrade recorreu à história da arte para ilustrar e fundamentar suas posições estéticas. Dividiu o desenvolvimento das artes em três etapas. Considerou inicialmente o período primitivo, que foi o momento em que o caráter estético ou desinteressado da arte ainda não se firmara como valor em si. Nesse contexto, a arte tinha uma dimensão interessada, pois atendia às necessidades da vida prática. Um segundo passo da história da arte se caracterizou pelo aparecimento da busca da beleza como valor dotado de autonomia, quando a dimensão estética se destacou. Grande parte da história da arte ocidental, até hoje, corresponde a esse momento.

No entanto, Mário de Andrade observou que, mesmo nos momentos em que nas civilizações ocidentais a arte se desvinculou das

---

54 AMARAL, Aracy (org.). *Correspondência: Mário de Andrade & Tarsila do Amaral*, p. 81.
55 ANDRADE, Mário de. *Obra imatura*, p. 329.

manifestações religiosas e de outras práticas sociais, ela continuou dependente do anseio de expressão de algum conteúdo. Assim, ele pensava que mesmo

> nas expressões de Arte mais universalmente aceitas como supremas, na obra de um Ésquilo, dum Shakespeare, dum Miguel Anjo, dum Cervantes, dum Rembrandt, dum Beethoven, dum Whitman a Arte apresenta sempre uma ideia, um ideal mais interessados [sic] e práticos [sic] a que a ideia do Belo se associa.[56]

Na música, ele observou que o próprio Mozart, que teria sido de todos os artistas "quem melhor realizou a beleza insulada, sujeitou-a à expressão".[57]

O terceiro período da história da arte é o atual. Mário de Andrade reconheceu, ao menos em parte dos contemporâneos, o propósito de despir a arte dos excessos formais, cujos efeitos foram o artificialismo e o hermetismo, e o desejo de inspirar-se nos primitivos para os quais a arte ainda não tinha perdido contato com as forças vivas do homem inserido em comunidade. Para ele, um simples retorno a essa posição inicial não seria possível. No entanto, a referência a ela sugere a urgência do resgate de uma dimensão mais autêntica da arte e permite situar as iniciativas formais de modo apropriado, sem os exageros modernos.

A parábola que abre *A escrava que não é Isaura* representa a poesia na figura de Eva, que vai sendo pouco a pouco recoberta por vestes cada vez mais sofisticadas: "Cada nova geração e as raças novas sem tirar as vestes já existentes sobre a escrava do Ararat sobre ela depunham os novos refinamentos do trajar."[58] Até que, finalmente, um vagabundo genial, Rimbaud, "deu um chute de 20 anos naquela heterogênea rouparia" e "descobriu a mulher nua, angustiada, ignara" que é a poesia.[59] Foi essa mulher despojada de ornamentos que os poetas modernistas se puseram a adorar.

Desse modo, nota-se que a teoria estética de Mário de Andrade está ligada à história da arte. Esta é resgatada pelo escritor para escla-

---

56 ANDRADE, Mário de. *Introdução à estética musical*. São Paulo: Hucitec, 1995, p. 25.
57 ANDRADE, Mário de. *Obra imatura*, p. 238-9.
58 Ibidem, p. 232.
59 Idem.

recer a situação atual. Seus ensaios de estética em momento algum são desinteressados, mas pretendem intervir na cena contemporânea, corrigindo o desvio do formalismo.

EM TORNO DA SEMANA DE 1922

Mário de Andrade participou dos preparativos da Semana de Arte Moderna, ao longo de 1921, e de tudo que se passou naqueles dias 13, 15 e 17 de fevereiro de 1922, no Teatro Municipal de São Paulo. A ideia da Semana pode ter sido de Di Cavalcanti, na época morando em São Paulo, e ganhou a adesão de um pequeno círculo de amigos. Houve também o apoio de dona Marinette Prado, mulher de Paulo Prado, um de seus principais animadores. Ela queria fazer em São Paulo o que tinha visto em Deauville, balneário luxuoso na França que abrigava festivais de arte durante o verão. O teatro foi alugado por René Thiollier, ligado à família Prado, com a colaboração de outras figuras importantes da sociedade. A Semana, que teve na verdade três dias, foi noticiada nos jornais com alguns dias de antecedência. Oswald de Andrade, Ronald de Carvalho e Menotti del Picchia escreveram em suas colunas e Mário de Andrade fez, no diário *A Gazeta*, uma apresentação da proposta do festival, como foi chamada a Semana.

A programação teve palestras, concertos e uma exposição no saguão do teatro, com obras de Antonio Moya, Georg Przyrembel, Wilhelm Haarberg, Victor Brecheret, Leão Velloso, Anita Malfatti, Di Cavalcanti, John Graz, Martins Ribeiro, Zina Aita, Yan de Almeida Prado, Paim Vieira, Ferrignac e Rego Monteiro. Foram convidados artistas próximos dos organizadores, alguns com um compromisso maior com as posições modernas e outros nem tanto.

A abertura ficou a cargo de Graça Aranha, com a conferência "A emoção estética na arte moderna", baseada nas ideias do livro *A estética da vida*, publicado em 1921. Outros conferencistas foram Ronald de Carvalho e Menotti del Picchia. Oswald de Andrade fez a leitura de trechos de seu romance *Os condenados*. Em música, o grande destaque foi Villa-Lobos. Guiomar Novaes, pianista já consagrada, fez o concerto do dia 15. Depois, arrependeu-se publicamente em carta enviada a um jornal.

Mário de Andrade falou na segunda noite. Recitou trechos incluídos mais tarde em *A escrava que não é Isaura*. A reação do público foi, em geral, negativa. O poeta recordou mais tarde a atmosfera tensa daquelas noites e confessou que nem sabia como tivera coragem para dizer versos diante de uma vaia tão bulhenta que o impedia de ouvir o que dizia Paulo Prado da primeira fila da plateia.[60]

Mário de Andrade sentiu a repercussão do evento da Semana na diminuição do número de seus alunos de piano. Ninguém, afinal, queria um professor futurista. O "agitador" aproveitou os meses seguintes da Semana para divulgar as propostas do movimento. Viveu então um período de grande agitação e entusiasmo. Encontrava-se quase diariamente com o grupo de amigos Oswald, Menotti, Tarsila e Anita – o "Grupo dos Cinco". Foi o mais ativo dos criadores de *Klaxon*, a primeira revista modernista. Passou a se corresponder com os novos amigos do Rio, Manuel Bandeira e Sérgio Buarque de Holanda, dando notícias da publicação e providenciando sua distribuição.

Klaxon teve nove números, de maio de 1922 a janeiro de 1923, os dois últimos em um só volume, dedicado a Graça Aranha. O caráter inovador da revista começa pela parte gráfica – a capa é a mesma em todos os números, variando a cor do fundo e do grande *A* que serve ao mesmo tempo para as palavras *Klaxon*, *mensário*, *arte* e *moderna*. Também a composição de toda a revista é diferente de tudo que existia na época. Não havia um corpo editorial, era uma criação coletiva, mas Rubens Borba de Moraes, Couto de Barros e Guilherme de Almeida formaram o núcleo mais ativo. A colaboração de Mário de Andrade foi a mais assídua e significativa. Além de assinar com seu próprio nome vários artigos, recorreu a pseudônimos para falar de música, literatura e teoria da arte. Foi também pioneiro como cronista de cinema, comentando Chaplin e o cinema brasileiro. Publicou poemas, inclusive o "Poema abúlico", dedicado a Graça Aranha, no último número.[61] Teve seu livro *Pauliceia desvairada* resenhado no sétimo

---

60   ANDRADE, Mário de. *Aspectos da literatura brasileira*, p. 232.
61   CECÍLIA, Lara de. *Klaxon & Terra Roxa e Outras terras*. São Paulo: IEB/USP, 1972. BRITO, Mário da Silva. "O alegre combate de *Klaxon* (prefácio)". *Klaxon* – edição fac-similar. São Paulo: Martins/Secretaria de Cultura, 1976.

número. É tão volumosa e relevante sua contribuição para *Klaxon* que pode ser considerada parte importante de sua obra.

Klaxon tinha representantes no Rio de Janeiro e também na França, na Suíça e na Itália. Joaquim Inojosa representava a revista em Recife. Nela foram publicados textos em francês e italiano. Até Manuel Bandeira escreveu em francês o poema "Bonheur lyrique", e Sérgio Milliet fez o mesmo em "Voyages" e "La Guerre". Nas páginas de *Klaxon*, o cinema, visto como a arte nova por excelência, mereceu destaque com críticas e comentários. A revista preferia a estrela de cinema Pearl White, ou Pérola White, como chamavam, a Sarah Bernhardt, identificada com a estética do passadismo.[62]

O Modernismo dos primeiros anos foi, essencialmente, um movimento de agitação e de apelo à renovação estética. O grupo de jovens literatos e artistas percebia que a produção artística feita no país não era adequada aos novos tempos. O cenário da cidade de São Paulo se modernizava e exigia uma linguagem correspondente. A conferência de Menotti del Picchia, na Semana de Arte Moderna, dá bem uma ideia desse propósito de atualização:

> Queremos luz, ar, ventiladores, aeroplanos, reivindicações obreiras, idealismos, motores, chaminé de fábrica, sangue, velocidade, sonho, na nossa Arte! E que o rufo de um automóvel, nos trilhos de dois versos, espante da poesia o último deus homérico, que ficou anacronicamente, a dormir e sonhar, na era do jazz-band e do cinema, com a frauta [sic] dos pastores da Arcádia e os seios divinos de Helena![63]

Claro, o tom ainda era muito artificial. No "Prefácio interessantíssimo" Mário de Andrade expressou a mesma ideia de modo mais natural:

> Escrever arte moderna não significa jamais para mim representar a vida atual no que tem de exterior: automóveis, cinema, asfalto. Si [sic] estas palavras frequentam-me o livro [*Pauliceia desvairada*] não é porque pense com elas escrever moderno, mas porque sendo meu livro moderno, elas têm nele sua razão de ser.[64]

---

62   Cf. PARANAGUÁ, Paulo Antonio. *A invenção do cinema brasileiro*. Rio de Janeiro: Casa da Palavra, 2014.
63   AMARAL, Aracy. *Artes plásticas na Semana de 22*. São Paulo: Perspectiva, 1970, p. 278.
64   ANDRADE, Mário de. *Poesias completas*, p. 35.

Pouco tempo depois, Oswald de Andrade resumiu a tarefa do primeiro tempo modernista no "Manifesto da poesia pau-brasil": "acertar o relógio império da literatura nacional".[65]

Para realizar seu intento, o núcleo modernista incorporou tudo que podia das novas linguagens artísticas europeias. No caso de Mário de Andrade, nem mesmo o epíteto de futurista ele recusou. Para ele, como para todos os companheiros do movimento renovador, o que realmente contava era a adoção de meios expressivos considerados modernos. A absorção das vanguardas europeias foi facilitada pelo contato direto dos viajantes modernistas com os centros europeus. Viajaram nessa época para Paris, Oswald, Tarsila, Villa-Lobos e Di Cavalcanti.

Em várias ocasiões Mário de Andrade defendeu que a renovação proposta pelo Modernismo tinha uma perspectiva universalista. Já no primeiro tempo modernista (1917-24), o propósito de integrar uma ordem universal – a própria modernidade – animou os escritores e artistas. Em uma das primeiras cartas para Manuel Bandeira, Mário de Andrade afirmou:

> Sei que dizem de mim que imito Cocteau e Papini. Será já um mérito ligar estes dois homens diferentíssimos como grácil lagoa de impetuoso mar. É verdade que movo como eles as mesmas águas da modernidade. Isso não é imitar: é seguir o espírito duma época.[66]

No texto de apresentação de *Klaxon*, que funciona como um manifesto, aparece a mesma opinião: "*Klaxon* não copia Papini nem Cocteau, mas representando às vezes tendências que se aparentam às desse grande italiano e desse interessante francês, prega o espírito da modernidade, que o Brasil desconhecia."[67] Mário de Andrade foi ainda mais incisivo em carta para Sérgio Milliet. Tinha recebido do amigo os poemas do francês Ivan Goll. Observou, então, sobre eles: "Os poemas chegaram-me justamente após ter eu escrito uma crônica

---

65   ANDRADE, Oswald de. "Manifesto da poesia pau-brasil". In: *Obras completas*, vol. 6. Rio de Janeiro: Civilização Brasileira, 1972.
66   AMARAL, Aracy (org.). *Correspondência: Mário de Andrade & Tarsila do Amaral*, p. 62.
67   *Klaxon* nº 3, p. 14.

para a *Revista do Brasil*, em que dizia este anseio de universalidade que anima os modernistas de quase todo o mundo".⁶⁸

O compromisso com um ideal universalista, ao longo da história do nosso Modernismo, deveu muito a Mário de Andrade. Ele concebeu o Brasil como uma parte que devia ter acesso ao todo universal – a modernidade. No primeiro tempo do Modernismo, o escritor entendeu que o ingresso do país no concerto das nações cultas deveria se fazer sem mediações, bastando que fossem incorporadas as linguagens artísticas modernas. No segundo tempo, a partir de 1924, indicou a necessidade de recorrer a uma mediação – a afirmação dos traços nacionais da cultura feita no país.

---

68 *Mário de Andrade por ele mesmo*, p. 289.

COUNCIL OF
THE LEAGUE
OF RATIONS

> **THEATRO MUNICIPAL**
> **PROGRAMMA**
> DO
> **SEGUNDO**
> **FESTIVAL**
> ....
> 15
> FEVEREIRO
> 1922
> ·) ·
>
> **1.ª PARTE**
>
> 1 — Palestra de
> **MENOTTI DEL PICCHIA**
> ilustrada com poemas e trechos de prosa por Oswaldo de
> Andrade, Luiz Aranha, Sergio Milliet, Tacito de Almeida,
> Ribeiro Couto, Mario de Andrade, Plinio Salgado, Agenor Barbosa e dansa pela senhorinha Yvonne Daumerie.
>
> 2 — Solos de Piano
> **GUIOMAR NOVAES**
> a) E. R. Blanchet — Au jardin du vieux Sérail (Andrinople).
> b) H. Villa Lobos — O Ginete do Pierrosinho.
> c) C. Debussy — La soirée dans grenade.
> d) C. Debussy — Minstrels.
>
> **INTERVALLO**
> Durante o intervallo palestra no saguão.
> por **MARIO DE ANDRADE**
>
> **2.ª PARTE**
>
> 1 —
> **RENATO ALMEIDA**
> Perennis Poesia
>
> 2 — CANTO E PIANO
> **FREDERICO NASCIMENTO FILHO E LUCILIA VILA LOBOS**
> 1919 — a) Festim Pagão.
> 1920 — b) Solidão.
> 1917 — c) Cascavel.
>
> 3 — QUARTETTO TERCEIRO (cordas — 1916).
> a) Allegro giusto
> b) Scherzo Satírico (pipocas e peticas).
> c) Adagio.
> d) Allegro con fuoco e finale.
>
> VIOLINOS: — Paulina d'Ambrosio — George Marinuzzi.
> ALTO: — Orlando Frederico.
> VIOLONCELLOS: — Alfredo Gomes

NA PÁGINA AO LADO (ALTO):
Oswald e Tarsila (em destaque) em festa a bordo do Cap Polonio a caminho da Europa, 1925. Foi durante essa viagem que Oswald escreveu o prefácio para *Pathé-Baby*, de Antônio de Alcântara Machado.

NA PÁGINA AO LADO (BAIXO):
Mário em Araraquara, interior de São Paulo, 1923, onde ficava a casa do tio Pio, para onde ia frequentemente e onde preparou a primeira versão de *Macunaíma*.

ACIMA (ALTO):
Programa da Semana de 22. Mário de Andrade contou que a vaia era tanta que não ouvia o que Paulo Prado gritava na primeira fila.

ACIMA:
Capa do segundo número da revista *Klaxon*. A participação de Mário de Andrade na primeira revista modernista em 1922 foi intensa. Escreveu sobre vários assuntos, inclusive sobre cinema.

Grupo modernista, na casa de Guilherme de Almeida, com Mário de Andrade sentado ao centro, 1922. Entre outros estão Tácito de Almeida, Rubens Borba de Moraes, Yan de Almeida Prado, Baby e Guilherme de Almeida.

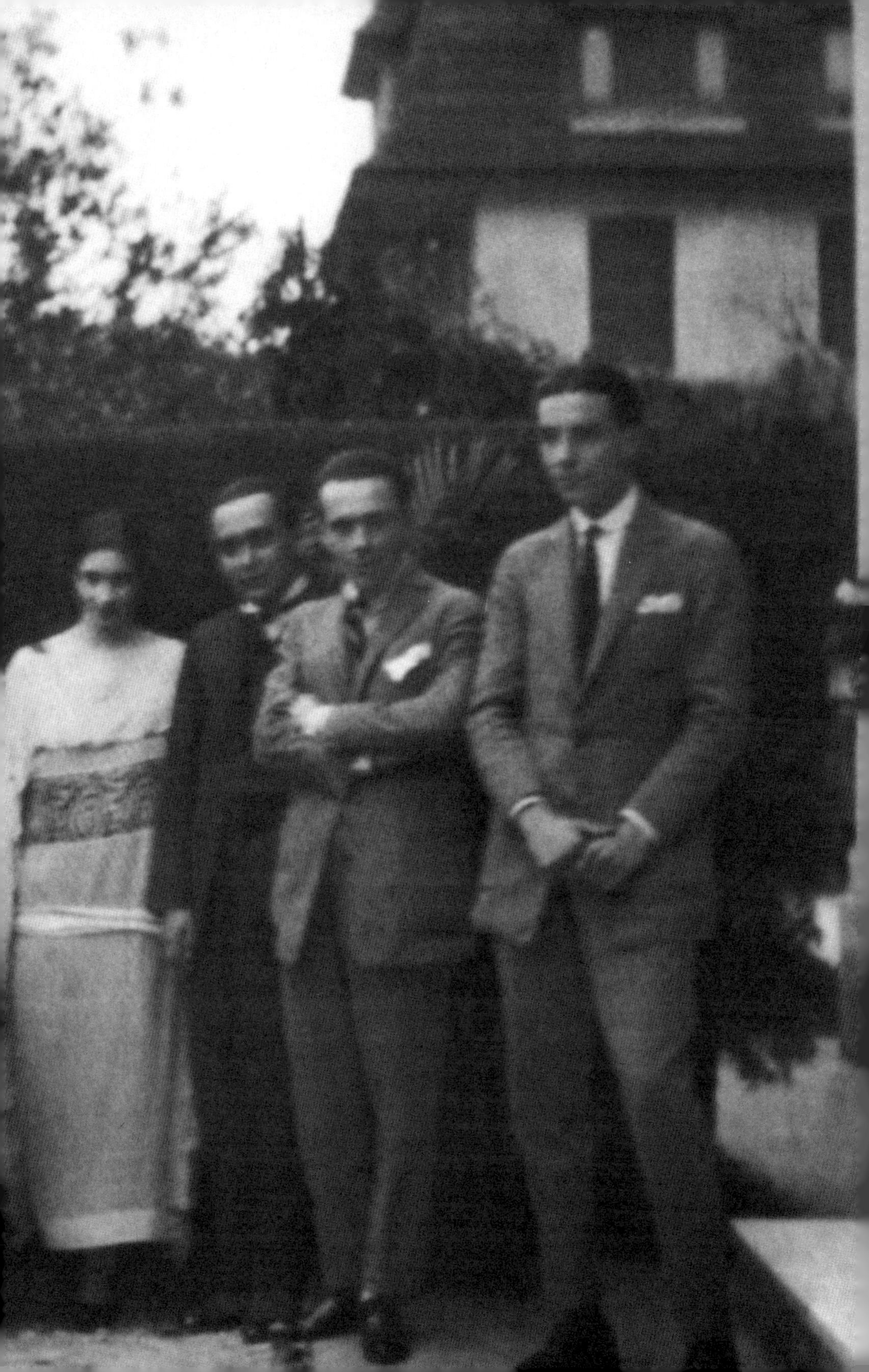

O poeta em viagem ao Norte, 1927.

CAPÍTULO **3**

NO FUNDO DO MATO-VIRGEM

SEGUNDO TEMPO MODERNISTA

O período que vai de 1924 até o final da década de 1920 foi o mais feliz e produtivo da vida de Mário de Andrade, e não foi à toa que o poeta declarou, em um dos versos de *Losango cáqui*, que "a própria dor é uma felicidade". É impressionante a quantidade de trabalhos realizados nesses anos. Em 1925, Mário publicou o ensaio *A escrava que não é Isaura*, preparado nos anos anteriores; em 1926, foi iniciada a redação de *Macunaíma* e saiu o livro de poemas *Losango cáqui*, sobre o tempo de serviço militar, cumprido no ano de 1922; em 1927, foram publicados o romance *Amar, verbo intransitivo*, que vinha sendo redigido desde 1923, e os poemas de *Clã do jabuti*, um marco na introdução da temática brasileira; 1928 é o ano de *Macunaíma* e de *Ensaio sobre música brasileira*; 1929, o do *Compêndio de história da música*. Nos últimos anos da década, foram concebidos os poemas que comporiam *Remate de males*, de 1930; estudos para o livro de folclore, nunca terminado, *Na pancada do ganzá*; foram feitas anotações para uma *Gramatiquinha da fala brasileira*, jamais concluída; e iniciou-se a organização da coletânea *Modinhas imperiais*, publicada em 1930.

Também nesses anos, Mário de Andrade colaborou nas principais revistas modernistas: *Estética*, do Rio de Janeiro, *A Revista*, de Belo Horizonte, *Terra Roxa e Outras Terras* e *Revista de Antropofagia*, ambas de São Paulo, e *Verde*, de Cataguazes.[1] Foi também articulista em *Ariel*, revista especializada em música, de São Paulo, a qual editou por um curto período, e na *Revista do Brasil*.[2]

A correspondência com alguns dos seus mais importantes missivistas, como Carlos Drummond de Andrade, começou nessa época. As duas únicas longas viagens do escritor, em toda a vida, datam da segunda metade dos anos 1920: a primeira, a única para fora do país, até Iquitos, no Peru, em 1927, e a segunda, ao Nordeste, do final de 1928 até o início de 1929, quando começou de forma sistemática a pesquisa sobre o folclore. Também nesses anos, Mário consolidou sua liderança à frente do grupo modernista.

O ano de 1924 marcou uma virada no Modernismo brasileiro. Mário de Andrade e seus companheiros passaram a defender uma arte com fisionomia local, que fosse a expressão da identidade nacional. Antes mesmo, em novembro de 1923, o poeta já tinha antecipado essa mudança de rumo em carta endereçada a Tarsila, então em Paris, com Oswald de Andrade e o amigo Sérgio Milliet. Fez à amiga a exortação:

> Cuidado! fortifiquem-se bem de teorias e desculpas e coisas vistas em Paris. Quando vocês aqui chegarem, temos briga, na certa. Desde já, desafio vocês todos juntos, Tarsila, Oswaldo, Sérgio para uma discussão formidável. Vocês foram a Paris como burgueses. Estão *épatés*. E se fizeram futuristas! hi! hi! hi! Choro de inveja. Mas é verdade que considero vocês todos uns caipiras em Paris. Vocês se parisianizaram na epiderme. Isto é horrível! Tarsila, Tarsila, volta para dentro de ti mesma. Abandona o Gris e o Lhote, empresários de criticismos decrépitos e de estesias decadentes! Abandona Paris! Tarsila! Tarsila! Vem para a mata-virgem, onde não há arte negra, onde não há também arroios gentis. Há MATA VIRGEM. Criei o matavirgismo. Sou matavirgista. Disso é que o mundo, a arte, o Brasil e minha queridíssima Tarsila precisam.[3]

---

1 Cf. MARQUES, Ivan. *Modernismo em revista*. Rio de Janeiro: Casa da Palavra, 2013.
2 A *Revista do Brasil* foi uma publicação cultural da primeira metade do século XX. Criada em 1916 por Monteiro Lobato, teve quatro fases, até 1944, e foi reativada, por curto período, por Darcy Ribeiro.
3 AMARAL, Aracy (org.). *Correspondência: Mário de Andrade & Tarsila do Amaral*, p. 78-9.

Mário de Andrade define nesta carta, ainda informalmente, os principais ingredientes da doutrina modernista do segundo tempo. O apelo por um retorno à mata-virgem manifesta a posição de que a arte moderna no Brasil precisava, naquele momento, inspirar-se no ambiente nacional. De nada adiantava copiar os modelos franceses para ser moderno. Tal atitude resultaria em soluções artificiais. O poeta adverte a amiga de que sua arte só seria moderna quando adquirisse voz própria. Só assim teria condições de comparecer no cenário moderno. Duas formas de integração são exigidas nessa exortação de um retorno à mata-virgem: a da artista na sua terra e a da sua obra, dotada de caráter nacional, no cenário internacional.

A doutrina modernista do segundo tempo, a partir de 1924, mantém a base universalista que sustentou desde o início o movimento renovador. A modernização da cultura feita no Brasil era vista como exigência para o ingresso do país no concerto das nações cultas. Até 1924, entendia-se que o ingresso seria realizado de forma imediata, com a adoção das linguagens artísticas modernas. Foi o tempo em que se importavam revistas europeias e quadros de André Lhote e Paul Klee eram incorporados às coleções dos artistas e dos seus ricos amigos.

Em 1924, todos os participantes do movimento modernista passaram a adotar uma nova concepção da inserção da cultura brasileira no contexto moderno. Entenderam que ela só seria assegurada se o país pudesse dar sua colaboração com obras propriamente nacionais. A defesa de uma arte com caráter nacional não ocorreu apenas no Brasil. Em outros países latino-americanos e da Europa, a partir do final da Primeira Grande Guerra, artistas e escritores, especialmente os que não pertenciam aos grupos sediados nos grandes centros, como Paris e Berlim, adotaram a mesma postura. Lembre-se a posição defendida por Jorge Luis Borges, na Argentina, e por Béla Bartók, o músico nascido na Hungria.[4]

Nos primeiros meses de 1924, Mário participou de todos os acontecimentos significativos desse momento de reorientação doutrinária. Um deles foi a caravana que acompanhou o poeta Blaise Cendrars, na Semana Santa, às cidades históricas de Minas Gerais. Outro tem a ver com a polêmica provocada pela publicação, em 18 de março, no

---

[4] Cf. TRAVASSOS, Elizabeth. *Os mandarins milagrosos*. Rio de Janeiro: Zahar, 1997. ANTELO, Raul. *Na ilha de Marapatá*. São Paulo: Hucitec/INL, 1986. ARTUNDO, Patrícia. *Correspondência: Mário de Andrade & Escritores e artistas argentinos*. São Paulo: Edusp, 2013.

Correio da Manhã, do "Manifesto da poesia pau-brasil", de Oswald de Andrade. Pouco depois, deu-se a contestação pública da liderança de Graça Aranha na condução do movimento modernista.

Blaise Cendrars veio ao Brasil a convite de Paulo Prado,[5] com quem ficou hospedado em São Paulo, na capital, e em seguida em uma fazenda no interior do estado, quando a cidade foi bombardeada durante a "Isidora", o levante tenentista de 1924. O poeta deixou um relato vívido do conflito dos rebeldes chefiados por Isidoro Dias Lopes com as tropas legalistas, no qual recorreu às lembranças da guerra na Europa, de que participara e de onde saíra ferido e sem um braço.[6] Os amigos paulistas prepararam para Cendrars uma programação variada. Passaram o Carnaval no Rio de Janeiro, e na Semana Santa organizaram uma excursão às cidades históricas de Minas, passando por São João Del Rei, São José (a atual Tiradentes), Sabará, Congonhas e Ouro Preto. A viagem foi registrada por Tarsila em seus desenhos, e deve ter tido momentos bem divertidos, como se vê pelo registro dos nomes deixado no Hotel Macedo, em São João Del Rei:

> Dona Olívia Guedes Penteado, solteira, photographer, anglaise, London. Dona Tarsila do Amaral, solteira, dentista, americana, Chicago. Dr. René Thiollier, casado, pianista, russo, Rio. Blaise Cendrars, solteiro, violinista, allemand, Berlin. Mário de Andrade, solteiro, fazendeiro, negro, Bahia. Oswald de Andrade Filho, solteiro, escrittore, suisso, Berne. Oswald de Andrade, viúvo, escolar, hollandez, Rotterdam.[7]

Em Belo Horizonte o grupo entrou em contato com os jovens escritores mineiros que formariam o núcleo modernista na cidade. O depoimento de Pedro Nava, em um volume de suas memórias, *Beira-mar*, dá uma ideia da importância daquele encontro.[8] Os mineiros eram Carlos Drummond, responsável por organizar o encontro, Emílio Moura, Martins de Almeida e o próprio Nava. Por alguns dias, eles se reuniram com os visitantes, descritos com beleza e precisão pelo

---

5 Paulo Prado foi um dos incentivadores da Semana de 22. Amigo de Mário de Andrade, publicou em 1928 o ensaio *Retrato do Brasil: ensaio sobre a tristeza brasileira*.
6 CENDRARS, Blaise. *Etc..., etc... (Um livro 100% brasileiro)*. São Paulo: Perspectiva, 1976.
7 EULALIO, Alexandre. *A aventura brasileira de Blaise Cendrars*. São Paulo: Quiron, 1978, p. 101.
8 NAVA, Pedro. *Beira-mar*. Rio de Janeiro: José Olympio, 1978.

memorialista, muitos anos depois. Os retratos de dona Olívia, Tarsila e Oswald de Andrade são impressionantes. Porém o mais comovente é o de Mário de Andrade. Além de se referir à sua figura, Pedro Nava relata o momento, de que foi testemunha, em que o poeta foi tomado pela inspiração que o levou a escrever "Noturno de Belo Horizonte".

> Lembro como se fosse hoje. Nós estávamos na salinha de espera do primeiro andar do hotel. De repente Mário de Andrade foi andando para a sacada. Ali estacou, pôs as mãos no parapeito, respirou longamente o ar cheio do friozinho da noite, expandiu-se como folha de vitória-régia, cresceu contra a arquitetura manuelina do Conselho Deliberativo, virou numa espécie de enorme concha eletrônica e começou a captar o canto gigantesco do Brasil condensado num funil que o derramava em Minas...[9]

O longo poema "Noturno de Belo Horizonte", publicado no terceiro número da revista *Estética*, no início de 1925, e incorporado ao livro *Clã do jabuti*, de 1927, foi pioneiro, ao lado do "Manifesto da poesia pau-brasil", de Oswald de Andrade, na fixação do tema da brasilidade na produção dos modernistas.[10]

"Noturno" faz parte do conjunto daqueles poemas caudalosos que retratam muito da personalidade do poeta. Sua temática é a brasilidade, a identidade nacional, um todo unitário captado a partir do cenário mineiro, que funde a diversidade de aspectos da nação, a qual postula a participação no contexto universal. O processo de desgeografização, um dos tópicos da doutrina do poeta nos anos seguintes, já se anuncia nesses versos. O poema apresenta a combinação de elementos contrastantes: a Minas histórica convive com os traços modernos da cidade e esta, com o ambiente rural, em passagens que mencionam a "luta pavorosa entre florestas e casas" e o mato que invade o gradeado das ruas.[11] Do ponto de vista formal, "Noturno" é, ao mesmo tempo, caótico e ordenado. Versos esparramados justapõem-se à organização formal do trecho "Serra do Rola-Moça". O acentuado lirismo e o agudo senso crítico atravessam o poema, numa

---

9 Ibidem, p. 195-6.
10 ANDRADE, Mário de. *Poesias completas*, p. 240 e ss.
11 Ibidem, p. 241-2.

combinação característica da personalidade do autor, e que foi assunto de suas considerações estéticas.

A viagem a Minas teve um duplo significado. Possibilitou ao grupo paulista, pela primeira vez, divulgar suas ideias fora dos ambientes paulista e carioca. Além disso, mostrou que, ao contrário do que vinha ocorrendo até então, os brasileiros já não buscavam aprender arte moderna com Picasso ou Jean Cocteau, mas traziam um poeta suíço-francês para descobrir maravilhado a paisagem e a cultura do Brasil.

"PAU-BRASIL"

A mais importante versão da proposta de reorientação nacionalista do Modernismo é o "Manifesto da poesia pau-brasil", de Oswald de Andrade, que resume poeticamente toda uma doutrina. O "Pau-brasil" é um dos textos mais comentados da literatura brasileira e motivou uma série de debates no momento de sua publicação e a partir dela.[12] Seu autor situa o manifesto em uma segunda etapa do movimento de renovação da arte no país. Em um primeiro momento, tinha havido o "trabalho ciclópico" da geração futurista de "acertar o relógio império da literatura nacional". Isso feito, passou-se a uma segunda etapa, que exigia "ser regional e puro", o que consistia na afirmação de uma identidade própria. Ao mesmo tempo, o apelo construtivo do manifesto coincidia com o novo momento vivido pelo Modernismo internacional. Este tivera sua época de deformação, de "fragmentação e caos voluntário", característico, por exemplo, do cubismo dos primeiros anos do século XX, mas a superara no período mais recente de "inocência construtiva".

O manifesto faz uma revisão da história cultural brasileira, ao denunciar o desenraizamento da sua vertente oficial e consagrada; nela prevaleceram a "poesia de importação" e o "saber doutor", marcas de uma cultura artificialmente cultivada. Tratava-se de outra forma de passadismo, definido pela ausência de caráter nacional. Em oposição a essa orientação, "Pau-brasil" propôs a "poesia de exportação", "ágil

---

12 Os dois manifestos de Oswald de Andrade – "Manifesto da poesia pau-brasil" e "Manifesto antropófago" – inspiraram, nos anos 1960, diversos movimentos, como o tropicalismo na música, no teatro e no cinema.

e cândida" como uma criança, a única capaz de integrar o concerto internacional.

Elementos contrastantes compõem o retrato do Brasil do "Manifesto pau-brasil": "Temos a base dupla e presente – a floresta e a escola." Ainda: "Obuses de elevadores, cubos de arranha-céus e a sábia preguiça solar." A perspectiva "Pau-brasil" apostava na possibilidade de combinar todos esses diversos componentes da vida brasileira.

Mário de Andrade não reagiu de imediato à publicação do manifesto, mas, é claro, importou-se muito com ele. Trocou algumas cartas com Manuel Bandeira, que havia escrito um artigo bastante crítico, no qual ironizava o primitivismo do poeta cosmopolita Oswald de Andrade, mas deixou para mais tarde um comentário. Referiu-se a ele apenas marginalmente em uma resenha do romance *Memórias sentimentais de João Miramar* para a *Revista do Brasil*.[13] Em setembro de 1925, afinal, fez uma apreciação do livro de poemas *Pau-brasil*, editado na França, que trazia no início a "falação" – um resumo do manifesto já publicado.

O texto é bastante elogioso dos poemas do livro, mas toma distância da sua linha programática. Mário concordava com Oswald na "precisão de nacionalidade" pregada na "falação". Por esse motivo, nem sequer recusou ser chamado de "companheiro de ideal pau-brasil". Porém, divergia claramente na formulação da questão da brasilidade. Aproximava-se de Manuel Bandeira e de Alceu Amoroso Lima, o Tristão de Athayde, mais importante crítico da época, já que eles questionavam, cada um a seu modo, a "doutrina" de Oswald de Andrade, mas tinha motivos próprios para isso.[14]

A discordância de Mário de Andrade da "falação" tem a ver com a "raiva contra a sabença", atribuída a Oswald de Andrade. Mário de Andrade considerou a "falação" um "primor de inconsistência cheia de leviandades. Indigestão de princípios e meias-verdades colhidas com pressa de indivíduo afobado. Falação de sargento patriota, baracafusada de parolagem sem ofício".[15] A seu ver, "preconceitos pró ou contra erudição não valem um derréis. O difícil é saber saber".[16]

---

13 In: BATISTA, Marta Rossetti; LOPEZ, Telê Ancona; LIMA, Yone Soares. *Brasil: 1º tempo modernista: 1917-1929*, p. 219-25.
14 Cf. ATHAYDE, Tristão. "Literatura suicida", in: *Tristão de Athayde: teoria, crítica e história literária*. Gilberto Mendonça Teles (org.). Rio de Janeiro: LTC/INL, 1980.
15 BATISTA, Marta Rossetti; LOPEZ, Telê Ancona; LIMA, Yone Soares *Brasil: 1º tempo modernista*, p. 230.
16 Idem.

Os pressupostos das concepções da brasilidade dos dois escritores eram muito diferentes. "Pau-brasil" adotou uma perspectiva anti-intelectualista, que se radicalizaria, quatro anos mais tarde, no "Manifesto antropófago", publicado no primeiro número da *Revista de Antropofagia*. A sugestiva expressão do manifesto de 1924 – "ver com os olhos livres" – continha uma crítica do "lado doutor" da cultura brasileira, apresentava a defesa de uma via intuitiva de acesso à realidade e recusava as mediações analíticas na abordagem da nacionalidade, caras a Mário de Andrade. Na antropofagia, quatro anos mais tarde, a postura anti-intelectualista ganhou força. Formulações como as que seguem, do manifesto de 1928, confirmam a crítica de um ponto de vista analítico e a defesa de uma ótica intuitiva: "O que atropelava a verdade era a roupa, o impermeável entre o mundo interior e o mundo exterior." Ou ainda: "Contra as elites vegetais. Em comunicação com o solo."

Mário opunha-se claramente a tudo isso e fazia uma defesa da "sabença" e da análise para se apreender a entidade nacional. Em carta a Manuel Bandeira alguns anos mais tarde, ele afirmou concordar com a observação feita a seu respeito, que sublinhava o lado analítico da sua concepção da realidade brasileira. A propósito de um artigo sobre sua obra, disse que tinha achado "das observações mais finas que já fizeram sobre mim essa sobre o lado analítico da minha concepção de realizar Brasil."[17]

O PAPA DO MODERNISMO

O apoio de antigos e novos amigos foi decisivo para a consolidação da posição de destaque de Mário de Andrade no grupo modernista, que já tinha adeptos em São Paulo, no Rio de Janeiro, em Minas Gerais e em Pernambuco. Muitas dessas adesões foram conseguidas pelo escritor através de suas cartas. Mário de Andrade era um correspondente contumaz, como chamou Pedro Nava.[18] Já foi muito comentado, com razão, o prognóstico de Antonio Candido, em artigo na *Revista do Arquivo*, de 1946 – em número dedicado ao escritor morto um

---

17 MORAES, Marcos Antonio de (org.). *Correspondência: Mário de Andrade & Manuel Bandeira*, p. 491.
18 *O correspondente contumaz* foi o título escolhido para o livro com as cartas de Mário de Andrade para Pedro Nava. Rio de Janeiro: Nova Fronteira, 1982.

ano antes –, de que a correspondência de Mário de Andrade "encherá volumes e será porventura o maior monumento do gênero, em língua portuguesa: terá devotos fervorosos e apenas ela permitirá uma vista completa da sua obra e do seu espírito".[19]

Manuel Bandeira foi seu correspondente principal desde que se encontraram em 1921, no Rio, na casa de Ronald de Carvalho, e se tornaram amigos. É possível acompanhar suas vidas e a elaboração de suas obras, quase dia a dia, nessas mais de quatrocentas cartas.[20] Em segundo lugar aparece Carlos Drummond de Andrade, com quem Mário manteve, pelo menos no início, uma relação quase pedagógica, e que, com o passar dos anos, se tornou mais igualitária.[21] Drummond intitulou, de forma precisa, de *A lição do amigo* o volume das cartas que recebeu. Além dessas, há as cartas afetuosas para as amigas do tempo do Modernismo inicial, Tarsila e Anita Malfatti e, mais tarde, para Henriqueta Lisboa; há aquelas para os companheiros nas lides da Semana e das revistas *Klaxon*, *Estética* e *Terra Roxa e Outras Terras* – Oswald de Andrade, Rubens Borba de Moraes, Prudente de Moraes, neto, Sérgio Buarque de Holanda e Sérgio Milliet. Há as que divulgam o ideário do movimento e firmam a liderança do escritor, como as que enviou para Joaquim Inojosa, Câmara Cascudo e Augusto Meyer; há também as cartas de trabalho, para Rodrigo Mello Franco de Andrade, Luiz Camillo de Oliveira Netto, Alberto Lamego e o filólogo Souza da Silveira. As que foram dirigidas a Oneyda Alvarenga, sua aluna, amiga e companheira de trabalho no Departamento de Cultura, e a Paulo Duarte dão o depoimento mais importante sobre os anos 1930 e 1940. Há as que mandou para os críticos Tristão de Athayde, Álvaro Lins e Antonio Candido. Pio Lourenço Corrêa e Gilda de Mello e Souza foram os principais missivistas da família. Um grupo numeroso de escritores e artistas recebeu cartas de Mário de Andrade, em Minas e no Rio, principalmente: Portinari, Segall, Pedro Nava, Cecília Meireles, Fernando Sabino, Murilo Miranda, Carlos Lacerda, Lota Macedo Soares, Hélio Pellegrino, Murilo Rubião, Alphonsus de Guimaraens

---

19   CANDIDO, Antonio. "Mário de Andrade". São Paulo: *Revista do Arquivo Municipal*, jan.-fev. 1946.
20   MORAES, Marcos Antonio de (org.). *Correspondência: Mário de Andrade & Manuel Bandeira*.
21   SANTIAGO, Silviano. *Carlos & Mário*.

Filho, Guilherme Figueiredo, Otávio Dias Leite, Lúcio Rangel, Moacir Werneck de Castro e outros mais.

Lygia Fernandes foi quem primeiro publicou duas coletâneas de cartas do escritor; em seguida, Manuel Bandeira e Carlos Drummond de Andrade, tendo ponderado sobre a necessidade de dar publicidade a documentos de tanta importância, desrespeitaram a decisão do amigo de não as tornar públicas, e fizeram livros com as cartas recebidas.[22]

No segundo semestre de 1925, quando o jornal *A Noite*, do Rio, publicou a série de matérias "O mês modernista", Mário já era considerado o "papa" do movimento. A série teve a colaboração de Mário e Sérgio Milliet, de São Paulo, Manuel Bandeira e Prudente de Moraes, neto, do Rio, e Drummond e Martins de Almeida, de Minas. A entrevista de abertura foi de Mário de Andrade. O artigo de Carlos Drummond, com reservas ao primitivismo de Oswald de Andrade, o "Homem do Pau-Brasil", encampava o conjunto dos argumentos de Mário de Andrade.[23]

Em geral, a liderança de Mário de Andrade era acatada, mas a importância de Graça Aranha no movimento precisava ser diminuída. Em 1925, mais uma vez, Mário teve a ajuda dos amigos para promover o isolamento do autor de *A estética da vida*.

É evidente a contribuição de Graça Aranha no processo de renovação das artes e do pensamento brasileiros no período modernista, não apenas do ponto de vista doutrinário, mas também nos episódios de implantação do movimento. Graça Aranha fez a conferência inaugural da Semana de 22 e foi um dos organizadores do famoso evento. Também foi homenageado no último número de *Klaxon*, o órgão máximo de difusão da nova estética; redigiu o texto de abertura do primeiro número de *Estética*, segunda revista do movimento, publicada no Rio de Janeiro, sob a direção de Prudente de Moraes, neto, e Sérgio Buarque de Holanda. Teve seus livros e ideias comentados nesta publicação, por Renato Almeida, Sérgio Buarque de Holanda e Rodrigo Mello

---

22   ANDRADE, Carlos Drummond de (org.). *A lição do amigo: cartas de Mário de Andrade a Carlos Drummond de Andrade*. Rio de Janeiro, Record, 1988. *Cartas de Mário de Andrade a Manuel Bandeira*. Rio de Janeiro: Simões, 1958.
23   BATISTA, Marta Rossetti; LOPEZ, Telê Ancona; LIMA, Yone Soares. *Brasil: 1º tempo modernista*, p. 238-39.

Franco de Andrade; abriu o segundo número de *Estética* com o artigo "INS: Panteísmo sem a natureza". Em 1924, com grande escândalo, fez a conferência "O espírito moderno", na Academia Brasileira de Letras, e rompeu com a instituição de que era um dos membros, denunciando seu tradicionalismo e com o aplauso dos jovens escritores.

Em 1925, Mário de Andrade pediu a Joaquim Inojosa, um amigo de Recife, que lhe enviasse uma carta do ano anterior, em que expunha suas ideias sobre a nova orientação nacionalista.[24] Alegava que tinha que se defender de uma acusação de plágio feita por amigos de Graça Aranha. Era preciso estabelecer quem fora o primeiro a formular a nova versão do programa modernista, naquele momento de virada, e não pretendia abdicar de sua posição de liderança. De fato, a carta existia e continha uma claríssima exposição da proposta nacionalista. Naquele ano, 1925, estava sendo lançado *A escrava que não é Isaura* e o escritor achou necessário esclarecer que o ensaio já não correspondia à sua posição mais recente. Achava que o momento exigia o abrasileiramento da produção artística, e explicava:

> Veja bem: abrasileiramento do brasileiro não quer dizer regionalismo nem mesmo nacionalismo = o Brasil pros brasileiros. Não é isso. Significa só que o Brasil pra ser civilizado artisticamente, entrar no concerto das nações que hoje em dia dirigem a Civilização da Terra, tem de concorrer pra esse concerto com a sua parte pessoal, com o que o singulariza e individualiza, parte essa única que poderá enriquecer e alargar a Civilização.[25]

Para se avaliar o sentido de uma corrente de ideias não é decisivo indagar quem teve a prioridade na sua formulação. De qualquer forma, mesmo tendo sido um escritor muito convencional e de estilo antiquado, o autor de *A estética da vida* expôs a primeira versão das teses modernistas. A questão da brasilidade, que constitui o núcleo da doutrina dos modernistas no segundo tempo, tinha sido tratada na parte de *A estética da vida* (1921) chamada "Metafísica brasileira". Toda a filosofia de Graça Aranha é movida por uma dupla preocupação; a primeira é fazer a crítica de qualquer forma de dualismo, como aquele presente, por exemplo, na abordagem científica da realidade,

---

24 INOJOSA, Joaquim. *O movimento modernista em Pernambuco*. Rio de Janeiro: Gráfica Tupy, s/d, p. 339-41.
25 Ibidem, p. 340.

que supõe um distanciamento daquilo que se pretende conhecer; a segunda é buscar uma via de acesso ao mundo que tenha o sentido de uma verdadeira integração. A fusão no cosmos, para usar a expressão do filósofo, não significa inação, qual seja, uma atitude passiva diante da realidade. Ao contrário, ela depende da realização de uma série de trabalhos – a resignação à fatalidade cósmica, a incorporação à terra e a ligação dos homens entre si.

A noção de integração, tão destacada na obra de Graça Aranha, constitui também o cerne da proposta modernista. Essa coincidência de ideias fica ainda mais evidente quando se aproxima a segunda parte do livro, "Metafísica brasileira", dos textos modernistas. Muitas teses de Mário de Andrade, de Oswald de Andrade e da corrente verde-amarela, cujo líder foi Plínio Salgado, já estavam presentes na obra do escritor maranhense.[26]

Uma das posições partilhadas por esses autores tem a ver com a visão da cultura brasileira. Para Graça Aranha, a história intelectual brasileira, dadas as circunstâncias da formação do país, caracterizou-se pelo acentuado alheamento da "inteligência" em relação ao ambiente nacional. Em "Metafísica brasileira", ele destacou a necessidade de superar as várias formas de dualismo presentes na vida do país por meio de uma série de trabalhos. Inicialmente, o homem brasileiro terá que vencer a natureza inóspita com os recursos do trabalho material. O terror inspirado pelos perigos naturais precisa ser eliminado pelo desbravamento do território. A postura ativa diante do ambiente físico deverá ser seguida pela eliminação da metafísica animista, herdada dos negros e dos índios. O brasileiro precisa reconhecer na natureza não mais uma força desconhecida e ameaçadora, mas um motivo de fruição estética. Essa mudança de atitude é ilustrada da seguinte forma: "Para vencer as montanhas que vos aterram, matai-lhes o espírito tenebroso nos antros de pedra e vereis como se abaixarão e serão para vós colinas sobre que passeareis os vossos espíritos descuidados."[27]

O último trabalho proposto em "Metafísica brasileira" é o de vencer a nossa "inteligência". Graça Aranha sentia a urgência de se promover

---

26 Cf. SALGADO, Plínio. *Despertemos a nação* e *Literatura e política*, respectivamente, vol. X e XIX de *Obras completas*. São Paulo: Editora das Américas. Cf. também SALGADO, Plínio; PICCHIA, Menotti del; RICARDO, Cassiano. *O curupira e o carão*. São Paulo: Editorial Hélios, 1927.
27 ARANHA, Graça. *A estética da vida*. In: *Obra completa*. Rio de Janeiro: INL, 1969, p. 628. (Primeira edição: *A estética da vida*, Rio de Janeiro-Paris: Garnier, 1921.)

uma reorientação geral da vida intelectual no país. Para alcançar esse objetivo seria preciso, a seu ver, cumprir duas etapas. Em primeiro lugar, a produção intelectual brasileira deveria incorporar os "elementos bárbaros", que sempre fizeram parte da nacionalidade. O escritor argumentava que tais elementos "da nossa formação espiritual e da nossa nacionalidade reclamam, antes de seu desaparecimento total, os seus vates e os seus escritores".[28] Para ele, o pedantismo dos nossos artistas e literatos os impediu de viver a necessária selvageria e tem sido o motivo do formalismo e do artificialismo excessivos da nossa cultura. A respeito da literatura, afirmava que nunca os escritores "se entenderam secretamente com as coisas de que trataram".[29]

Para Graça Aranha, essa falta de integração dos artistas brasileiros com sua terra explicava, por sua vez, a impossibilidade da integração do Brasil no cenário artístico mundial, no Universo inteligente. A ausência de correspondência da alma brasileira e de seus intérpretes impedia a fixação de uma fisionomia própria da cultura feita no país. Nesse caso, a "inteligência" brasileira não tinha condições de se distinguir e de se firmar entre as demais que compõem a cultura universal. "É possível que a literatura brasileira transmita um dia o fluido que nos ponha em comunicação com o Universo inteligente. Por ora, ela não satisfaz plenamente à própria alma brasileira".[30]

A autoria de passagens como esta de *A estética da vida* poderia ser atribuída a qualquer dos representantes da nova estética, a partir da mudança de rumos de 1924.

Porém, uma visão depreciativa da participação de Graça Aranha no movimento modernista passou a prevalecer desde 1925, por iniciativa de Mário de Andrade. E, já que a versão da história do Modernismo do autor de *Macunaíma*, sobretudo a que foi exposta na conferência de 1942, "O movimento modernista", tornou-se a principal referência para os estudiosos, a contribuição de Graça Aranha foi praticamente ignorada.[31]

---

28   Ibidem, p. 632.
29   Idem.
30   Ibidem, p. 631.
31   Em 1952, na comemoração dos trinta anos da Semana de 22, Sérgio Buarque de Holanda ainda insistiu na tese de que a história do Modernismo correspondia à história da resistência dos modernistas às doutrinas de Graça Aranha (*Escritos coligidos*, vol. 2. São Paulo: Unesp/ Fundação Perseu Abramo, 2011. p. 176). Uma opinião diferente é do pintor Cícero Dias. Em *Eu vi o mundo*, ele afirma: "Nunca entendi por que a turma que antes o carregara nos braços foi se afastando dele" (p. 53).

MODERNO, NACIONAL, POPULAR, FOLCLÓRICO

A "sabença" defendida por Mário de Andrade, que contrastava com a via intuitiva defendida por Oswald de Andrade, frutificou nos anos 1925-30, no trabalho intensivo de levantamento e análise dos elementos constitutivos da nacionalidade. Nesses anos, Mário publicou as três obras que fixaram seu ponto de vista sobre o abrasileiramento da arte e da cultura em geral: *Macunaíma*, *Ensaio sobre música brasileira* e o livro de poemas *Clã do jabuti*.

O tratamento da questão da brasilidade por Mário de Andrade dependeu do estabelecimento de uma série de identificações, formando uma cadeia de conceitos. Em primeiro lugar, ele defendeu a nacionalização para assegurar a entrada do país no universo moderno. Desse modo, fixava-se um primeiro elo da cadeia, ligando a noção de moderno à afirmação do elemento nacional. No "Mês modernista", de *A Noite*, em setembro de 1925, ele apresentou sua compreensão do problema, a qual não diferia daquela de Graça Aranha.

> Ora, o maior problema atual do Brasil consiste no acomodamento de nossa sensibilidade nacional com a realidade brasileira, realidade que não é só feita de ambiente físico e dos enxertos de civilização que grelam nele. Porém comportando também a nossa função histórica para conosco e social para com a humanidade. Nós só seremos deveras uma Raça no dia em que nos tradicionalizarmos integralmente e só seremos uma Nação quando enriquecermos a humanidade com um contingente original e nacional de cultura.[32]

A passagem sintetiza as preocupações do segundo tempo modernista. As categorias de "Raça" e de "Nação" são as faces interna e externa do país, respectivamente. "Raça" tem a ver com o processo de construção da identidade nacional realizado internamente, o qual depende daquilo que o autor chamou de tradicionalização. Esta consiste em referir o presente a aspectos do passado, que, dessa forma,

---

32 BATISTA, Marta Rossetti; LOPEZ, Telê Ancona; LIMA, Yone Soares. *Brasil 1º tempo modernista*, p. 236.

são mantidos vivos. "Nação", por sua vez, é a face externa do país, que deverá se apresentar no concerto das nações modernas.

Mesmo que todos os modernistas concordassem que a afirmação da brasilidade era uma exigência para a entrada do país na cena internacional, havia entre eles profundas divergências quando se tratava de definir o que é a brasilidade. Como determinar o conteúdo do elemento nacional? Onde estão depositados os traços da nacionalidade? Eram questões que despertavam polêmica. No caso de Mário de Andrade, a resposta a essas indagações conduziu ao estabelecimento do segundo elo da cadeia de identificações, que relaciona o elemento nacional à cultura popular. O *Ensaio sobre música brasileira*, de 1928, afirma a urgência de "aferradamente" nacionalizar nossa manifestação, o que já estava sendo feito "sem nenhuma xenofobia nem imperialismo". O critério utilizado para isto "é o da manifestação musical que sendo feita por brasileiro ou indivíduo nacionalizado, reflete características musicais da raça". Em seguida, o autor indaga, para responder logo: "Onde que estas estão? Na música popular."[33]

A crença de que a identidade nacional está contida nas manifestações da cultura popular era recente na época de Mário de Andrade. Tinha pouco mais de cem anos, pois se originara das preocupações dos românticos alemães, no final do século XVIII, que pretendiam contrastar o espírito germânico com a cultura francesa, identificada ao classicismo. Recorreram, para isso, aos contos populares, que a seu ver relatavam o nascimento da Alemanha, com seu caráter despojado de artifícios. O recurso ultrapassou os limites do romantismo, tendo sido retomado em diversas correntes artísticas do século XX. No caso brasileiro, essa concepção nunca teve um matiz conservador, como muitas vezes se pensa. Ao contrário, sempre esteve ligada a um propósito modernizador, seja para Mário de Andrade e os modernistas em geral, seja, mais tarde, para os movimentos culturais, nos anos 1950 e 1960, que lhe atribuíram um significado político.

Faltava ainda para Mário de Andrade determinar a natureza da cultura popular, o que ele fez identificando-a às manifestações folclóricas, sobretudo as de origem rural. Assim, no mesmo *Ensaio sobre música brasileira*, é feita a proposta de que "o compositor *brasileiro* tem de se basear quer como documentação quer como inspiração no

---

33   ANDRADE, Mário de. *Ensaio sobre música brasileira*. São Paulo: Chiarato, 1928, p. 6.

folclore".³⁴ Desse modo definia-se mais um elo da cadeia de reduções, que identificava o popular ao folclórico.

Como se pode notar, o interesse do escritor pelos estudos de folclore e pela etnografia derivou do tratamento da questão da brasilidade. No período da elaboração da primeira versão de *Macunaíma*, em 1926, ele já tinha vasto conhecimento do material folclórico e etnográfico brasileiro e já entrara em contato com os principais teóricos da etnografia.³⁵ A "mania etnográfica" de Mário de Andrade foi, desde o início, muito criticada. Uma das críticas partiu de Tristão de Athayde, a quem Mário de Andrade respondeu, justificando sua pesquisa como um meio de fixação da fisionomia do Brasil. Fez, então, a defesa de sua obra, chamando-a de pioneira, pois ela continha estudos que "inda não tinham sido feitos" e coletara "coisas que ainda não tinham sido colhidas". A pesquisa etnográfica era, para ele, um dos "muitos jeitos de procurar o Brasil".³⁶

A vida do poeta, nesses anos felizes da segunda metade da década de 1920, só pode ser narrada quando se leva em conta a verdadeira missão que ele se atribuiu, de abrasileiramento da cultura. Pode-se contestar em Mário de Andrade a parcialidade de sua definição do elemento nacional, que o reduz ao elemento popular, bem como a noção de cultura popular limitada às manifestações folclóricas. No entanto, é impressionante a coerência da sua doutrina e o verdadeiro fervor que acompanhou sua difusão.

Fazia parte do vasto empreendimento de Mário reconhecer o caráter unitário da entidade nacional, o que contrariava as orientações localistas e regionalistas muito em voga desde o início do século. Com essa preocupação, ele corrigiu os desvios dos companheiros mais próximos, que exageravam em seu entusiasmo por São Paulo, e criticou toda forma de regionalismo, como o defendido por Gilberto Freyre, em Pernambuco, que chegou a anunciar um Congresso Regionalista.

A revista *Terra Roxa e Outras Terras* expressou as posições modernistas da segunda fase, mas também a tensão entre a direção naciona-

---

34   Ibidem, p. 10-1.
35   A respeito do recurso à etnografia por Mário de Andrade, cf. *Roteiro de Macunaíma*, de M. Cavalcanti Proença, e *Mário de Andrade: Ramais e caminhos*, de Telê Ancona Lopez.
36   FERNANDES, Lygia (org.). *Mário de Andrade escreve cartas a Alceu, Meyer e outros*, p. 27. Uma avaliação recente é a de Santuza Naves em *O Brasil em uníssono*. Rio de Janeiro: Casa da Palavra, 2013.

lista do movimento e a ótica localista dos paulistas. A publicação teve sete números, lançados de janeiro a setembro de 1926. Seus diretores, Couto de Barros e Alcântara Machado, e o secretário, Sérgio Milliet, eram muito próximos de Mário de Andrade. No Rio, seu representante foi Prudente de Moraes, neto. O sotaque paulista da revista aparece já no título. Desde o primeiro número, foi anunciada a coleta de trinta sacas de café para a compra de uma carta de Anchieta, o fundador de São Paulo, localizada por Paulo Prado em Londres. Uma lista de doadores foi publicada e, já no quinto número, com grande júbilo, foi noticiada a entrega do documento ao Museu Paulista, dirigido na época por Affonso Taunay. O discurso do diretor saudava os doadores como pertencentes à "grei nascida na vila anchietana".[37]

A perspectiva localista foi defendida também por Sérgio Milliet, em comentário sobre o livro de poemas *Raça*, de Guilherme de Almeida: afirmava que, para ser brasileiro, era preciso ser paulista. A matéria motivou a reação imediata de Mário de Andrade, pregando a adesão ao nacionalismo em sentido estrito. O escritor acusou o amigo de desnacionalizante e afirmou que ele próprio desconhecia os limites estaduais do país.[38] Queria cantar no verso e no pinho o amor melado do brasileiro – acrescentou. É verdade que, nos anos seguintes, Mário de Andrade, algumas vezes, capitulou de suas posições e aderiu a uma perspectiva localista, motivado por razões de natureza política.

Clã do jabuti (1927) é a reunião dos poemas que expressam mais evidentemente a preocupação com o tema da brasilidade. O livro incorpora poemas elaborados entre 1923 e 1926, como os importantes "O poeta come amendoim", "Carnaval carioca" e "Noturno de Belo Horizonte". Contém também poemas curtos e muito bem-sucedidos, como "Descobrimento", enviado em 1925, antes de ser publicado, a Luís da Câmara Cascudo, em Natal, no Rio Grande do Norte:

Abancado à escrivaninha em São Paulo
Na minha casa da rua Lopes Chaves
De supetão senti um friúme por dentro.
Fiquei trêmulo, muito comovido
Com o livro palerma olhando pra mim.

---

37   *Terra Roxa e Outras Terras* nº 5, p. 1. São Paulo: Martins/Secretaria de Cultura de São Paulo, 1977.
38   *Terra Roxa e Outras Terras* nº 2, "Carta protesto", p. 4.

Não vê que lembrei que lá no norte, meu Deus! Muito longe de mim,
Na escuridão ativa da noite que caiu,
Um homem pálido, magro, de cabelo escorrendo nos olhos,
Depois de fazer uma pele com a borracha do dia
Faz pouco se deitou, está dormindo.

Esse homem é brasileiro que nem eu.

O poema dá conta da base afetiva da produção de Mário de Andrade naquele momento, que consistia no sentimento que acompanhava a experiência de confraternização e na certeza de que o trabalho do artista estava irremediavelmente inserido em um projeto amplo de reforma da cultura.

MACUNAÍMA

A mesma base afetiva de confiança do poeta de que sua obra contribuiria para a formação da brasilidade sustentou a redação de *Macunaíma*, no final de 1926, na chácara do tio Pio, em Araraquara – trabalho feito em seis dias, como ele conta em um dos prefácios não publicados.[39] Ao longo do ano, Mário de Andrade tinha coletado material para o livro e lera a obra de Koch-Grünberg, *Vom Roraima zum Orinoco* (*De Roraima ao Orinoco*), que narra a história do herói indígena Macunaíma.[40] O impacto foi enorme. Em carta a Tristão de Athayde, contou que a leitura o deixou "desesperado de comoção lírica". Não conseguia explicar totalmente o motivo de sua reação diante do herói sem caráter moral ou psicológico e indagava se era o ineditismo da figura que o impressionara ou o fato de ela concordar bastante com o que se passava em sua época.[41]

As observações mostram que a elaboração desse clássico da literatura brasileira teve origem na percepção de uma falha na constituição do caráter nacional, e isso em dois sentidos. Em primeiro lugar, Mário

---

39 BATISTA, Marta Rossetti; LOPEZ, Telê Ancona; LIMA, Yone Soares. *Brasil 1º tempo modernista*, p. 291.
40 Theodor Koch-Grünberg (1872-1924), etnógrafo alemão, publicou *De Roraima ao Orinoco* em 1917, como resultado de suas pesquisas na região amazônica.
41 FERNANDES, Lygia (org.). *71 cartas de Mário de Andrade*. Rio de Janeiro: Livraria São José, s/d.

de Andrade notava que a ausência de caráter do brasileiro tinha a ver com uma espécie de indeterminação própria dos países novos. Na viagem que fez à Amazônia em 1927 ele se deu conta, na prática, da diferença entre a psicologia dos brasileiros e a dos estrangeiros. Enquanto os viajantes estrangeiros que ele conhecera tinham "uma tradição multimilenar por detrás", os brasileiros eram "esta irresolução, esta incapacidade, que uma 'capacidade' adotada, uma religião que seja, não evita". E completou: "daí uma dor permanente, a infelicidade do acaso pela frente".[42]

Por sua vez, a formação incompleta do Brasil explicaria a falta de caráter moral do brasileiro, a qual muitas vezes é aproximada da irresponsabilidade da criança. *Macunaíma* insere-se em uma linhagem de retratos do Brasil feitos em negativo, iniciada no final do século XIX, a que pertence outro importante livro do mesmo ano de 1928, *Retrato do Brasil*, de Paulo Prado. A geração que antecedeu a de Mário de Andrade denunciara os vícios de origem do país, em geral atribuídos à formação racial heterogênea. Porém, Mário de Andrade e os modernistas em geral foram além das formulações conhecidas. Eles definiram o problema em termos culturais e buscaram uma solução que era, ao mesmo tempo, um desafio. Ao reagir ao diagnóstico negativo do Brasil, o poeta impôs-se a tarefa de dotar o país de uma fisionomia e de uma cultura próprias.

A elaboração da pesquisa de *Macunaíma* custou quase dois anos de trabalho, com algumas interrupções: doenças, viagens e uma quantidade enorme de outras tarefas. A coleta do material começou em 1926, mas logo foi interrompida por uma cirurgia de hemorroidas em setembro, com recuperação muito penosa. Curiosamente, escondeu o fato de Anita Malfatti, sua eterna apaixonada, mencionando uma apendicite, e só contou a verdade para alguns amigos.[43] No final do ano repetiu seu programa de férias preferido – a ida para a chácara do tio Pio, em Araraquara, onde preparou a primeira versão do livro. Nos meses seguintes reviu esta versão, juntou novas passagens, acrescentou o resultado de

---

42   ANDRADE, Mário de. *O turista aprendiz*. São Paulo: Duas Cidades, 1976, p. 165.
43   ANDRADE, Mário de. *Cartas a Anita Malfatti*, p. 122. MORAES, Marcos Antonio de (org.). *Correspondência: Mário de Andrade & Manuel Bandeira*, p. 313.

novas leituras e de informações colhidas por ele mesmo e pelos amigos, até a entrega dos originais para impressão, em maio de 1928.[44]

No meio da redação do livro, em 1927, por três meses, de início de maio a início de agosto, Mário de Andrade fez uma viagem ao Norte, subindo o rio Amazonas até Iquitos, no Peru. A viagem tinha sido planejada com um grupo que incluía Paulo Prado e Afonso Taunay, mas que acabou reduzido ao escritor, dona Olívia Guedes Penteado, sua sobrinha Margarida Guedes Nogueira (Mag), Dulce do Amaral Pinto (Dolur), filha de Tarsila, e uma criada. Ao embarcar, Mário se surpreendeu com o fato de ser o único homem no grupo. Mas dona Olívia, a Rainha do Café, como ele a chamava de forma carinhosa e bem-humorada, logo desfez o constrangimento. Durante a viagem escreveu um diário – *O turista aprendiz* –, revisto em 1943, mas que nunca publicou. Apenas em 1976 o texto saiu em livro, junto com o diário da segunda "viagem etnográfica", ao Nordeste, do ano seguinte.

O turista aprendiz é dos mais deliciosos livros de viagem de que se tem notícia.[45] O fino humor começa no subtítulo – "Viagem pelo Amazonas até o Peru, pelo Madeira até a Bolívia e por Marajó até dizer chega" –, aparece de novo na descrição de Belém como a mais importante cidade da Polinésia, no relato das várias vezes que o poeta teve que assistir ao filme de Douglas Fairbanks, que o navio levava, e nas cenas divertidas das duas meninas que o acompanhavam. Tem também o momento comovente da visão do ribeirinho maleitoso, a curiosa história dos índios Do-Mi-Sol, o registro das constrangedoras recepções oficiais para dona Olívia, o espetáculo da revoada das aves na ilha de Marajó, cuja beleza fez o poeta desmaiar, os relatos do calor infernal e a descoberta do povoado Remate de Males, que daria o título do livro de poemas publicado em 1930. Também foi nessa viagem que Mário de Andrade fez ensaios fotográficos muito bem-sucedidos. Desde 1923 usava uma Kodak de fole, a *kodaque*,

---

44   Além de Koch-Grünberg, foram consultados Capistrano de Abreu, Couto de Magalhães, Barbosa Rodrigues, Oliveira Coutinho, Gustavo Barroso, Basílio de Magalhães, Silvio Romero. Cf. Cavalcanti Proença, *Roteiro de Macunaíma*.
45   Mário de Andrade mostrou o livro a Antonio Candido em 1943, quando uma primeira versão estava pronta. Há uma tradução francesa por Monique Le Moing e Marie Pierre Mazéas.

como chamava, para fotografar os amigos, mas foi só na viagem de 1927 que usou a fotografia com objetivo documental.⁴⁶

Assim como a ironia tinha sido valorizada pela estética romântica, o humor ganhou projeção no Modernismo. Escritores como Mário de Andrade e Oswald de Andrade são exímios humoristas. No caso de Mário, os textos mais espontâneos, como *O turista aprendiz*, são cheios de achados divertidíssimos. Mário aproveitou algumas cenas do diário amazônico nas crônicas que começou a escrever, no final de 1927, para o *Diário Nacional*, órgão do recém-criado Partido Democrático, e guardou também material para a redação de *Macunaíma*.⁴⁷ O subtítulo do livro – "um herói sem nenhum caráter" – tem relação com o desconforto vivido pelo turista aprendiz, ao longo da viagem, perplexo diante da dificuldade de definir a entidade brasileira. A rapsódia manteve também o tom bem-humorado do diário de viagem.

É bem conhecida a história de *Macunaíma*, tantas vezes lida e relida, inclusive no cinema e no teatro, e que foi até tema de enredo de escola de samba.⁴⁸ O livro descreve uma história em três tempos. O primeiro começa com o nascimento do herói, narrado no início do livro, e tem como ponto central a cena em que Macunaíma recebe a muiraquitã como presente de Ci, a mãe do mato, com quem se envolvera em tórrida paixão, e com quem teve um filho que logo morreu. Essa fase termina no episódio em que o herói perde o amuleto para Venceslau Pietro Pietra, que encarna o vilão da história. O segundo tempo da rapsódia apresenta as aventuras de Macunaíma para recuperar a muiraquitã perdida; relata, em seguida, sua posse temporária e, no final do livro, sua perda definitiva; por último, conta a morte do herói, que sobe para o céu e se transforma na constelação da Ursa Maior. O terceiro tempo da rapsódia corresponde ao epílogo do livro. É o mais curto, mas, como se verá, é fundamental.

---

46   CARNICEL, Amarildo. *O fotógrafo Mário de Andrade*. São Paulo: Editora da Unicamp, 1993. *Mário de Andrade fotógrafo e turista aprendiz*. São Paulo: Instituto de Estudos Brasileiros, 1993.
47   ANDRADE, Mário de. *Táxi e crônicas no Diário Nacional*. São Paulo: Livraria Duas Cidades, 1976.
48   Cf. HOLANDA, Heloisa Buarque de. *Macunaíma: da literatura ao cinema*. Rio de Janeiro: José Olympio/INL, 1978. COELHO, Frederico. *A semana sem fim*, Rio de Janeiro: Casa da Palavra, 2013.

DESGEOGRAFIZAÇÃO

Mário de Andrade pretendeu sublinhar no livro o caráter unitário da entidade nacional e também uma dimensão temporal própria da vida brasileira. Um dos recursos utilizados para definir a unidade da nação foi o que chamou de desgeografização. O procedimento foi descrito várias vezes, como em uma das versões do prefácio não publicado. Nele, afirmou que um de seus interesses tinha sido "desrespeitar lendariamente a geografia e a fauna e flora geográfica", assim como as manifestações culturais das várias regiões do país.[49] Ao longo da elaboração do livro, pediu aos amigos de diferentes lugares que enviassem informações sobre material folclórico para a composição de um enorme mosaico. Utilizou o material em diversas passagens, como na descrição dos presentes para o filho do herói, vindos de toda parte. Também a macumba carioca foi "desgeografizada", pois sua descrição incorporou elementos dos candomblés baianos e das pajelanças paraenses.

A preocupação com essa dimensão unitária é tão forte que mesmo a escolha da constelação da Ursa Maior para figurar o herói é justificada em carta ao amigo Bandeira, que questionara a associação: "A constelação da Ursa Maior se refere, diz um professor *deutsch*, ao saci. Acho muito bem escolhida, pelo contrário. E se vê de todo o nosso céu, não se vê? Eu a enxerguei do Amazonas a São Paulo."[50]

O conceito de desgeografização foi abordado de forma detalhada em *Ensaio sobre música brasileira*, do mesmo ano de *Macunaíma*. Em contraste com a liberdade criativa de *Macunaíma*, o livro tem um caráter excessivamente didático. Seu propósito utilitário foi sublinhado em carta a Bandeira:

> Fiz um livreco ordinário mas enfim, seu Serafim, que não vai ser inútil pros músicos, creio. Escrito em duas semanas! Só o trabalho de ordenar, anotar, metronomizar, reler e corrigir os documentos folclóricos, você vai se sarapantar da minha faculdade de trabalho. O livro vale é por isso,

---

49 BATISTA, Marta Rossetti; LOPEZ, Telê Ancona; LIMA, Yone Soares. *Brasil: 1º tempo modernista*, p. 271 e ss.
50 MORAES: Marcos A. (org.). *Correspondência: Mário de Andrade & Manuel Bandeira*, p. 217.

traz nada menos de 126 músicas populares, melodia só, imagino que todas inéditas e muitas de fato interessantíssimas como valor artístico, além do valor folclórico que todas têm.⁵¹

No *Ensaio*, a unidade nacional é pesquisada nos documentos das várias regiões do país que, embora distintos, "manifestam aquele imperativo étnico pelo qual são facilmente reconhecidos por nós".⁵² Ao analisar o ritmo, a melodia, a polifonia, a instrumentação e a forma do populário musical, o livro quer chegar à definição de um elemento comum que seria a própria brasilidade.

O aprofundamento dos estudos de etnografia iniciado nessa época permitiu-lhe fundamentar teoricamente suas suposições. A leitura de *Totem e tabu*, de Freud, e pouco depois dos antropólogos ingleses James George Frazer e Edward B. Tylor, introduziu o escritor às novas teorias sobre o totemismo. Inspirado nelas, chegou a atribuir ao boi a função de totem nacional. Elaborou conceitualmente essa proposta no *Ensaio* e pediu, de novo, auxílio aos amigos para que enviassem contribuições para sua pesquisa.⁵³ Declarou estar planejando um livro de título *As melodias do boi* e encomendou a Augusto Meyer informações sobre "cantigas, versos, provérbios, frases feitas, superstições, anedotas, remédios populares, vocabulários referentes a bois e ao gado vacum em geral".⁵⁴

TRADICIONALIZAÇÃO

Foram muitos os comentários dos estudiosos sobre *Macunaíma*.⁵⁵ Chegou-se a lembrar, com razão, a relação com os romances medievais que narram os feitos da busca do Santo Graal, do cálice sagrado. A antiga narrativa teria sido aproveitada no relato da recuperação da identidade

---

51 MORAES, Marcos A. (org.). *Correspondência: Mário de Andrade & Manuel Bandeira*, p. 400.
52 ANDRADE, Mário de. *Ensaio sobre música brasileira*, p. 8.
53 ANDRADE, Mário de. *As melodias do boi e outras peças*. São Paulo: Duas Cidades, 1987.
54 FERNANDES, Lygia. *Mário de Andrade escreve cartas a Alceu, Meyer e outros*, p. 78.
55 PROENÇA, Cavalcanti, *Roteiro de Macunaíma*. Haroldo de Campos, *Morfologia de Macunaíma*. São Paulo: Perspectiva, 2008. MELLO E SOUZA, Gilda de. *O tupi e o alaúde*. LOPEZ, Telê Ancona. *Macunaíma, a margem e o texto*. SOUZA, Eneida Maria de. *A pedra mágica do discurso*. Belo Horizonte: Editora da UFMG, 1999.

nacional perdida. A referência vale para o conjunto da história do herói que parte em busca da muiraquitã e, também, para o epílogo do livro.

Esta passagem, das mais belas da nossa literatura, cheia de melancolia, trata do que ocorreu depois do encerramento da história: "Acabou-se a história e morreu a vitória." O cenário está vazio, impera o silêncio à beira-rio do Uraricoera. Então, um homem, que depois sabemos que é o autor do livro, foi até lá e encontrou só o papagaio que fizera parte do séquito do imperador. Ele era a única testemunha daqueles "tempos de dantes". O aruaí veio pousar na cabeça do homem e contou toda a história que acabou de ser narrada no livro.

Nesse ponto, uma nova cadeia se estabelece, reunindo o tempo da vida do herói com o do leitor que acabou de ler o livro. Os elos que a sustentam são o aruaí – o papagaio – e o escritor. Este último dirige a palavra diretamente a seus contemporâneos, os brasileiros do tempo de Mário de Andrade, que acolhem a saga da identidade nacional.

Por meio desse procedimento, redefine-se a posição do escritor no cenário do país. O momento era de formação da identidade nacional e cabia ao artista manter-se em contato com a substância da vida brasileira, recuperá-la e, com sua obra, transmiti-la aos contemporâneos. Houve outros momentos da nossa história intelectual em que o tema da nacionalidade esteve presente, como no romantismo. Porém, apenas no Modernismo a "inteligência" articulou-se de forma tão íntima com o mundo brasileiro. Já não se tratava de tomar o país como um tema, mas de escrever e de pensar de forma brasileira. Na vida de Mário de Andrade, este foi um momento crucial, pois nesse ponto sentiu justificada sua vocação. Tudo o que fez, de forma entusiasmada, nos anos seguintes, esteve associado a essa experiência.

A reunião do tempo da vida do herói e do tempo atual, assegurada pelo papagaio e pelo escritor, foi chamada por Mário de Andrade de tradicionalização. Nessa perspectiva, os "tempos de dantes", em que se passou a vida do herói, não são o tempo passado, mas uma dimensão temporal que se atualiza a cada momento. Já na polêmica com Sérgio Milliet, em *Terra Roxa e Outras Terras*, de 1926, Mário afirmou que "tradicionalizar o Brasil consistirá em viver-lhe a realidade atual com a nossa sensibilidade tal como *é* e não como a gente quer que ela seja, e referindo a esse presente nossos costumes, língua, nosso destino e também nosso passado".⁵⁶ Ele entendeu que a tradicionalização permite que figuras históricas atravessem os séculos e compareçam no tempo presente da narrativa de *Macunaíma*. Baseado na crença em uma forma de temporalidade diferente da usual, o livro suprime a distância entre o herói e personagens como João Ramalho, Bartolomeu de Gusmão, Maria Pereira e o bacharel da Cananeia, que viveram no período colonial.

O tema da tradicionalização, presente no núcleo de *Macunaíma*, a rapsódia de 1928, continuou merecendo a atenção de Mário de Andrade nos anos seguintes e motivou suas considerações sobre a existência de uma temporalidade própria da vida brasileira. Do final de 1928 até fevereiro de 1929, fez uma nova viagem, dessa vez ao Nordeste, chamada de "viagem etnográfica", pois tinha o propósito de coletar material folclórico que servisse de base para o abrasileiramento da arte e, especialmente, da música.

Foi uma viagem muito diferente da primeira. Mário viajou sozinho. Pôde encontrar os amigos já conhecidos, como Câmara Cascudo, em Natal, e foi apresentado a Jorge de Lima e José Lins do Rego, em Maceió, a Joaquim Inojosa, Gilberto Freyre, Ademar Vidal e Ascenso Ferreira, em Recife, a Antonio Bento, no Rio Grande do Norte, e a José Américo de Almeida, na Paraíba. Passou o Carnaval em Recife, com os amigos, em um estado de esfuziante alegria. Usou cocaína e sedol durante a festa, além de grande quantidade de álcool. Na Quarta-Feira de Cinzas, a ressaca era tamanha, que registrou no diário de viagem: "Dia que não existiu pra mim."⁵⁷ Em Natal, fechou o corpo em um terreiro de candomblé. Tudo isso seria impossível na companhia das antigas companheiras de viagem.

O contato direto com as manifestações de cultura popular sugeriu ao pesquisador iniciante – turista aprendiz – a distinção entre duas formas de tradição: as móveis e as imóveis. Observou a certa altura da viagem que as primeiras, como a cantiga, a poesia e a dança populares, são úteis, têm importância enorme e "a gente as deve conservar talqualmente são porque elas se transformam pelo simples fato da mobilidade que têm".⁵⁸ Elas contrastam com as

---

56   *Terra Roxa e Outras Terras* 2, p. 4.
57   ANDRADE, Mário de. *O turista aprendiz*, p. 367.
58   Ibidem, p. 254.

tradições imóveis, como a "carroça do rei da Inglaterra", que não evoluem por si mesmas e que podem ser perfeitamente ridículas.⁵⁹ Pelo fato de as tradições móveis se manterem vivas ao longo do tempo, elas são mais aptas a serem portadoras da identidade nacional e, por esse motivo, asseguram o encadeamento referido no epílogo de *Macunaíma*.

O mais marcante de todos os encontros de Mário de Andrade na aventura nordestina foi com o músico popular Chico Antônio, no engenho Bom Jardim, da família do amigo Antônio Bento de Araújo Lima, em Goianinha, na várzea do rio Cunhaú, Rio Grande do Norte, a 10 de janeiro. O impacto foi fortíssimo, a ponto de Mário fazer do cantador personagem do romance *Café*, nunca realizado, e cuja trama seria descrita na série de crônicas "Vida do cantador", de 1943, publicada na *Folha da Manhã*.⁶⁰ Confessou ter ficado "divinizado" com aquele encontro, que fora a razão de "uma das comoções mais formidáveis" da sua vida.⁶¹ O poeta modernista paulista conviveu três dias, com intensa emoção, com o cantador de cocos potiguar. Afirmou que sua voz era "quente e duma simpatia incomparável" e que seus olhos brilhavam "numa luz que não era do mundo mais. Não era desse mundo mais."⁶² Trabalhou com o novo amigo, colhendo melodias e fotografando, até 13 de janeiro. Nesse dia teve que partir, e reproduziu em seu diário a cena da comovente despedida. Precisava voltar para São Paulo, com suas temporadas líricas e "as chiques dissonâncias dos modernos", mas aproveitou até o último momento o coco do Boi Tungão:

Adeus sala! Adeus cadera!
Adeus piano de tocá!
Adeus tinta de iscrevê! Adeus papé de assentá!

Ao despedir-se do novo amigo, foi tomado de uma tristeza que machucava. Chico Antônio "estendeu a mão comprida num adeus de árvore e lá foi-se embora no passinho esquipado come-légua dos cavalos daqui".⁶³

---

59 Idem.
60 ANDRADE, Mário de. *Vida de cantador.* Belo Horizonte-Rio de Janeiro: Villa Rica, 1993.
61 ANDRADE, Mário de. *O turista aprendiz*, p. 273.
62 Ibidem, p. 277.
63 Ibidem, p. 279.

É difícil avaliar com critérios atuais a repercussão de *Macunaíma*. No momento de seu lançamento, o país tinha uma incipiente indústria de livros, que só na década seguinte experimentaria algum crescimento; a própria atividade intelectual se concentrava nas duas principais cidades – Rio de Janeiro e São Paulo. Isso explica que tenham sido impressos apenas oitocentos exemplares da obra, pela Gráfica Eugênio Cupolo, de São Paulo, custeados pelo próprio autor e distribuídos pelas poucas livrarias ou enviados pessoalmente para os amigos e os jornais. O livro foi comentado de forma pouco destacada pelos dois principais críticos da época, Tristão de Athayde e João Ribeiro.[64] O comentário do primeiro reproduziu o conteúdo dos prefácios não publicados, o que provocou a reação de Mário de Andrade, que impediu a inclusão do texto em um dos *Estudos* do crítico. Mais tarde, Tristão de Athayde reveria muitos pontos da sua avaliação. Foi ele quem chamou de poliédrica a personalidade de Mário de Andrade, para contrastá-la com a figura monolítica de Oswald de Andrade.[65] João Ribeiro, em crônica curtíssima, mostrou-se insensível à novidade do livro.

Macunaíma é o coroamento e, do ponto de vista literário, a mais bela expressão dos propósitos modernistas do segundo tempo do movimento. No final do livro, Mário de Andrade definiu o papel do intelectual brasileiro na formação da nacionalidade: o artista e o escritor têm a seu encargo assegurar a transmissão da identidade nacional, resgatando-a do passado para atualizá-la na atualidade. Isso exige o contato sentido e a pesquisa estudiosa da cultura popular, pois é nela que se depositam os traços da brasilidade.

Também nessa época Mário de Andrade se deu conta, ao pesquisar as modinhas do tempo do Império, que outra forma de mobilidade cultural tinha existido no Brasil – a que transpunha os elementos eruditos para o domínio popular.

De um lado, os artistas brasileiros devem resgatar, em suas obras, os elementos nacionais contidos na cultura popular; de outro, a produção erudita é incorporada pelo povo. Esta foi a descoberta de Mário de Andrade em *Modinhas imperiais*, de 1930. O sociólogo Florestan Fernandes, em 1946, em um dos primeiros estudos dedicados às pesquisas de Mário de Andrade sobre o folclore, chamou a atenção para

---

64 Cf. RAMOS JR., José de Paula. *Leituras de Macunaíma*. São Paulo: Edusp, 2012.
65 "Modernismo: 50 anos depois". Entrevista com Alceu Amoroso Lima. *Revista de Cultura Vozes* nº 1, 1972.

a importância desse achado.⁶⁶ As modinhas são um caso raríssimo de forma erudita que se tornou popular. Sua origem é a música clássica europeia, que, chegando ao Brasil, foi absorvida pelas camadas populares, para compor um "milionário 'bouquet de rosas', que enfeitou a nossa festa imperial..."⁶⁷ A popularização da forma erudita acarretou sua nacionalização. Para Mário de Andrade, as modinhas confirmam a solidariedade das formas eruditas e populares de arte, assegurada por um movimento em mão dupla. A descoberta lhe será de grande valia quando assumir, em 1935, o Departamento de Cultura da Prefeitura de São Paulo.

TUDO ESTOURAVA NO FINAL DA DÉCADA

Remate de Males é o nome da cidadezinha que Mário de Andrade conheceu no Amazonas, escolhido como título do livro de poemas feito nos últimos anos da década de 1920 e publicado em 1930. É um livro muito diferente do anterior — *Clã do Jabuti*. Em *Clã*, a preocupação doutrinária de Mário de Andrade de afirmação da nacionalidade é onipresente. *Remate de Males* é muito mais variado e o tom geral, a começar pela epígrafe tirada de um hino medieval, em latim, é predominantemente meditativo. A epígrafe indaga: *Quid, homo, ineptam sequeris laetitiam* (Por que, homem, persegues uma alegria inepta?) A variedade temática e de estilos é anunciada na confissão do primeiro verso do poema de abertura – "Eu sou trezentos, sou trezentos e cinquenta" –, de 1929. Mais precisamente, o livro oscila entre um movimento de dispersão e, mesmo, de dissolução da identidade pessoal e a aspiração da unidade – um procedimento que reaparecerá em outros momentos da poesia do autor.

O livro é composto de dois poemas soltos e de grupos de poemas reunidos sob títulos diversos. "Tempo da Maria" (1926) trata do amor

---

66 FERNANDES, Florestan. "Mário de Andrade e o folclore brasileiro". *Revista do Arquivo Municipal*, jan.-fev. 1946. Um comentário sobre Mário de Andrade folclorista, de Luiz Heitor Correia de Azevedo, fora publicado em 1943, na *Revista Brasileira de Música*, vol. IX, em número dedicado a Mário de Andrade.
67 ANDRADE, Mário de. *Modinhas imperiais*. São Paulo: Martins, 1964, p. 11.

irrealizado do poeta por uma mulher já comprometida. "Louvação da Tarde", esquadrinhado por Antonio Candido em "O poeta itinerante", faz parte deste grupo.[68] "Poemas da negra", de 1929, é uma exaltação da sensualidade, em que o poeta canta:

Ai momentos de físico amor,
Ai reentrâncias de corpo...
Meus lábios são que nem destroços
Que o mar acalanta em sossego.

A luz do candeeiro te aprova,
E... não sou eu, é a luz aninhada em teu corpo
Que ao som dos coqueiros do vento
Farfalha no ar os adjetivos.[69]

A presença desse apelo erótico foi um dos motivos que impediram a dedicatória a Tristão de Athayde, o amigo e crítico católico. O ciclo "Marco de viração" reúne alguns poemas muito impressionantes, como "Louvação matinal", "Improviso do rapaz morto", que descreve o velório de um amigo que se suicidou, "Pela noite de barulhos espaçados..." e "Improviso do mal da América". Neste último, o tema da identidade nacional aparece, porém considerado à luz de uma indagação muito crítica. "Poemas da amiga" (1929-30) retoma o assunto do amor infeliz, agora atravessado de melancolia. Muitas tensões permeiam o livro, especialmente a já mencionada entre a dispersão do eu e a afirmação da identidade.

Remate de males demonstra a presença de uma nova dualidade na personalidade e na obra do poeta. No início dos anos 1920, o pensamento estético de Mário de Andrade foi marcado pela oposição de duas tendências – a lírica e a intelectual. No momento seguinte, acrescentaram-se dois novos pares em tensão – o elemento nacional e o concerto internacional; a produção popular e a erudita. *Remate de males* mostra que existe, além disso, um descompasso entre a figura do poeta e a do doutrinador Mário de Andrade. O doutrinador, quase um homem de ação, é impositivo, como acontece na defesa do ideal

---

68 CANDIDO, Antonio. *O discurso e a cidade.* São Paulo: Duas Cidades/Ouro sobre Azul, 2004, p. 225-44.
69 ANDRADE, Mário de. *Poesias completas,* p. 343 e ss.

nacionalista em *Ensaio sobre música brasileira*. A produção poética, entretanto, fica preservada das imposições doutrinárias. Mesmo quando os propósitos doutrinários aparecem nos poemas, sua abordagem é feita de modo crítico e eles são transformados poeticamente. O poeta mantém a liberdade criativa diante das teses que defende.

O último livro de poemas escrito por Mário de Andrade na década de 1920 foi lido e elogiado por Manuel Bandeira, Carlos Drummond de Andrade e Mário Pedrosa. Sua importância, no entanto, foi ofuscada pela publicação, no mesmo ano de 1930, de *Alguma poesia*, de Drummond, e de *Libertinagem*, de Manuel Bandeira.

Na conferência de 1942 sobre o movimento modernista, Mário afirmou que no final da década de 1920 "tudo estourava, políticas, famílias, casais de artistas, estéticas, amizades profundas". Uma era se fechava e outra completamente diferente se iniciava.[70] É possível que também se referisse à ruptura da sua amizade com Oswald.

Em 1929, a publicação da série de artigos "Moquéns", na segunda fase da *Revista de Antropofagia*, azedou de vez o contato entre os dois escritores. Em várias passagens desses textos virulentos, a figura de Mário de Andrade foi estampada com a intenção de ridicularizá-lo. *Macunaíma*, publicado em 1928, foi poupado, e até mesmo incluído na "Bibliotequinha Antropofágica", junto com *Cobra Norato*, de Raul Bopp e outros livros.[71] Mas, em geral, as referências eram pura provocação. No terceiro número da revista, o "caso" Mário de Andrade era definido da seguinte forma: "Muitas alunas, nenhum discípulo!" No número seguinte, ele é chamado de nosso "Miss São Paulo traduzido em masculino". Mais adiante, reproduz-se a entrevista fictícia de "Miss Macunaíma" a um jornalista de Natal, em uma óbvia alusão à recente viagem de Mário de Andrade ao Nordeste.

É possível que outros episódios penosos tenham ocorrido na relação entre os dois escritores. É difícil dar conta com precisão do que ocorreu, já que mesmo na correspondência com Manuel Bandeira, que acolhia as confidências de Mário de Andrade, existem rasuras nas passagens que mencionam o "antropófago". Porém, ainda ficaram trechos bastante significativos, como o seguinte, de 1933:

---

70 ANDRADE, Mário de. "O movimento modernista". In: *Aspectos da literatura brasileira*.
71 BOPP, Raul. *Cobra Norato*. Rio de Janeiro: Livraria São José, 1956.

Mesma coisa com o Osvaldo de Andrade [sic], que no entanto eu odeio friamente, organizadamente, a quem certamente não ofereceria um pau à mão, pra que ele salvasse de afogar. Você está vendo que sou assassino em espírito! Mas é que eu me gastei excessivamente com ele. Fomos demasiadamente amigos pra que eu possa detestá-lo pelo que ele me fez. Mais o detesto pelo que ele não fez, por todos os meus sacrifícios pessoais? Por todas as esperanças, por todas as minhas lutas interiores, a que ele não correspondeu com o que eu queria.[72]

Oswald de Andrade tentou diversas vezes se reconciliar com o antigo amigo, mas nunca teve êxito. Mário de Andrade manteve distância até o final, em um último encontro casual, no congresso da Associação Brasileira de Escritores (ABE), em janeiro de 1945. Poucos meses antes, ele tinha reagido violentamente ao assédio feito por Oswald a seus amigos do Rio. Uma carta de Murilo Miranda relata um jantar com Oswald de Andrade no bairro da Urca, quando foi servido carneiro. Mário retorquiu enfurecido: "Na verdade, jantou porco." Acrescentou:

> Está claro que você pode jantar com ele na Urca, passear com ele em Copacabana, beber chope com ele na Brahma e dormir com ele na mesma rede. Mas me chateia e irrita a facilidade extrema com que você, como vários outros amigos meus, se enlambuzam todos de mel porque ele chega pra vós falando coisas blandiciosas sobre mim. Ele que vá à reputa e triputa que o pariu.[73]

Novos tempos se anunciavam.

---

72   MORAES, Marcos A. (org.). *Correspondência: Mário de Andrade & Manuel Bandeira*, p. 547.
73   ANTELO, Raul (org.). *Mário de Andrade: cartas a Murilo Miranda*. Rio de Janeiro: Nova Fronteira, 1981, p. 167. Cf. CASTRO, Moacir Werneck. *Mário de Andrade: exílio no Rio*. Rio de Janeiro: Rocco, 1989.

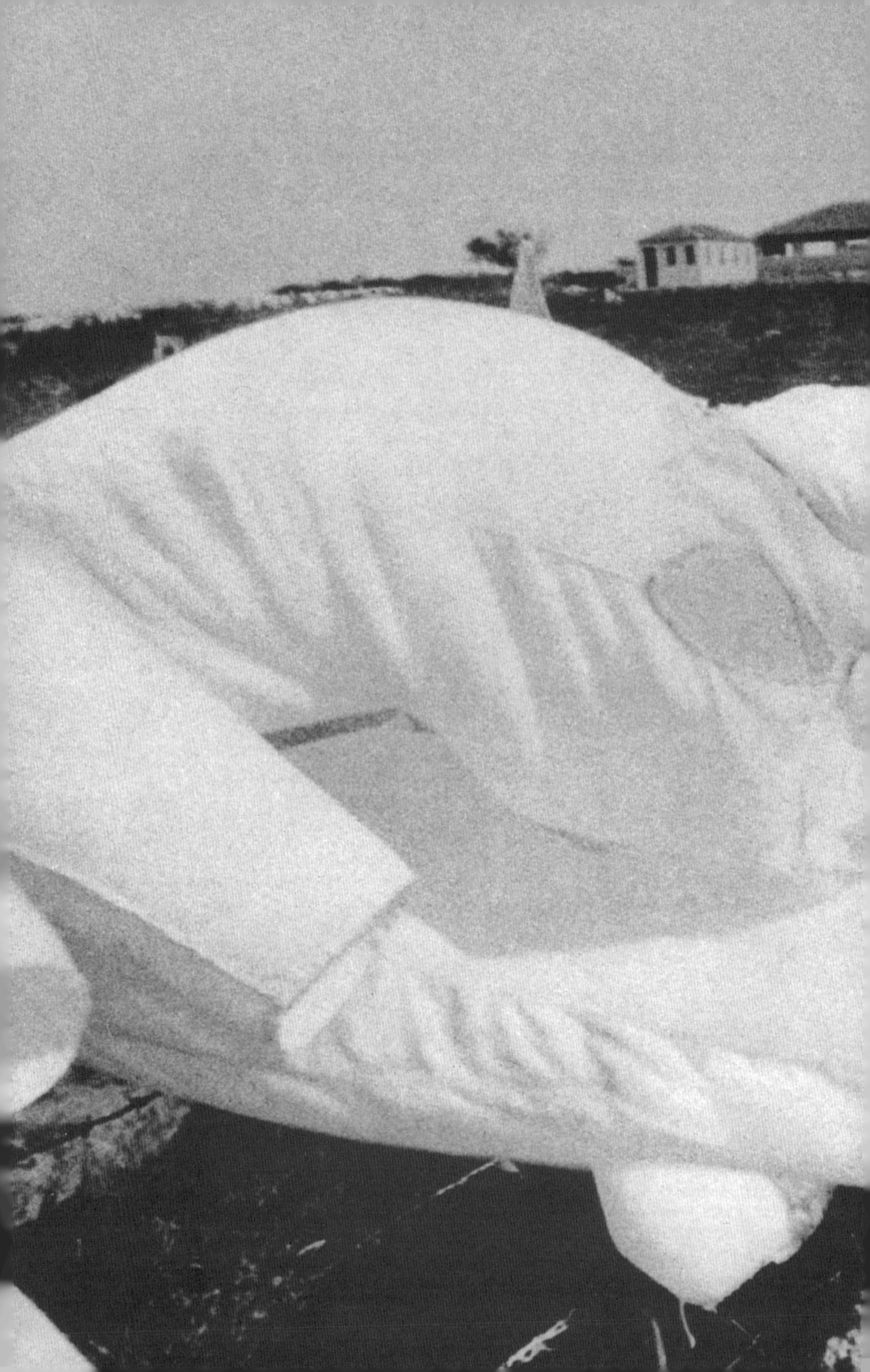

Havia uma preocupação artística nas fotos de Mário, como nesta "Roupas freudianas – fotografia refoulenta", feita em Fortaleza, 1927.

ACIMA:
Um dos cartões-postais da pequena coleção que Mário montou durante a viagem a Minas, 1924. O poeta os guardou durante toda a vida, ao lado de outros que ele mesmo conseguia ou que recebia dos amigos, enviados de todos os lugares.

ACIMA (DIREITA):
Chico Antônio, o cantador de cocos que Mário conheceu no Rio Grande do Norte, em janeiro de 1929. Ficou muito impressionado com a figura e a obra do artista popular e referiu-se diversas vezes a ele.

AO LADO:
Tarsila do Amaral e Oswald de Andrade em viagem de navio, 1927. O casal encontrou Mário de Andrade e o grupo que voltava da Amazônia em Salvador, e viajaram juntos para São Paulo.

NA PÁGINA AO LADO:
Caderneta de Mário com assinaturas dos excursionistas da viagem às cidades históricas de Minas, 1924. Entre elas estão as de Olívia Guedes Penteado, Tarsila do Amaral, Blaise Cendrars, René Thiollier, Oswald de Andrade, Noné (filho de Oswald) e a de Mário.

19 de Abril de 1924
Em S. José d'El Rey

Olivia Guedes Penteado

Tarsila

Blaise Cendrars

René Thiollier

Oswald d'Andrade

Nonê

J. Andrade

Mario

Mário na praia do Chapéu Virado, Belém, 1927.

NAS PÁGINAS 104-105:
Carteira de identidade de Mário. O documento descreve o poeta com pele branca. Dificilmente um homem com sua posição social seria definido como mulato em um documento oficial.

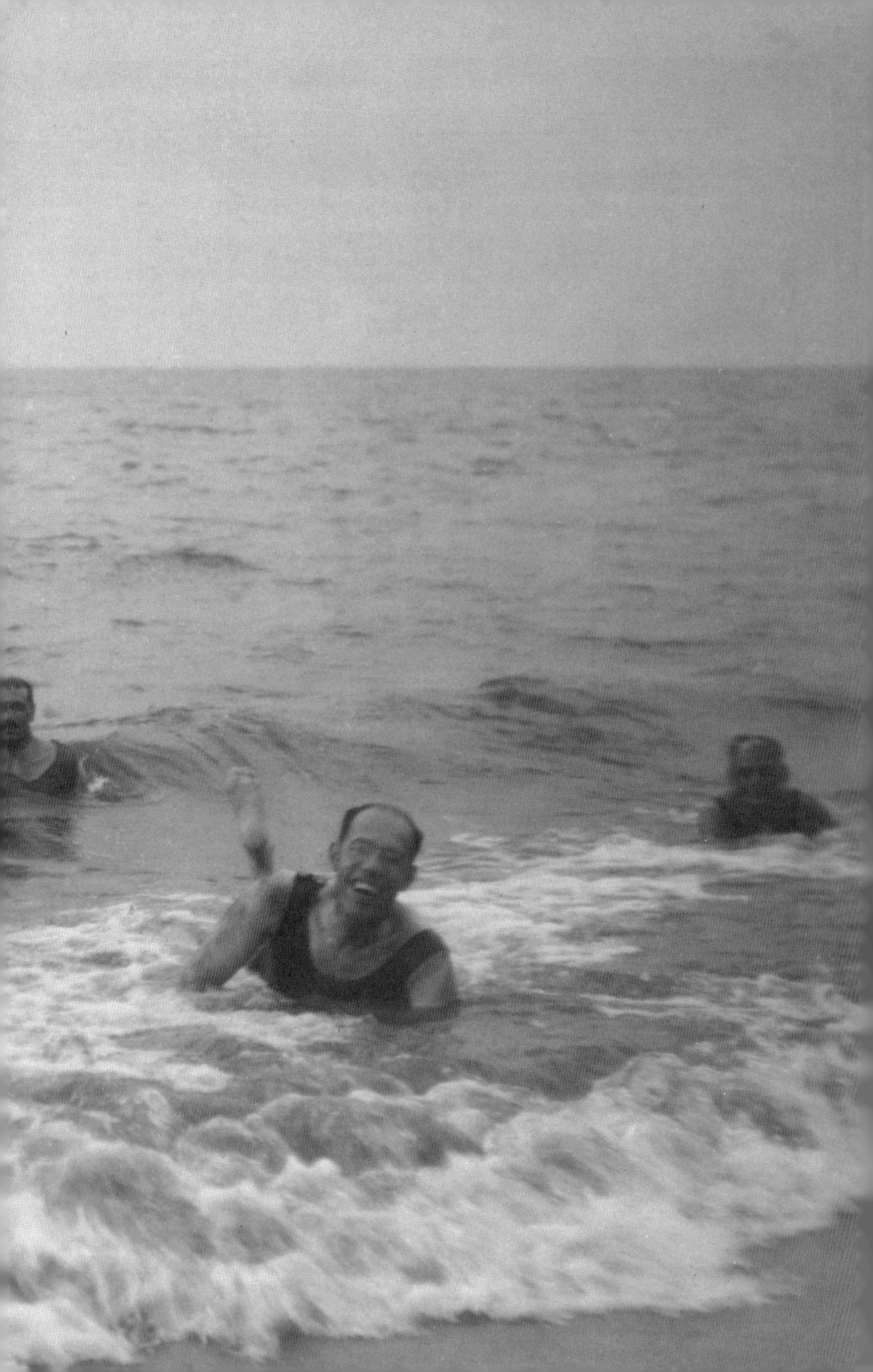

GABINETE DE INVESTIGAÇÕES
SERVIÇO DE IDENTIFICAÇÃO

S. Paulo, (Brasil) 30 de Abril de 1927

Registo Civil 172.121
Nome Mario Raul de Moraes Andrade
Idade 33 annos, nascido a 9 de Outubro de 1893
Estado civil Solteiro Pai Carlos Augusto de Andrade Mãi Maria Luiza de M. Andrade Nacionalidade Brasileira Natural de São Paulo Capital Profissão Professor Residencia Rua Lopes Chaves 108 Observações

...o é valido o retrato que não tiver o sinete em relevo

...rato tirado em 30 de Abril de 192...

O Chefe do Serviço de Identificação:

Cutis ....
Cabellos castanhos
Barba feita
Bigodes Raspados
Olhos castanhos

Marcas, cicatrizes, etc.
Inicio de cal-
vice frontal.

ASSIGNATURA DO PORTADOR:

Mario de Andrade

Mário de Andrade, 1932. O poeta tinha uma elegância que não primava pela sobriedade.

CAPÍTULO 4

ARTE SOCIAL

REVOLUÇÕES - 1930 E 1932

Em 17 de novembro de 1929, Mário de Andrade publicou no *Diário Nacional* a crônica "Democráticos".[1] Suas crônicas saíam todos os domingos no órgão do Partido Democrático (PD), cujo primeiro número foi publicado em 14 de julho de 1927, no ano seguinte ao da criação do partido e, não à toa, na data comemorativa da Revolução Francesa. Era um jornal de oposição ao governo do Partido Republicano Paulista (PRP) e expressava a opinião de setores de proprietários rurais, profissionais liberais e intelectuais, críticos da política dominante desde o início da República. O presidente do partido era o conselheiro Antônio Prado e seus principais dirigentes eram Marrey Júnior, Francisco Morato e Paulo Nogueira Filho. O irmão de Mário de Andrade, Carlos, foi também uma liderança do partido, tendo sido preso no período da preparação do movimento que levou Getúlio Vargas ao poder em 1930. Na redação do jornal estava Sérgio Milliet, que fora colaborador das revistas *Klaxon* e *Terra Roxa e Outras Terras*. Outros amigos modernistas

---
1 ANDRADE, Mário de. *Táxi e crônicas do Diário Nacional*, p. 159.

da primeira hora trabalharam no jornal, como Couto de Barros. O contato de Mário com o Partido Democrático definiu seu caminho como intelectual público até o final de 1937, quando o Estado Novo encerrou um ciclo de sua vida. Também é preciso reconhecer que a colaboração de Mário de Andrade possibilitou ao PD ter uma fisionomia própria, com a incorporação da bandeira das reformas da cultura na sua plataforma política, mesmo que estas só tenham sido efetivadas na gestão de Fábio Prado na prefeitura de São Paulo, depois da dissolução do partido, em 1934.

Em "Democráticos", Mário de Andrade declarou que a fundação do Partido Democrático tinha sido o resultado da ampliação do "movimento de renovação brasileira, aberto faz mais ou menos dez anos". Claramente estava se referindo ao movimento modernista, que se iniciara com a exposição de Anita Malfatti, em 1917, e cujo ponto culminante foi a Semana de 1922. Na avaliação do escritor, os modernistas se limitaram, de início, "às roças da especulação estética", mas, naquele momento, em 1929, teriam que abraçar todos os campos da atividade humana, inclusive o político.[2] Daí a participação de vários deles nas primeiras reuniões que prepararam a criação do PD e a convicção de Mário de que este era o "único partido político aparecido no país depois da oligarquia republicana".[3]

Os democráticos apoiaram a Aliança Liberal que lançou a chapa de oposição composta por Getúlio Vargas para presidente e João Pessoa para vice-presidente, na disputa com o candidato da situação, Júlio Prestes, nas eleições de 1930. Para Mário de Andrade, Getúlio e João Pessoa formavam uma "ótima síntese do ideal brasileiro".[4] A alegada manipulação do resultado que deu a vitória ao candidato situacionista e o assassinato de João Pessoa por João Dantas, seu adversário político, tudo indica que por razões pessoais, motivaram a reação que desembocou no golpe de outubro. Mário de Andrade o apoiou. Poucos dias depois, em novembro, manifestou a opinião de que via como uma das coisas mais revoltantes a posição dos que se mostravam desapaixonadamente acima dos acontecimentos e pretendiam julgar com olhar superior. Quanto a ele, deixou-se levar pelo entusiasmo, e berrou bem alto: "Getúlio! Getúlio!"

---

2 Ibidem, p. 159.
3 Ibidem , p. 160.
4 Ibidem, p. 183.

Nos meses seguintes à tomada do poder, o governo provisório teve a iniciativa de promover uma reforma educacional, conduzida pelo primeiro-ministro da Educação do país, Francisco Campos, que na década anterior se notabilizara como reformador da educação em Minas Gerais. Mário de Andrade foi convidado, com o professor Sá Pereira e o compositor Luciano Gallet, para fazer a reestruturação do Instituto Nacional de Música, no Rio de Janeiro, que serviria de padrão para todo o país. Foi sua primeira experiência na administração pública. Anos mais tarde, as ideias norteadoras dessa reforma seriam materializadas nas iniciativas do Departamento de Cultura da Prefeitura de São Paulo, numa demonstração da fidelidade do escritor a seu projeto e do empenho em sua realização.

A reforma do Instituto Nacional de Música propunha a normalização da experiência musical, no sentido de que a música deveria integrar-se na vida de todo indivíduo, a afirmação do caráter socializador da prática musical, o aprimoramento teórico do músico, pelo estudo de disciplinas como História e Teoria da Música, e o questionamento de uma visão virtuosística, predominante em um país que tradicionalmente só reconhecia os valores individuais.

Outra iniciativa do novo ministério foi a nomeação do arquiteto Lucio Costa para a direção da Escola de Belas Artes, também no Rio de Janeiro. Na gestão do futuro criador de Brasília, foi organizado o famoso Salão de 1931, que provocou verdadeiro escândalo com a exposição de obras dos principais artistas modernos: Anita Malfatti, Tarsila, Portinari, Segall, Flávio de Carvalho, Guignard, Di Cavalcanti, Cícero Dias e vários outros.[5]

Para Mário de Andrade, as duas experiências se frustraram. O projeto de renovação do ensino da música não foi implantado e Lucio Costa foi afastado da direção da escola.

A simpatia de Mário e de parte considerável da população de São Paulo pelo novo regime de Getúlio Vargas cessou com a nomeação dos vários interventores para o governo do estado. Em meados de 1931, ele comemorou a substituição, na interventoria, do pernambucano João Alberto, um dos principais representantes do movimento tenentista, considerado um estranho aos interesses paulistas, e fez coro com os que exigiam a indicação de um governante civil e paulista. A insurreição

---

5   Cf. VIEIRA, Lucia Gouveia. *O salão de 1931*. Rio de Janeiro: Funarte, 1984.

de julho de 1932, conhecida como Revolução Constitucionalista, foi o ponto culminante do movimento de contestação que se iniciara no ano anterior, formado por facções descontentes que apoiaram o golpe de 1930, como o Partido Democrático, e forças políticas que tinham sido alijadas na nova situação.

A participação de Mário de Andrade no conflito armado, que durou de 9 de julho a início de outubro de 1932, não foi direta, na frente de batalha, como foi o caso de seu irmão e de amigos, como Paulo Duarte, mas nas atividades da Liga de Defesa Paulista e nas colunas do *Diário Nacional*, nas quais recolheu relatos dos feitos dos paulistas e anedotas, em um série chamada "Folclore da Constituição".[6]

Os acontecimentos de 1932 foram um momento traumático na história do país, tendo despertado antigos ressentimentos e incentivado rivalidades entre os estados da federação. Nos comentários de Mário de Andrade vê-se que até seu programa nacionalista, defendido com ardor na década anterior, vacilou naquela hora crítica. A antipatia dos paulistas pelo estrangeiro, identificado tanto ao nordestino quanto ao italiano recém-chegado e não completamente integrado, refletiu-se em várias passagens das crônicas do escritor.

"Folclore da Constituição" relata o caso de um rapazinho que escapou de casa para a frente de batalha, apesar dos protestos da mãe italiana, a quem, por carta, ele acusou: "Mamãe, você não é paulista, não me compreende..."[7] Na crônica em que comentou a saída de João Alberto da interventoria, denunciou a "esfomeação indecente" com que os nordestinos voaram para São Paulo à cata de empregos públicos.[8]

No entanto, o mais impressionante depoimento de Mário de Andrade sobre seu ânimo político naquele momento teve um caráter privado. Foi a carta enviada ao amigo Carlos Drummond, em 6 de novembro de 1932, logo depois da derrota militar de São Paulo. A carta é um mar de contradições. De um lado, o escritor declarava sua absoluta falta de "senso político da pátria" e um repúdio visceral a qualquer forma de militarismo, de outro, comentava sua progressiva adesão e, finalmente, a entrega completa à causa de São Paulo. Impressiona a sinceridade com o amigo que ficara do outro lado da disputa, o que prova a enorme confiança de Mário na amizade entre os dois:

---

6   Incluída em *Táxi e crônicas no Diário Nacional*.
7   Ibidem, p. 565.
8   Ibidem, p. 397.

Você perceberá fácil que ainda estou desarrazoado. Por mim não sei se estou. Você nacionalmente falando, é um inimigo meu agora. Você talvez não sinta isso, eu sinto. Por isso mesmo há uma prova perfeita de amizade no abandono destas confissões que me convertem a tamanha pequenez intelectual. Intelectual, ou talvez do inteiro ser... Mas pros amigos perfeitos ainda considero uma ignomínia eu me enfeitar. Estou nu. Mas sorrio, verificando que pelo menos este nu é apaixonado.[9]

Mário de Andrade teve sempre muitos amigos, e a amizade ocupou um lugar central na sua vida. Os depoimentos dos que o conheceram e a vasta correspondência, única em importância na história brasileira, com gente de toda parte, confirmam isto. Não se relacionava apenas com os que o cercavam no ambiente de artistas e escritores e com os familiares, com quem se mostrava excepcionalmente expansivo. Mantinha amizade tanto com os antigos companheiros da Congregação Mariana quanto com quem tinha posições ideológicas bem diferentes das suas, como Tristão de Athayde.

Em geral, a amizade prevalecia sobre as divergências e o ressentimento, com exceção do que se passou com Oswald de Andrade. A política pôs à prova seu relacionamento com alguns amigos, como o poeta gaúcho Augusto Meyer, com quem perdera contato em 1932, no momento da revolução paulista. Ficou magoado por não ter recebido, naquela época, nenhum sinal do amigo, ao contrário do que aconteceu com Carlos Drummond, que se apressou em escrever-lhe. Por três anos ficaram sem se falar, até que, em 1935, Meyer lhe enviou seu novo livro. Foi a oportunidade para reatar a amizade, superando as divergências.[10]

A mais importante de todas as amizades foi com Manuel Bandeira. Não é preciso apresentar o poeta do Recife. Desde muito cedo morando na capital da República, mais velho sete anos que Mário de Andrade, era chamado por alguns de "o são João Batista do Modernismo", já que muitos aspectos de sua obra anterior a 1922 anunciam a estética moderna. Os dois se conheceram em 1921, em casa de Ronald de Carvalho, no Rio, onde Mário de Andrade leu poemas de *Pauliceia desvairada*, e pouco depois iniciaram uma troca de cartas só interrompida com

---

9   SANTIAGO, Silviano (org.). *Carlos & Mário*, p. 428.
10 FERNANDES, Lygia. *Mário de Andrade escreve cartas a Alceu, Meyer e outros*, p. 104.

a morte do paulista, em 1945. Logo no primeiro ano da correspondência, antes mesmo de dar o nome de Manuela à sua máquina de escrever, em homenagem ao amigo, Mário de Andrade confessou a ligação especial com Bandeira. Sentia que ele era "um homem junto do qual eu sou eu, ser aberto que se abandona" e, pedindo desculpas pela metáfora, afirmou que Bandeira era como uma fazenda que ele tinha comprado com sua alma, onde ele podia passear de pijama pelos cafezais. Bandeira acolheu as palavras do amigo e reconheceu que a amizade entre os dois se fundava em afinidades sobretudo de ordem moral.[11] Mais tarde confessou ao poeta que o considerava seu maior amigo, aquele que queria ter a seu lado na hora da morte, "quando já não se tem mais tempo para esperdiçar".[12] As cartas de Mário de Andrade são sempre muito calorosas, o que intrigou Bandeira no momento em que se aproximou pessoalmente e notou que o amigo que aparecia nas cartas era muito mais expansivo que o da vida real. Exclamou, então: "Há uma diferença grande entre o você da vida e o você das cartas. Parece que os dois vocês estão trocados: o das cartas é que é o da vida e o da vida é que é o das cartas."[13] O estranhamento não perturbou a amizade. Com o passar dos anos, quando se acentuaram as discordâncias políticas entre os dois, Mário de Andrade teve cuidado ao expor suas posições e poupou o amigo de ter de acatá-las. Não ia pôr em risco aquela intimidade conquistada, mesmo que, em geral, através só de cartas, por defender alguma posição de circunstância.

Também o projeto da publicação da *Revista Nova* foi prejudicado pelos acontecimentos políticos de 1932. Mário de Andrade, Paulo Prado e Alcântara Machado criaram a revista, cujo primeiro número é de março de 1931 e o último, o décimo, atrasado, de dezembro do ano seguinte. O escritor, também um dos editores, definiu-a como uma "revista séria", que tinha o propósito de publicar mais ensaios sobre assuntos brasileiros e menos literatura. De fato, a publicação visava a contribuir para o esclarecimento daquele momento de transformação da vida do país. Seus editores achavam que a República nem sequer tinha sido implantada e, por esse motivo, nem fazia sentido falar de uma nova República a partir de 1930. Eles entendiam que a data decisiva da história brasileira não era 1889, mas 1888, o ano da abolição

---

11 MORAES, Marcos A. (org.). *Correspondência: Mário de Andrade & Manuel Bandeira*, p. 92.
12 Ibidem, p. 262.
13 Ibidem, p. 264.

da escravatura. *Revista Nova* era bem diferente das revistas lançadas pelos modernistas na década anterior, *Klaxon, Estética, A Revista, Terra Roxa e Outras Terras* e *Revista de Antropofagia*, que tinham uma preocupação mais estética e cultivavam mais intensamente o espírito polêmico. Aproximava-se da *Revista do Brasil*, de *Movimento Brasileiro*, editada por Renato Almeida, e de *Illustração Brasileira*, cuja publicação começara no início do século. A ótica analítica da *Revista Nova* se manteria em outras revistas posteriores, como a *Revista do Arquivo*, do período em que Mário esteve na direção do Departamento de Cultura da Prefeitura de São Paulo, em *Clima*, na *Revista Acadêmica*, no início dos anos 1940, e, mais tarde, na *Revista Civilização Brasileira*.

A colaboração de Mário de Andrade na *Revista Nova* foi muito significativa, tanto que seus artigos foram retomados em *Aspectos da literatura brasileira*, um dos volumes da *Obra completa*: "A poesia em 1930", "Amor e medo", incluído no número dedicado a Álvares de Azevedo, "Tristão de Athayde" e "Luiz Aranha ou a poesia preparatoriana".

No final de 1932, o governo vitorioso baniu da vida política e exilou amigos e personalidades próximas de Mário de Andrade, entre eles Júlio de Mesquita Filho, diretor do jornal *O Estado de S. Paulo*, Paulo Duarte e Prudente de Moraes, neto. A derrota de São Paulo abalou o escritor. Viveu adoentado e em estado de ânimo sombrio todo o ano de 1933, e ficou muito impressionado ao completar quarenta anos, em outubro. Contou para Oneyda Alvarenga, a aluna que se tornaria grande amiga, após as festas de final de 1932, que "depois da formidável tensão nervosa da guerra civil, dos sofrimentos medonhos que nos causou a derrota, e neste inda mais medonho horror das infâmias, crimes, roubos que estamos presenciando aqui, sem possibilidade prática de reação, só tinha mesmo que cair na festança e heroicamente se divertir".[14] Para Paulo Duarte mencionou seu pessimismo com a situação política: via São Paulo como uma presa de guerra, disputada pelas facções vencedoras – mineiros, nordestinos (*cabeças-chatas*) e gaúchos –, com a colaboração dos grupos locais. Para seu escândalo,

---

14 ALVARENGA, Oneyda (org.). *Cartas: Mário de Andrade e Oneyda Alvarenga*, p. 43.

mesmo "os salões finos e os clubes de luxo abriram as portas e os braços aos forasteiros armados".¹⁵

Nesse contexto de desânimo e abatimento, Mário de Andrade continuou sua atividade como professor no Conservatório – que ele tinha inclusive mobilizado no esforço de guerra – e iniciou uma coluna sobre música no *Diário de S. Paulo*. Porém, em março, teve que interromper as aulas, abatido por uma forte nefrite, que o obrigou a se refugiar na chácara do tio Pio, em Araraquara. No meio do ano, teve "a mais terrível gripe da sua vida", reclamou com Oneyda Alvarenga. No final do ano, passou por outra fase de doença, quando teve que recorrer a fortes analgésicos. Foi se tratar em Lindoia, São Paulo, onde encontrou um feiticeiro indiano, que, para espanto da amiga, o tratou com força radioativa.¹⁶

O período não foi de muitas publicações. Em *Belazarte*, de 1934, foram recolhidas narrativas curtas elaboradas na década anterior. Alguns contos, como "Piá não sofre? Sofre" – história da vida miserável de uma criança –, demonstram a genialidade do escritor como contista. *Música, doce música* (1934) é uma coletânea de crônicas sobre música extraídas de jornais ou conferências. Uma série de artigos, "Música de coração", é particularmente valiosa, pois contém a avaliação dos principais músicos brasileiros: padre José Maurício, Villa-Lobos, Henrique Oswald, Luciano Gallet, Lourenço Fernandes, Camargo Guarnieri e Ernesto Nazareth. Também dessa época são os primeiros textos que comporiam, mais tarde, os volumes de *Danças dramáticas no Brasil*.¹⁷ Em 1933, saiu a primeira tradução em inglês de uma de suas obras – *Fräulein*, de *Amar, verbo intransitivo* –, pela editora americana Macaulay, feita por Margaret Richardson Hollingsworth.¹⁸ Na ocasião, a editora americana fez um questionário para apresentar o escritor brasileiro ao público de língua inglesa. Mário respondeu de forma espontânea, sincera e muito bem-humorada

---

15 DUARTE, Paulo. *Mário de Andrade por ele mesmo*, p. 147-48.
16 ALVARENGA, Oneyda (org.). *Cartas: Mário de Andrade e Oneyda Alvarenga*, p. 59-60.
17 Cf. Maria Laura Viveiros de Castro Cavalcanti, "Cultura popular e sensibilidade romântica: As danças dramáticas de Mário de Andrade". *Revista Brasileira de Ciências Sociais*, vol. 19, n. 54, 2004. ALVARENGA, Oneyda. In: ANDRADE, Mário de., *Danças dramáticas do Brasil*. Tomo I. Belo Horizonte: Itatiaia, 1982.
18 Houve também uma tradução de *Macunaíma* para o inglês, pela mesma tradutora, que permaneceu inédita (1933). O livro foi traduzido mais tarde em várias línguas, para o espanhol por Carybé (inédita, 1944); para o alemão por Kurt Meyer-Clason (1982); para o inglês, na versão polêmica de E. A. Goodman (1984); para o francês por J. Thiériot (1979).

os doze tópicos abordados. Fez engraçadíssimos comentários sobre Cendrars e Marinetti, que conhecera pessoalmente, confessou que detestava os climas moderados e que, por esse motivo, vivia pessimamente em São Paulo. Gostaria de viver longe da civilização, na beira de um pequeno rio na Amazônia ou em uma praia do Rio Grande do Norte. Aliás, nem sequer apreciava a civilização e achava que o exercício da preguiça, que tinha cantado em *Macunaíma*, era uma das suas maiores preocupações. Nada disso impediu que ele fosse o trabalhador incansável reconhecido por todos. Na mesma entrevista, chegou a afirmar que escrevia vários livros ao mesmo tempo, e que descansava das preocupações de um livro dedicando-se a outro.[19]

FOLCLORE E O SENTIDO SOCIAL DA ARTE

Desde a segunda metade da década de 1920, Mário de Andrade argumentou que o recurso ao folclore era decisivo para efetivar a nacionalização da arte. O interesse pela "coisa folclórica" se intensificou na década seguinte. Ainda que tenha afirmado não ser folclorista, o escritor passou a recorrer a procedimentos técnicos mais elaborados em suas pesquisas de campo. Além disso, o estudo das manifestações populares, com sua natureza coletiva, esteve na base da definição de uma noção de arte com função social, cuja importância se tornou cada vez maior ao longo do tempo.

Em 1930, Mário de Andrade fez, no Rio de Janeiro, uma palestra sobre as origens do fado, em que expôs, com base em documentos, a origem brasileira da mais popular forma musical portuguesa.[20] Voltou à capital federal em 1933, para falar sobre música de feitiçaria, e, no ano seguinte, sobre "Os congos", na Sociedade Felipe d'Oliveira.[21] Nessa época, tinha planos de escrever uma grande obra sobre cultura popular do Nordeste, a que deu o nome *Na pancada do ganzá*. O livro nunca foi terminado, mas o material, acompanhado de comentários,

---

19   ANDRADE, Mário de. *Entrevistas e depoimentos*. São Paulo: TA Queiroz, 1983.
20   Incluída em ANDRADE, Mário de. *Música, doce música*. São Paulo: Martins, 1975.
21   ANDRADE, Mário de. *Música de feitiçaria no Brasil*. Belo Horizonte: Itatiaia, 1983.

foi organizado por Oneyda Alvarenga e distribuído por diversos livros publicados postumamente. Os documentos que seriam apresentados no livro original foram colhidos na viagem ao Nordeste, no final de 1928 e início de 1929. Fazem parte desse acervo os cocos do cantador Chico Antônio, que Mário de Andrade conheceu no Rio Grande do Norte e que tanto o impressionou. Também a referência ao ganzá no título do livro tem a ver com o cantador potiguar, pois era esse seu instrumento de acompanhamento, o qual foi ofertado, ao final da visita, ao novo amigo doutor. O material de *Na pancada do ganzá* ocupa quatro dos livros sobre folclore de Mário de Andrade: *Danças dramáticas do Brasil*, *Os cocos*, *As melodias do boi e outras peças* e *Música de feitiçaria no Brasil*, publicados em épocas diferentes. Para se visualizar o conjunto de seus estudos sobre folclore é preciso acrescentar os livros *Ensaio sobre música brasileira*, *Namoros com a medicina*, o artigo "Samba rural paulista", capítulo de *Aspectos da música brasileira* (o mais elaborado dos estudos na área, preparado no contexto das atividades da Sociedade de Etnografia e Folclore, em 1937), e ainda, "Romanceiro de Lampião", publicado na *Revista Nova* (1932) e incorporado mais tarde ao livro *O baile das quatro artes*.

No prefácio escrito em 1933 para o inacabado *Na pancada do ganzá* encontram-se elementos importantes para esclarecer a concepção do escritor sobre os estudos folclóricos. Chama logo a atenção a tomada de posição metodológica, que contrasta com uma abordagem estritamente teórica e distanciada do assunto. Ao contrário de um trabalho "científico", o livro deveria se inspirar no amor por seu objeto. O contato com o cancioneiro popular enchia o poeta de "comoções essenciais", que correspondiam à sua identificação com a alma do povo. O compromisso íntimo de Mário de Andrade com esse repertório constituiu a base existencial do empreendimento de sua vida, até o final de 1937, o qual consistia em relacionar os elementos culturais erudito e popular, e a sua individualidade como artista e a coletividade. Esses vínculos haveriam de eliminar o artificialismo da arte erudita, ao qual Mário contrapôs o que chamou de "necessidade", que a seu ver deveria permear todos os gestos humanos.

Também, a essa altura, Mário de Andrade passou a dar menos importância ao compromisso nacionalista nas suas pesquisas sobre folclore. Um argumento mais forte se impôs, o qual sublinhava a relação entre a natureza da "coisa folclórica", sempre coletiva, e o caráter social das manifestações artísticas em geral.

Mário aproveitou algumas características das manifestações folclóricas na sua concepção de arte. Seguindo a lição dos antropólogos da época, especialmente Edward B. Tylor e James G. Frazer, de orientação evolucionista, viu no folclore a sobrevivência de estágios menos evoluídos do desenvolvimento cultural. De acordo com essa orientação, mostrou, em sua análise das danças dramáticas, que elas se originaram nos rituais primitivos da morte e ressurreição, como as festas da primavera, dependentes de uma representação mágica e religiosa do mundo.[22] As populações primitivas, vivendo ainda em um estágio de rudeza, recorriam a estes rituais para lidar com os desafios e perigos naturais. Tratava-se de formas primitivas de manifestação artística que não eram artificiais, mas respondiam a necessidades da vida coletiva. Esse caráter "necessário", natural, da "coisa folclórica" seria valorizado por Mário de Andrade na sua definição da arte.

O conceito de arte social, ao menos em parte dependente das concepções do folclorista Mário de Andrade, era especialmente adequado para o Brasil, nação jovem. *Ensaio sobre música brasileira* propôs que "toda a arte socialmente primitiva que nem a nossa é arte social, tribal, religiosa, comemorativa. É arte de circunstância. É interessada".[23]

Alguns anos mais tarde, em 1938, quando se transferiu para o Rio de Janeiro, o escritor escolheu o tópico do primitivo para iniciar o curso de Filosofia e História da Arte, no Instituto de Artes da Universidade do Distrito Federal (UDF). A escolha do assunto não se justificava apenas pelo fato de o primitivo ter uma antecedência histórica, mas também porque ele era visto como o elemento mais básico e simples para sustentar uma concepção da arte com dimensão coletiva. A posição de Mário de Andrade não era isolada, pois a voga do primitivismo não ocorreu apenas no Brasil. Nas primeiras décadas do século XX, ela influenciou diversas tendências artísticas e intelectuais, como o cubismo, a literatura antropológica e a psicanálise. O Modernismo brasileiro buscava contribuir com uma versão própria para um debate que interessava, em geral, às correntes do Modernismo internacional.

---

22 ANDRADE, Mário de. *Danças dramáticas do Brasil* (em três tomos).
23 ANDRADE, Mário de. *Ensaio sobre música brasileira*, 1928, p. 5.

CONTRA O INDIVIDUALISMO E O VIRTUOSISMO

Até mesmo o espírito de liderança, uma das marcas da personalidade de Mário de Andrade, deve ter influenciado na escolha de um ideal artístico coletivista. O escritor encarnou o programa modernista de forma muito mais consequente do que seus companheiros de movimento. Várias vezes ele se referiu à sua dedicação missionária à causa modernista e ao sacrifício da sua individualidade em benefício dela. Reconheceu que era uma vocação genuína da qual não poderia escapar. Já em outras ocasiões lamentou que a militância tivesse prejudicado suas realizações como artista.[24]

A noção de arte social firmou-se de forma definitiva nos anos 1930, mas já estava presente em outras passagens da obra de Mário de Andrade desde os primórdios do Modernismo, no início da década anterior. A teoria poética de "Prefácio interessantíssimo", de 1921, e de *A escrava que não é Isaura*, de 1925, já faziam referência à dimensão comunicativa e, portanto, social da poesia. Também os estudos de história da música reunidos nas várias edições de *Pequena história da música*, em *Música, doce música* e em outros textos contrastavam os períodos clássico e romântico, de acordo com seu grau de relevância para a coletividade. No Classicismo a música desempenhava uma função social no culto religioso, nas festas e nas cortes. Já no Romantismo, criticado com insistência pelo escritor, ela servia estritamente para expressar a individualidade do artista, sendo, por isso, questionado.

Nosso modernista se aproximava das vertentes vanguardistas internacionais também no repúdio de toda forma de individualismo, na proposta de anulação da figura do indivíduo artista e na adoção de soluções coletivistas. Já se comentou que setores das elites cultas do início do século XX prezavam o anonimato e negavam seriamente a existência do gênio, em contraste com o que pensavam as massas que elas pretendiam servir. Isso explica a adesão de muitos expoentes da intelectualidade do período ao comunismo e ao fascismo.[25]

A oposição de Mário a todo tipo de virtuosismo foi constante ao longo da vida. A atitude pode ser notada em diversas passagens, como

---

24 Cf. *Cultura musical* (1935) e *O movimento modernista* (1942).
25 Cf. ARENDT, Hannah, *Origens do totalitarismo*. São Paulo: Companhia das Letras, 1989, p. 382.

nas crônicas em que ridiculariza a "pianolatria" que, a seu ver, assolava o país. Sua atividade como professor favoreceu a cultura teórica e as manifestações coletivas e, em sua visão da história da música, referiu-se ironicamente à existência de um concerto para piano, do período romântico, para oito mãos e... nenhuma cabeça. Tinha também planos de compor uma ópera só com corais e suas críticas à programação musical da provinciana São Paulo sempre questionaram o destaque dado aos supostos gênios da interpretação.

Mário expôs este ponto de vista em "Cultura musical", discurso de paraninfo da turma de 1935, do Conservatório onde era professor. A essa altura, já ocupava a direção do Departamento de Cultura e não podia deixar de mencionar o peso dos seus encargos em um posto oficial. Reconhecia que sua nova função era extremamente ingrata para a realização de seus projetos pessoais, mas enfrentava o desafio com paixão. No discurso, afirmou que sua avaliação da situação do ensino da música levava em conta o panorama atual em toda a sua amplitude, no qual sobressaíam os traços de uma incultura "escancarada e profunda" e a confusão moral entre arte e virtuosidade.[26] Denunciou que as escolas de música, em vez de formar músicos propriamente, com uma visão integral e coletiva de sua arte, dedicavam-se a incentivar o egoísmo dos virtuoses e até de seus familiares. Para ele, seria preferível valorizar o enxame de músicos espalhados por todo o estado e a professorinha anônima do Bixiga ou da Mooca, bairros populares de São Paulo. Ela seria até mais importante que Francisco Mignone, um gênio, mas cujas qualidades dependiam de contingências imprevisíveis, que nem sequer podiam ser ensinadas.[27]

O escritor buscou concretizar as teses de sua concepção de arte social quando ocupou o cargo de diretor do Departamento de Cultura da Prefeitura de São Paulo, de 1935 a 1937, e implementou uma política centrada na noção de expansão cultural. Ao mesmo tempo, o ideal coletivista foi confrontado por uma tendência individualista muito forte da sua personalidade, o que motivou enorme tensão, descrita por ele como o drama da contrariedade.

---

26   ANDRADE, Mário. *Aspectos da música brasileira*. São Paulo/Brasília: Martins/INL, 1975 (1965), p. 237.
27   Ibidem, p. 239.

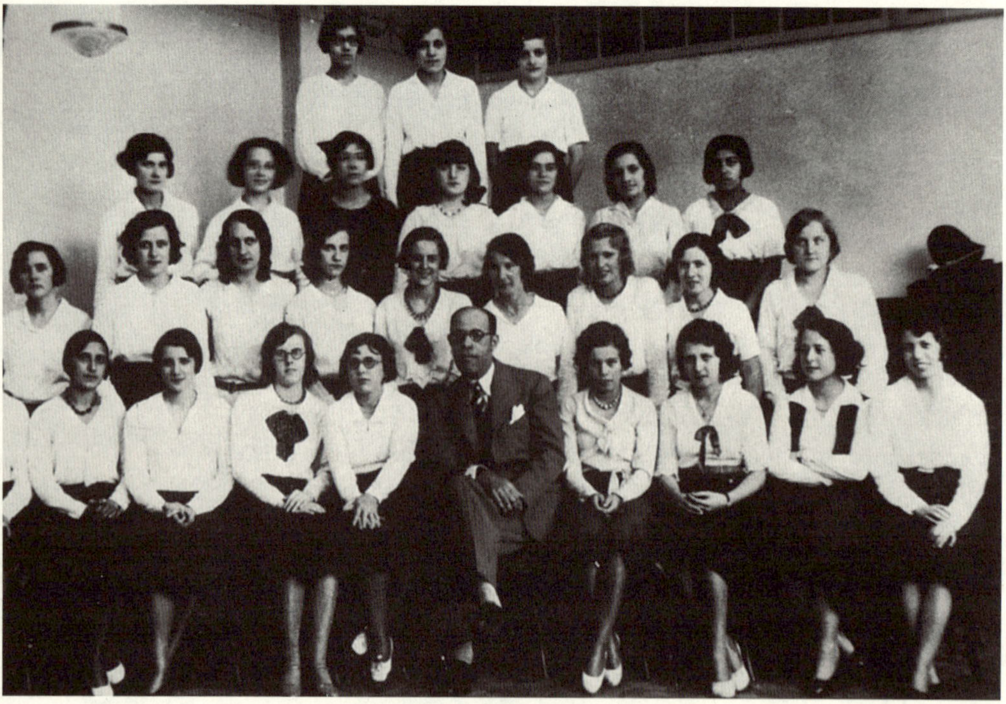

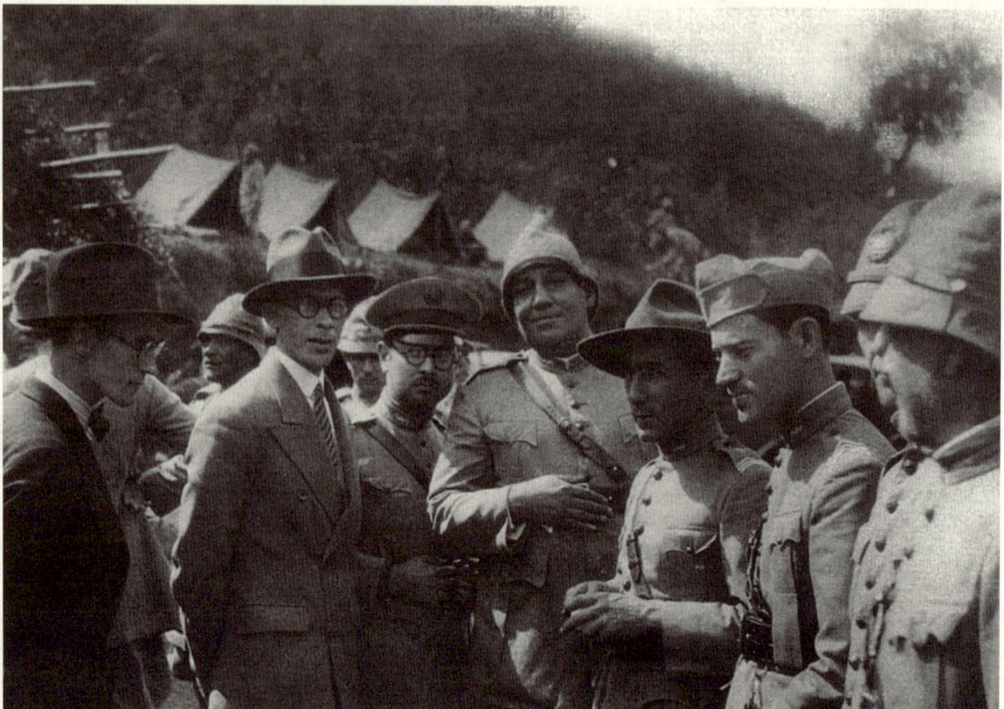

NA PÁGINA AO LADO (ALTO):
Mário de Andrade foi professor no Conservatório Dramático e Musical, onde tinha estudado. Suas turmas eram predominantemente de mulheres, futuras professoras de piano, como mostra esta foto de 1931.

NA PÁGINA AO LADO (BAIXO):
Gustavo Capanema (segundo da esquerda para a direita), durante a Revolução de 1932. Capanema e Carlos Drummond de Andrade (primeiro à esquerda) estavam do outro lado do front, em posição oposta à Mário, com as tropas legalistas, afinal vitoriosas. Isto não abalou a amizade entre eles.

ACIMA:
Mário de Andrade (no centro, sentado ao fundo) e amigos em animada festa de réveillon de 1932. Nesta época aconteciam também os bailes da SPAM, Sociedade Pro Arte Moderna, organizados pelo grupo modernista e decorados por Lasar Segall.

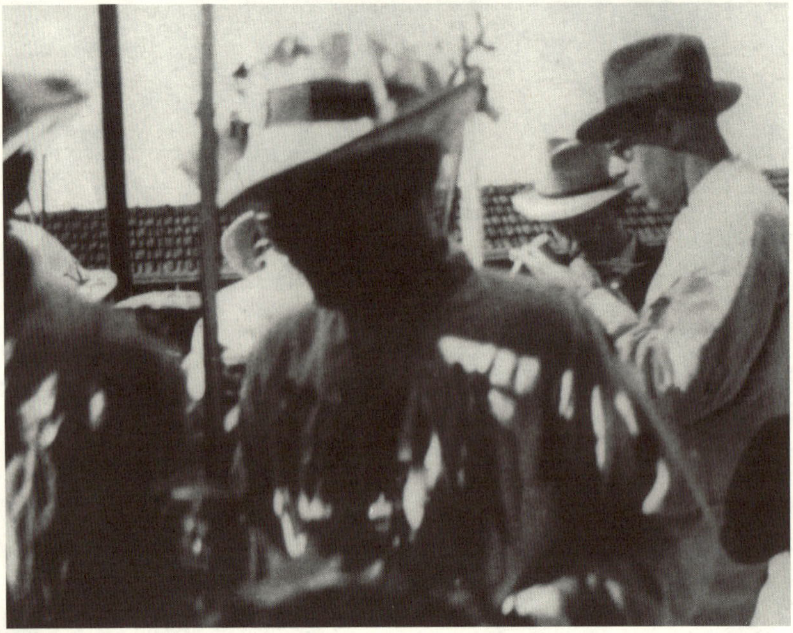

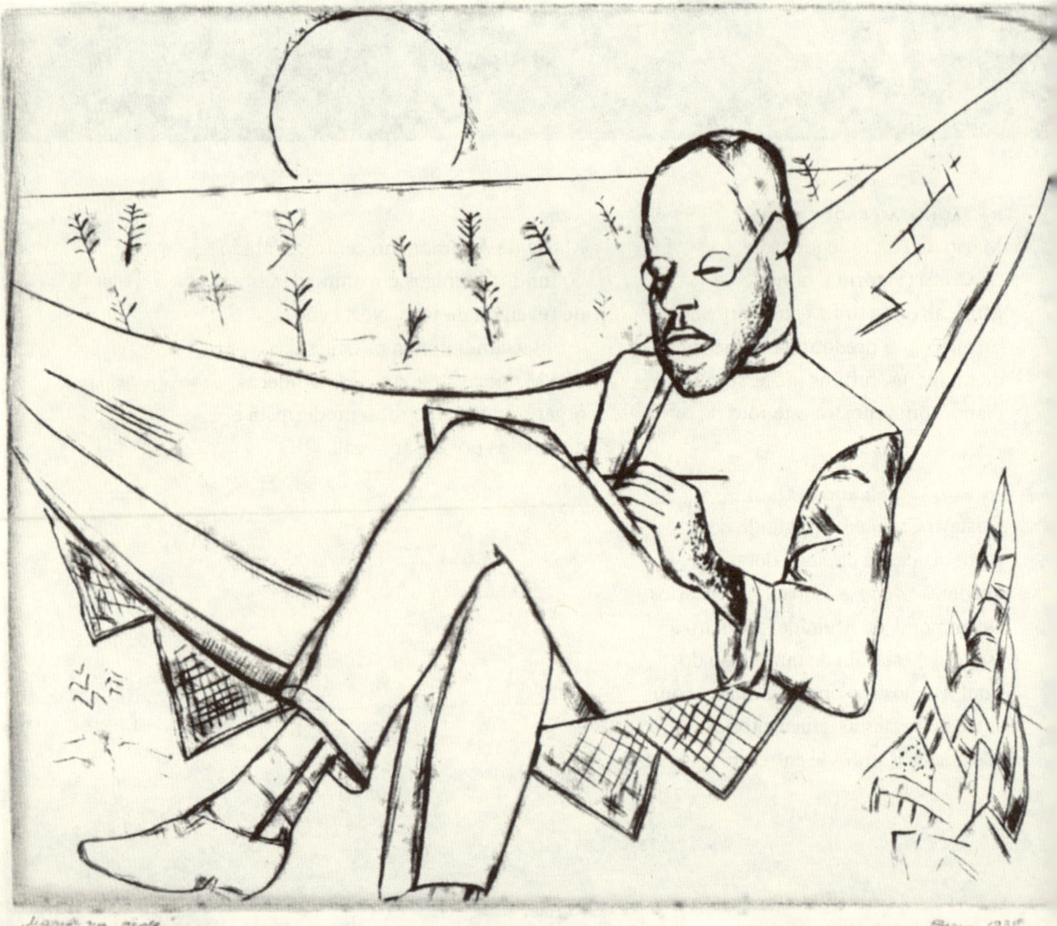

NA PÁGINA AO LADO (ALTO):
Mário, ao fundo, fazendo anotações, durante a pesquisa para o estudo *Samba rural paulista*, 1937.

NA PÁGINA AO LADO (BAIXO):
Mário de Andrade em gravura de Lasar Segall, 1930. O pintor foi incorporado ao grupo modernista em 1923, logo depois da chegada ao Brasil. Mário de Andrade comentou muitas de suas exposições.

ACIMA:
Casa da rua Lopes Chaves, onde Mário morou de 1921 até sua morte, em 1945. Sobre ela, Drummond comentou: "Aqui tudo se acumulou… Para aqui muitas vezes voou meu pensamento."

Mário em sua casa, 1935.

CAPÍTULO 5

DRAMAS DA CONTRARIEDADE

Mário de Andrade mencionou para o amigo mais próximo, Manuel Bandeira, todo o drama do conflito, ou da contrariedade, como ele chamou, das suas aspirações pessoais e desejos mais íntimos com as exigências morais e os interesses coletivos.[1] Era uma situação de grande tensão. O escritor foi defensor de uma visão da arte moralmente elevada, com um significado coletivo, e ao mesmo tempo sentia a pressão de seu individualismo, de forças interiores e frequentemente sensuais, que o compeliam. Tudo estaria resolvido caso a "vida de cima", consciente e elevada, fosse capaz de dominar por todo o tempo a "vida de baixo" e suas tendências instintivas. No entanto, muitas vezes o domínio da "vida de cima" sobre a "vida de baixo" foi vivido como um enorme sacrifício.[2]

Uma solução de equilíbrio parecia muito difícil. A personalidade de Mário de Andrade se formou no contato com o embate entre forças conflitantes. Ele perseguiu, certamente, uma solução para o conflito

---
1 MORAES, Marcos Antonio de (org.). *Correspondência: Mário de Andrade & Manuel Bandeira*, p. 520.
2 ALVARENGA, Oneyda (org.). *Cartas: Mário de Andrade e Oneyda Alvarenga*, p. 266 e ss.

com suas múltiplas feições, mas que pode ser resumido na oposição entre, de um lado, o polo da consciência, da moralidade e do compromisso com a coletividade e, de outro, o polo instintivo, vital e de afirmação da individualidade. O primeiro foi geralmente favorecido, embora nunca tenham sido eliminadas as tendências individualistas. Apesar das tensões que experimentou e que o faziam definir-se como um vulcão de complicações, foi a presença dos aspectos impulsivos, vitais e, até muitas vezes, sombrios, que garantiram o vigor das iniciativas do escritor e impediram que sua criação literária se tornasse um frio artifício da inteligência.

No início dos anos 1920, o conflito se apresentou na concepção da criação poética e de seus componentes, expostos em textos como o "Prefácio interessantíssimo" e *A escrava que não é Isaura*, em que eram consideradas, de um lado, a dimensão da inspiração, inconsciente e intuitiva, e, de outro, a da consciência e da crítica. Pouco depois, a tensão adquiriu outro aspecto, ao condicionar a doutrina nacionalista, com sua proposta de incorporação do elemento nacional no concerto internacional. Também a essa altura, Mário de Andrade buscou conciliar o propósito de ruptura do Modernismo com a tradição, ao conceber a noção de tradicionalização. Nos anos 1930 e 1940, outra polaridade apareceu, opondo, de um lado, a figura do artista que buscava afirmar-se individualmente e a exigência moral do compromisso com a coletividade. Por fim, também nos últimos anos, o escritor ocupou-se com a oposição entre o anseio de livre criação do artista e a exigência de contenção técnica, disciplina construtiva e obediência à matéria da arte.

Ao longo da vida, e não apenas no momento em questão (os anos 1930), Mário de Andrade defendeu o domínio dos fatores conscientes e moralmente elevados sobre o âmbito instintivo. Ao discutir o tema do significado social da arte, foi extremamente exigente na defesa de uma concepção ética coletivista, sobretudo ao tratar de música, considerada por ele a mais socializadora das formas artísticas. Aliava a isso um ideal de contenção formal e uma proposta construtiva, que foi explorada por diversas vertentes da poesia e da arte brasileiras. Ao mesmo tempo, levou em consideração a complexa e tensa relação entre forças poderosas e antitéticas. Por esse motivo, na sua obra de crítico e historiador da literatura, de estudioso do populário nacional e, mais ainda, na sua própria poesia, sentiu a enorme dificuldade de conciliar essas tendências opostas. O resultado foi a intensificação da carga dramática da sua obra, especialmente da poesia, até o momento final da composição de "A meditação sobre o Tietê", de 1945, a mais bem-sucedida transposição literária de seus conflitos.

Alguns escritos da década de 1930 são especialmente significativos para comentar esse contato com elementos em confronto. Os estudos sobre a poesia romântica, com foco no paulista Álvares de Azevedo, aqueles que abordam o tema do recalque da figura da mulher na literatura popular, chamado de sequestro pelo escritor, assim como sua produção poética coligida nos livros *A costela do grã cão*, *Livro azul* e *Carro da miséria* foram alguns deles.

Em 1931, celebrou-se o centenário do poeta romântico Álvares de Azevedo. Mário de Andrade o homenageou ocupando-se da sua obra e da sua personalidade. Esta foi também a ocasião para apresentar sua posição sobre a poesia romântica em geral, já que seus escritos abordam Gonçalves Dias, Fagundes Varela, Casimiro de Abreu e Castro Alves. O escritor tinha projetado escrever um livro sobre o romantismo, anunciado em carta de 1925 a Manuel Bandeira.[3] É possível que o material pesquisado tenha sido utilizado nos escritos de 1931. As três crônicas de título "Álvares de Azevedo" apareceram no *Diário Nacional*, em agosto; o artigo "Amor e medo" foi redigido para o terceiro número da *Revista Nova*, que saiu em setembro. O texto foi revisto e publicado em livro em 1935, e mais tarde incluído em *Aspectos da literatura brasileira*.[4]

Dois temas interessaram Mário de Andrade nesses estudos. Um deles foi o aristocratismo dos poetas românticos, sobretudo de Álvares de Azevedo. Mário de Andrade afirmou sobre o romântico, numa daquelas sínteses geniais comuns em seus textos críticos:

> É o inútil por excelência; é o revoltado por excelência; é o excepcional por excelência. Tudo isso o superioriza sobre nós, num parasitismo por tal forma isolado e sangue-azul, que a gente não pode sentir por ele aquela complacência sempre despreziva que inda outorgamos a aristocratas bem pensantes e tradicionalistas que nem Joaquim Nabuco, ou à

---
3   MORAES, Marcos Antonio de (org.). *Correspondência: Mário de Andrade & Manuel Bandeira*, p. 210.
4   ANDRADE, Mário de. "O Aleijadinho e *Álvares* de Azevedo". Rio de Janeiro: *Revista Acadêmica*, 1935. *Aspectos da literatura brasileira* é o volume X de *Obras completas*, Livraria Martins Editora.

burguesia modesta, quase vã, de certos pobrinhos graciosos e normalmente esquecíveis, como é o caso dum Casimiro de Abreu. Álvares de Azevedo não, vivia na grimpas. O que nos outros se acomoda numa entrecor burguesa, se concretiza nele numa fúria brilhante de aristocrata.[5]

O comentário, além de pertinente do ponto de vista crítico, revela as preocupações do escritor com a situação da sua própria época socialmente conturbada. Ele reconhecia que no momento em que escrevia, na década de 1930, com "as voltas sociais que o tempo dá", a figura de Álvares de Azevedo se tornara "bem odiosa".[6]

O assunto do artigo "Amor e medo" é o recalque da sexualidade. O estudo sobre os poetas românticos destacou seu constante pânico com o insucesso sexual e, inclusive, sua opção por abrir mão da vida amorosa, ao santificar ou demonizar a figura da mulher. As considerações de Mário sobre o recalque da sexualidade, chamado por ele de sequestro, desde o comentário de 1931 sobre a poesia de Carlos Drummond em *Revista Nova*, têm importância enorme, pois lançam luz sobre sua concepção antropológica, na qual o homem se acha dividido entre forças em conflito; sobre seu projeto para o Brasil, visto sempre partido em segmentos antagônicos; também sobre os versos mais bem-sucedidos que escreveu e sobre sua personalidade dotada de bivitalidade.

A preocupação com o recalque da sexualidade reapareceu nos estudos que resultaram no artigo "A dona ausente", cuja primeira versão é de 1936. Ela foi aproveitada em uma conferência em Belo Horizonte, em 1939, e finalmente, em um artigo na revista *Atlântico*, uma publicação dos serviços de propaganda das ditaduras de Getúlio Vargas e do português António Salazar (do Secretariado da Propaganda Nacional, de Lisboa, e do Departamento de Imprensa e Propaganda, DIP, no Rio de Janeiro), em 1943, em que colaboraram destacadas figuras da época. Em entrevista do ano seguinte, para a revista *Diretrizes*, "Acusa Mário de Andrade: Todos são responsáveis", o escritor declarou seu amargo arrependimento por essa colaboração.[7]

A conferência trata do cancioneiro popular brasileiro e destaca a recorrente confissão de frustração motivada pela ausência física

---

5 ANDRADE, Mário de. *Táxi e crônicas do Diário Nacional*, p. 425.
6 Ibidem, p. 425.
7 ANDRADE, Mário de. *Entrevistas e depoimentos*, p. 104.

da mulher, desde os tempos coloniais. Em sua pesquisa, Mário de Andrade utilizou uma quantidade enorme de documentos e se deu conta de que estava tocando em um componente formador da mentalidade nacional.

O assunto tinha sido abordado anteriormente por Gilberto Freyre, nas primeiras páginas de *Casa-grande & senzala* (1933), lido e anotado por Mário de Andrade. As relações entre os dois escritores nunca foram cordiais, apesar da intermediação de Manuel Bandeira, amigo comum, nem mesmo durante a viagem de Mário ao Nordeste, no final de 1928. As referências de um ao outro são escassas, destacando-se apenas um pedido de artigo do paulista ao pernambucano. Apesar das divergências, observa-se que os dois compuseram retratos do Brasil, em vários aspectos, muito próximos. Ambos defenderam propostas de inclusão da diversidade tanto racial quanto cultural na formação brasileira. É muito significativo que os dois tenham reconstituído a história do país com o propósito de lançar para o presente o desafio da incorporação na vida nacional de traços considerados obscuros, instintivos, telúricos, em geral repudiados. Entre os aspectos singulares da vida brasileira está a forte sexualidade, qualificada por Gilberto Freyre de intoxicante. O sociólogo frisou esse aspecto em *Casa-grande & senzala* e Mário de Andrade fez o mesmo, ao tratar do tema do sequestro amoroso no nosso popular. Gilberto Freyre, tardiamente, reconheceu em Mário de Andrade uma comunhão de interesses, em nota de uma edição do seu livro.[8]

No caso de Mário de Andrade, a incorporação desses elementos instintivos e obscuros nunca foi tranquila, nem em sua obra nem em sua vida pessoal. As tensões geradas marcaram os poemas dos primeiros anos da década de 1930, de *A costela do grã cão* e do *Livro azul*, publicados apenas em 1941, em *Poesias*.

A costela do grã cão e *Livro azul* expressam sentimentos muito diferentes. Enquanto o primeiro é terrivelmente sombrio e violento, o segundo é suave e elevado. Entretanto, lidam com os mesmos elementos, vistos de forma contrastante. Nos dois casos comparece a ameaça da dissolução da identidade do poeta provocada por diversas experiências, desde o enlevo amoroso até o ódio mais intenso. De novo está presente a oposição entre, de um lado, a consciência, a vontade

---

8   FREYRE, Gilberto. *Casa-grande & senzala*. Rio de Janeiro: José Olympio, 1983, p. 167.

ou qualquer outra tendência construtiva e, de outro, a dimensão instintiva, associada à destruição e à dispersão.

  A costela do grã cão traz poemas de quatro períodos: dos anos 1920, de outubro de 1933 (o impressionante "Grã cão do outubro") e de 1937 e da sofrida temporada no Rio de Janeiro, a partir de 1938. Em todos, de algum modo, nota-se o tema da perda da identidade, seja na experiência amorosa, na maior parte das vezes, seja no estranhamento e na transfiguração da paisagem urbana, como já acontecia em *Pauliceia desvairada*. A quebra da vontade aparece em "Momento", na repetição: "A gente escapa da vontade". "Toada" trata diretamente da dispersão do ego no contexto que o poeta chamou de "outro lado da cidade". Mário de Andrade confessou que "Grã cão do outubro" foi composto em um dos piores momentos de sua vida. Afirmou, em depoimento da década de 1940, que os poemas foram concebidos com um grande sentimento de culpa pela entrega completa à devassidão, em outubro de 1933, ao completar quarenta anos.[9] Em alguns poemas o apelo sexual é caótico e tem o poder de submeter o autor:

> *Me beija! Me sufoca nos teus braços!*
> *Que eu só desejo ser vencido logo*
> *Para te perfurar com a cadência do dia e da noite*
> *E sermos anulados numa paz sem colisão.*[10]

Livro azul, escrito em 1931, começa com "Rito do irmão pequeno", dedicado a Manuel Bandeira. É dos mais belos e delicados poemas de Mário de Andrade. Verdadeiro hino à amizade, que, apesar da referência à dor e à morte, é composto em tom de grande alegria. Nele, o elemento primitivo e dissolvente é identificado a uma enorme preguiça, um tópico presente na poética do escritor desde *Macunaíma*. O poema incorpora lembranças da viagem amazônica de 1927, e retrata um ambiente mágico e exuberante. Tudo concorre para alcançar a "exatidão misteriosíssima do ser" – expressão que define seu propósito central. A oposição entre o mundo do trabalho e o das "boas horas sem razão" é sublinhada, mas não propriamente supe-

---

9   ANDRADE, Mário de. *Poesias completas* (vol. 2), 2013, p. 34-5.
10 ANDRADE, Mário de. *Poesias completas* (vol. 1), p. 432.

rada. Não se trata, por exemplo, de abandonar os benefícios da vida moderna. O poeta afirma:

você... ôh você, irmão pequeno, vai atingir o telefone, os gestos dos aviões,
O norte-americano, o inglês, o arranha-céu!...

Recusa o progresso como um critério para a vida, bem como as "felicidades parvas do homem" e rechaça "esses deuses desejosos de futuro" e a "punição europeia dos pecados originais". Pode então conclamar:

Matemos a hora que assim mataremos a terra e com ela
Estas sombras de sumaúmas e violentos baobás,
Monstros que não são daqui e irão se arretirando.
Matemos a hora que assim mataremos as sombras sinistras,
Esta ambição de morte, que nos puxa, que nos chupa,
Guia da noite,
Guiando a noite que canta de uiara no fundo do rio.

Por fim, é feito o convite para ingressar em um estado de extrema felicidade, a ser vivido em uma atmosfera tépida e aconchegante:

Venha comigo. Por detrás das árvores, sobrado dos igapós,
Tem um laguinho fundo onde nem medra o grito do cacauê...
Junto à tocaia espinhenta das largas vitórias-régias,
Boiam os paus imóveis, alcatifados de musgo úmido, com calor...[11]

"Rito do irmão pequeno" ocupa um lugar especial entre os poemas de Mário de Andrade, e se destaca em um conjunto de escritos que tratam de vivências que agregam, em um só momento, inteligência e lirismo, precisão de ideias e mistério. Isso ocorre quando não há nem submissão da lírica à inteligência nem sacrifício da crítica à pressão dos instintos.

Isto era tudo o que Mário de Andrade perseguia: o ponto de equilíbrio de forças em oposição, em esferas tão distintas como a concepção

---

11 Ibidem, p. 455.

ética da vida humana, o retrato do Brasil, a literatura e as iniciativas na vida pública. O escritor foi bem-sucedido nesse intento em quase toda sua obra poética ("Rito do irmão pequeno" e "A meditação sobre o Tietê" são os melhores exemplos), e também em muitos textos de ficção (em *Macunaíma* e diversos contos), mesmo à custa de enorme tensão. Na obra ensaística, como em *Ensaio sobre música brasileira* e em muitas passagens dos artigos e ensaios o equilíbrio não é alcançado: os princípios impõem-se tão fortemente que chegam a anular a espontaneidade e as manifestações de lirismo.

"ACEITARÁS O AMOR COMO EU O ENCARO?"

Antes de publicar *Poesias*, em 1941, que incluía a produção poética dos anos anteriores, Mário de Andrade mostrou o livro para alguns amigos: Manuel Bandeira, naturalmente, Prudente de Moraes, neto, Oneyda Alvarenga e Luis Saia. O próprio Mário de Andrade relatou que os dois primeiros o aconselharam a não publicar alguns poemas de "Grã cão de outubro". Acharam algumas passagens muito íntimas e preferiam não ver o amigo exposto publicamente. No entanto, Mário não cedeu. Argumentou que, se os amigos concordavam com a publicação de outros poemas igualmente confessionais do mesmo livro (*A costela do grã cão*), como "Canto do mal de amor", que descreve uma noite de frustração sexual, e "Reconhecimento de Nêmesis", com as lembranças da infância, não via motivos para eliminar o que chamou de o "reconhecimento do... grã cão".[12]

Mário de Andrade sabia que os poemas tinham uma violência brutal, associada à sua vivência da sexualidade. Relacionou sua elaboração ao que chamou de visita do Demônio do Meio-Dia, no momento em que fez quarenta anos, em 9 de outubro de 1933. Como reação à data, entregou-se à revolta, ao sexo, às drogas e ao álcool. Suas experiências eróticas adquiriram uma força destrutiva.

---

12   ANDRADE, Mário de. *Poesias completas* (vol. 2), 2013, p. 36.

Os poemas de "Grã cão de outubro" mostram que Mário de Andrade conheceu de perto os componentes destrutivos e violentos do erotismo. Ao mesmo tempo se recriminava, talvez devido à sua formação católica, e confessava o forte sentimento de culpa por ter sido tomado por essa forma de paixão. Na verdade, pouco se sabe da vida amorosa de Mário. Ele próprio pouco informou sobre o assunto, salvo em cartas a Manuel Bandeira, em que mencionou o encontro com algumas mulheres. Muita coisa deve ter sido cortada no conjunto da correspondência, a seu pedido ou por iniciativa dos amigos. Também os que o conheceram foram, quase todos, extremamente discretos e, a pretexto de proteger sua intimidade, criaram uma aura de mistério em torno do assunto. Como todo mundo, Mário de Andrade deve ter amado, sofrido; recebeu propostas que recusou, como a de Anita Malfatti. Em carta a Oneyda Alvarenga, externou sua concordância com Paulo Prado, que tinha se referido à sua "monstruosa sensualidade".[13] Discorreu longamente sobre o assunto, para concluir que era dotado de uma espécie de pansensualidade, mantida sob vigilância quase o tempo todo.

Solteiro, viveu com a mãe, a tia, com a irmã, Maria de Lourdes, até o casamento dela, em 1936, e, ocasionalmente, com parentes. Pelo que contam os amigos, era reservado em público, mas entre os mais próximos dava sonoras gargalhadas, e sempre foi muito efusivo na própria casa. Tinha apuro no vestir, até com certo exagero, e desenhava ele próprio algumas roupas, como os robes de chambre que aparecem em algumas fotos; usava colônia, lenço com perfume francês e pó de arroz; não era um homem bonito, mas todos relataram a força da sua presença. Seus traços mulatos tinham a ver com as duas avós, Ana Francisca, do lado materno, e Manoela Augusta, do paterno. Ana Francisca foi casada formalmente com Joaquim, e Manoela, abandonada pelo amante, o pernambucano Pedro Veloso, avô paterno de Mário.

Costuma-se tomar o poema "Girassol da madrugada", de 1931, como um depoimento biográfico no qual o poeta confessava ter tido quatro amores. O poema dedicado a R.G., cuja identidade ficou guardada em duas cartas a amigos, e que nem se pode dizer se é homem ou mulher, relata uma noite de amor. Os quatro "amores eternos" teriam

---

13 ALVARENGA, Oneyda (org.). *Cartas: Mário de Andrade e Oneyda Alvarenga*, p. 43.

sido: o primeiro, uma moça donzela; o segundo, "eclipse, boi que fala, cataclisma"; o terceiro, uma rica senhora; e o quarto, a pessoa a quem o poema é dedicado. Os que pretenderam ver nos versos os dados de uma biografia ficaram sabendo que a rica senhora foi Carolina da Silva Teles, filha de dona Olívia Penteado. No entanto, ela própria só soube desse amor no dia do enterro do poeta, por meio de um relato de Tarsila do Amaral. Também se cogita que nenhum desses amores tenha sido de fato consumado.

Um verdadeiro tabu cerca a homossexualidade do poeta. A preocupação com o assunto ganhou tanta importância que existe a impressão errônea de que ela é o elemento central da sua biografia. Aliás, é curioso que a homossexualidade ganhe tanto relevo em muitas biografias, como se fosse alguma forma bizarra de experiência. Houve outros escritores homossexuais ou bissexuais e o tema da homossexualidade apareceu em diversos momentos da nossa literatura. No caso de Mário, o mistério sobre o assunto, mesmo depois da publicação do livro de Moacir Werneck de Castro, que o abordou diretamente, alimentou todo tipo de especulação, inclusive preconceituosa.[14]

Alguns poetas da geração modernista trataram da homossexualidade. Jorge de Lima escreveu o belíssimo soneto "Sodoma e Gomorra", de *Invenção de Orfeu*, que descreve a morte do belo pastor, de cílios alongados, irmão gêmeo de Apolo trimagista, que dançou em Gomorras incendiadas e que, por fim, é instado a dormir: "Deita-te, menino."[15] Drummond, mesmo com todo o conservadorismo que lhe é atribuído, descreveu o rapto de Ganimedes por Júpiter, disfarçado em águia, em "Rapto", de *Claro enigma*. O poema termina com os versos:

baixemos nossos olhos ao desígnio
da natureza ambígua e reticente:
ela tece, dobrando-lhe o amargor,
outra forma de amor no acerbo amor.

---

14 Cf. CASTRO, Moacir Werneck. *Mário de Andrade:* exílio no Rio. O escritor e jornalista, valendo-se do seu contato com Mário de Andrade, abordou pela primeira vez, em um capítulo – "O sublime inferno" – aspectos da vida privada do poeta. O livro provocou polêmica na época em que foi lançado, 1989.
15 LIMA, Jorge de. *Invenção de Orfeu*. Rio: José Aguilar, 1974, p. 75. ANDRADE, Carlos Drummond de. "Rapto", *Reunião*, vol. I. Rio de Janeiro: José Olympio, 1983, p. 266.

Há algo de solene no tratamento do tema pelos dois grandes poetas, o que contrasta fortemente com os escritos de Mário de Andrade.

A primeira passagem em que Mário de Andrade mencionou a temática homossexual se encontra em "Carnaval carioca", de 1923. É um poema longo, complexo e emocionado, feito sob o impacto da festa orgíaca carioca. Nele, o escritor descreve a figura de um travesti fantasiado de baiana, uma cena comum nas ruas da cidade durante o período carnavalesco. O poema faz um relato que revela proximidade com o personagem, como na descrição do seu pequeno quarto no bairro da Gamboa, com

uma cama curta por demais,
Espelho mentiroso de mascate
E no cabide roupas lustrosas demais.[16]

A obra mais destacada no tratamento do amor entre homens é o conto "Frederico Paciência", escrito ao longo de quase vinte anos, publicado em *Contos novos*. É dos melhores contos do livro e serviu de inspiração para outros escritores que exploraram o assunto. O conto narra a história dos jovens Juca e Rico, cuja grande amizade, na escola, deriva para a mútua atração, que nunca se realiza completamente. Mário de Andrade faz a denúncia da hipocrisia e do moralismo da época, a que os dois personagens terminam por sucumbir. O final da história conta a despedida dos dois rapazes, muito sentida, depois o afastamento, e, em seguida, o alívio do narrador, o próprio Juca, de nunca mais ter que encarar um perigoso reencontro. "Foi um fim bruto" – revela o narrador, e a imagem do amigo foi "se afastando, se afastando, até se fixar no que deixo aqui".[17]

Há ainda a passagem muito bem-humorada que relata uma cena da vida de Álvares de Azevedo que não trata especificamente da homossexualidade, mas dos equívocos da identidade sexual. Em 1935, Mário de Andrade publicou o importante estudo sobre os poetas românticos, "Amor e medo",[18] dando maior destaque à figura de Álvares de Azevedo. Assim como o modernista, o jovem romântico teve uma educação "excessivamente entre saias, o que já é prejudicial

---

16 ANDRADE, Mário de. *Poesias completas*, p. 211.
17 ANDRADE, Mário de. *Contos novos*, p. 89.
18 Incluído em *Aspectos da literatura brasileira*.

pro desenvolvimento masculino dos rapazes", segundo Mário. Em seguida, o texto comenta o episódio narrado em um livro da época em que o poeta viveu. Em um baile de Carnaval de 1851, Álvares de Azevedo apresentou-se fantasiado de mulher, o que chegou a intrigar um ministro europeu aqui acreditado e pretendente à mão de uma de suas irmãs. Nesse baile o ministro apaixonou-se pela mascarada e, crendo-a dama de costumes fáceis, proporcionou-lhe belíssima ceia, à espera de maiores favores. Álvares de Azevedo continuou representando o papel feminino até que, alta madrugada, os dois a sós, o mistério foi surpreendentemente desvendado.

Mário de Andrade experimentou a atração sexual, seja por mulheres ou por homens, da mesma forma como viveu tantas outras dimensões da vida: dividido entre forças em oposição. Em todas as situações, na vida privada, em seus escritos, nos vários projetos a que se dedicou, teve que lidar com a tensão resultante do conflito entre a "vida de cima" e a "vida de baixo". Certamente, isso foi motivo de enorme desconforto, mas também deve ter servido como estímulo para tantas realizações.

Os meses que se seguiram ao aniversário de quarenta anos foram de muita amargura. Mesmo com a publicação de *Música, doce música* e de estudos que comporiam, mais tarde, *Danças dramáticas no Brasil*, Mário duvidava do valor da sua vocação de artista. Notava que sua obra não condizia mais com os tempos de forte radicalização política. Em avaliação feita mais tarde, declarou que naqueles meses quase se convertera ao comunismo, o que significaria o sacrifício da própria individualidade.[19] Em 1935, o convite para ser diretor do Departamento de Cultura foi uma salvação.

---

19   ANTELO, Raul (org.). *Mário de Andrade: cartas a Murilo Miranda*, p. 34-42. Cf. ANDRADE, Mário de. "Dossiê". In: *Poesias completas*, p. 86.

Mário em seu estúdio, no andar superior
da casa da rua Lopes Chaves, 1935.

Mário (primeiro à esquerda) com o prefeito Fábio Prado (à direita com chapéu na mão), na cerimônia de inauguração da exposição de iconografia musical, 1937.

CAPÍTULO 6

VIDA E MORTE DO DEPARTAMENTO DE CULTURA
1935-1938

Em 1934, a situação política do país passava por uma fase de distensão. O Congresso votou uma nova Constituição, a anistia foi concedida às oposições, inclusive aos revoltosos de 1932, e um paulista e civil – Armando de Sales Oliveira – passou a ocupar o governo de São Paulo. Mário de Andrade tinha amigos no novo grupo no poder: antigos militantes do Partido Democrático, como Paulo Duarte, que teria um papel decisivo na sua vida, nos anos seguintes.

Ainda como interventor, Armando de Sales Oliveira indicou para a prefeitura da cidade de São Paulo Fábio Prado, de ilustre família tradicional, que mantinha relações com o grupo modernista. O prefeito tinha casado com a filha de um rico imigrante italiano, efetivando assim a aliança entre os antigos donos do poder e a nova burguesia industrial. São Paulo, por essa época, adquiria o perfil de uma cidade moderna, simbolizado na conclusão das obras do Edifício Martinelli, iniciadas em 1926. O casario do antigo centro, na avenida São João, dava lugar ao prédio mais alto da América Latina.

Duas importantes iniciativas se destacaram nesse momento: a criação da Universidade de São Paulo, por Armando de Sales Oliveira, a partir de uma campanha liderada por Júlio de Mesquita Filho, diretor do jornal *O Estado de S. Paulo*, e do Departamento de Cultura da Prefeitura de São Paulo, pelo prefeito Fábio Prado, a partir da proposta de um grupo que tinha à frente Paulo Duarte. A ideia foi apresentada por este ao prefeito, já com a indicação do nome de Mário de Andrade como diretor, em 1935. Em um primeiro momento, o escritor hesitou; em seguida, assumiu o trabalho com entusiasmo.

Mário de Andrade afirmou em carta ao jovem amigo Murilo Miranda[1] que a ida para a direção do Departamento teve um significado salvador em sua vida. Ao menos provisoriamente, sentiu justificado seu trabalho e viu um sentido para sua vida. Explicou: "O Departamento vinha me tirar do impasse asfixiante, ao mesmo tempo que dava ao escritor suicidado uma continuidade objetiva à sua 'arte de ação' pela arte. Ia agir. Me embebedar de ações, de iniciativas, de trabalhos objetivos, de luta pela cultura."[2] A ideia de "escritor suicidado" tinha a ver com a descrença na possibilidade de realizar uma obra que tivesse por motivação apenas uma ambição individual. Um critério utilitário deveria substituir conceitos individualistas ultrapassados. Isso não significava, no entanto, a defesa de uma arte de combate, como pregavam, por exemplo, os comunistas. Para o escritor, o envolvimento do artista com as questões sociais dependia de procedimentos adotados no seu próprio trabalho. A arte já possuiria, em si mesma, uma dimensão social. Na já mencionada oração de paraninfo da turma de 1935, no Conservatório Dramático e Musical, disse ter aceitado o convite por entender que o cargo era uma missão, na qual sacrificaria os interesses pessoais em benefício de uma "coletividade monstruosa, insaciável, imperativa, que eu não domino, por ser dela apenas uma parte menoríssima."[3]

A criação do Departamento de Cultura da Prefeitura de São Paulo era parte de um plano bem mais ambicioso. Ele deveria ser ampliado em um órgão estadual e, posteriormente, no caso da vitória de Armando de Sales Oliveira para a presidência da República, se transformaria em um departamento nacional, com sede na capital federal: o Instituto Brasileiro de Cultura. Na inauguração do Departamento, o prefeito justificou sua criação com argumentos políticos. Numa época marcada por fortes antagonismos e pela incompreensão, só a cultura seria "capaz de fazer calar o ruído sem

---

1 Murilo Miranda (1912-71) fez parte do grupo de estudantes da Faculdade de Direito do Rio de Janeiro que criou a *Revista Acadêmica*. Foi o mais próximo amigo de Mário de Andrade no período do Rio.
2 ANTELO, Raul (org.). *Mário de Andrade: cartas a Murilo Miranda*, p. 39.
3 ANDRADE, Mário de. *Aspectos da música brasileira*, p. 236.

harmonia e iluminar outra vez as consciências".⁴ O propósito de estender as atividades para além dos limites estaduais revelou-se no apoio às pesquisas organizadas pelos antropólogos franceses Claude Lévi-Strauss e sua mulher Dina Dreyfus, em Mato Grosso, e à expedição chefiada por Luis Saia, ao Nordeste, para colher material folclórico, em fevereiro de 1938.

O Departamento funcionava no Palacete Trocadero, atrás do Teatro Municipal, no centro de São Paulo, em um prédio que tinha sido do São Paulo Futebol Clube, servira para os bailes do Sociedade Pró-Arte Moderna (SPAM) – um sucesso social do início da década de 1930 –, e como sede da Câmara Municipal. Seu estilo eclético certamente não correspondia aos padrões defendidos pelos modernistas.

O caráter inovador da instituição não fica tão evidente na legislação que o criou. Seus objetivos eram estimular o desenvolvimento da arte, da educação e da cultura; promover espetáculos de arte; incentivar a extensão da cultura e organizar cursos populares de formação literária e científica; criar bibliotecas e parques infantis; fiscalizar as atividades de divertimento público (uma certa forma de censura) e cuidar do patrimônio histórico da cidade.⁵

O Departamento foi organizado em cinco divisões: Expansão Cultural, Bibliotecas, Educação e Recreio, Documentação Histórica e Social e Turismo e Divertimentos Públicos. A direção geral e a chefia da seção de Expansão Cultural ficaram sob a responsabilidade de Mário de Andrade, Rubens Borba de Moraes chefiava o setor de bibliotecas e Sérgio Milliet, o de documentação. Os dois eram companheiros de Mário desde os primeiros anos do Modernismo. A seção de Educação e Recreio foi entregue a Nicanor Miranda e a de Turismo e Divertimentos Públicos, a Nino Gallo. Foi também muito importante a atuação de Oneyda Alvarenga, antiga aluna do Conservatório, à frente da Discoteca Pública Municipal.

As realizações do Departamento foram muitas: a formação de uma orquestra sinfônica, a montagem de exposições públicas, gravações de manifestações culturais populares, criação de bibliotecas itinerantes que funcionavam em pequenos caminhões, de parques infantis, de uma escola de biblioteconomia, realização de concursos de monografias sobre figuras

---

4   Cit. em BARBATO JR., Roberto. *Missionários de uma utopia nacional-popular*. São Paulo: Fapesp/Annablume, 2004, p. 105
5   Cf. BARBATO JR., Roberto. *Missionários de uma utopia nacional-popular*. CALIL, Carlos Augusto. *Mário de Andrade – Diretor do Departamento de Cultura de São Paulo*. São Paulo: Imprensa Oficial, 2003.

importantes da história de São Paulo. No discurso aos formandos do Conservatório de 1935, já empossado no cargo de diretor, Mário de Andrade noticiou a formação da orquestra sinfônica, de um trio "de primeira ordem", de um quarteto, de um coral, de um agrupamento madrigalístico, e até a compra de um piano de concerto, que não havia na cidade.

Em 1937, o Departamento patrocinou o Congresso da Língua Nacional Cantada, com o intuito de estabelecer uma pronúncia-padrão para o canto e a interpretação teatral em geral, a ser usada em todo o país. Mário de Andrade argumentava que os músicos e intérpretes não davam atenção à nacionalização do modo de cantar brasileiro e não reconheciam um princípio fonético de interpretação. O canto soava artificial, sem nenhuma correspondência com o português falado. Além disso, era preciso reagir à influência negativa do *bel canto* italiano, sobretudo em São Paulo, com a forte presença da população de origem italiana. Um número expressivo de participantes (mais de cem) – músicos, professores, filólogos e musicólogos – reuniu-se de 7 a 14 de julho no Teatro Municipal paulista. Os poetas Manuel Bandeira e Cecília Meireles e o filólogo Antenor Nascentes estavam entre eles. Manuel Bandeira colaborou, do Rio, nos primeiros meses do ano, nos preparativos do evento, e convidou os participantes que moravam na capital da República. Mário de Andrade escreveu três trabalhos para o congresso. Em nome do Departamento, apresentou o anteprojeto das normas de pronúncia, para ser apreciado pelo plenário. Uma delas estabelecia que a pronúncia carioca seria adotada como padrão para todo o Brasil. Também redigiu os trabalhos "Os compositores e a língua nacional" e "A pronúncia cantada e o problema do nasal, pelos discos".[6]

Outra iniciativa do Departamento foi a fundação do Clube de Etnografia, que tinha um caráter ainda informal, e, depois, da Sociedade de Etnografia e Folclore, em 1937, ambos decorrentes do curso de extensão de etnografia oferecido pela professora Dina Dreyfus, em 1936, que teve grande procura. A Sociedade de Etnografia convivia, no Departamento de Cultura, com a Sociedade de Sociologia, e as duas abrigaram pesquisadores brasileiros e estrangeiros, como alguns professores franceses que participaram da consolidação da Universidade de São Paulo: Claude Lévi-Strauss, Paul Arbousse-Bastide e Pierre Monbeig. Foi publicado um boletim, editado por Dina Dreyfus, com sete números, com o objetivo de fornecer informações úteis na coleta de material para pesquisa folclórica. A organização da Missão de

---

6   Os dois textos foram incluídos em *Aspectos da música brasileira*.

Pesquisas Folclóricas ao Nordeste, chefiada por Luis Saia, que fez um impressionante registro de manifestações culturais populares e da arquitetura no Nordeste e no Norte, teve relação com o trabalho da Sociedade.[7] Mário de Andrade deu também novo impulso à *Revista do Arquivo Municipal*. Seu importante estudo, talvez o mais prestigiado de todos que escreveu na área de etnografia, "O samba rural paulista", foi escrito para a revista.[8]

Nada disso teria importância sem a implementação de medidas para assegurar a expansão cultural, que foi o propósito principal do Departamento. Para Mário de Andrade, o Departamento e a seção de expansão cultural visavam não apenas a viabilizar o acesso de todos à cultura. Isso de fato contava muito, mas cobria apenas um dos eixos do programa: a difusão da cultura erudita. Mário de Andrade realizava na prática o que tinha proposto no discurso de paraninfo do Conservatório: a formação de uma cultura musical, a ser espalhada por professores em todo o país, era mais importante que o cultivo de qualquer virtuosismo.

Expandir culturalmente significava também pôr os artistas eruditos em contato com a produção popular. Tratava-se de um movimento em duas direções: a primeira garantia o acesso da população em geral à cultura erudita; a segunda impregnava de conteúdo popular o trabalho do artista e do escritor. Na segunda metade dos anos 1920, esta segunda direção tinha sido a chave da nacionalização da produção artística. Nos anos 1930, ao ganhar destaque o tema da arte social, a mesma chave passou a assegurar o compromisso do artista e do intelectual com a coletividade.

Mário de Andrade resumiu o conceito de expansão cultural em carta de apoio a Paulo Duarte, no momento em que este movia uma campanha de preservação do patrimônio histórico, no jornal *O Estado de S. Paulo*:

> Num país como o nosso, em que a cultura infelizmente ainda não é uma necessidade quotidiana de ser, está se aguçando com violência dolorosa o contraste entre uma pequena elite que realmente se cultiva e um povo abichornado em seu rude corpo. Há que forçar um maior entendimento mútuo,

---

7   CALIL, Carlos Augusto Machado. *Missão de pesquisas folclóricas: cadernetas de campo*. São Paulo: Centro Cultural São Paulo, 2010.
8   Cf. VALETINI, Luísa. *Um laboratório de antropologia: o encontro de Mário de Andrade, Dina Dreyfus e Claude Lévi-Strauss (1935-1938)*. São Paulo: Alameda, 2013. *Mário de Andrade e a Sociedade de Etnografia e Folclore – 1936-1939*. Rio de Janeiro: Funarte, 1983.

um maior nivelamento geral de cultura que, sem destruir a elite, a torne mais acessível a todos, e em consequência lhe dê uma validade verdadeiramente funcional. Está claro, pois, que o nivelamento não poderá consistir em cortar o tope ensolarado das elites, mas em provocar com atividade o erguimento das partes que estão na sombra, pondo-as em condição de receber mais luz. Tarefa que compete aos governos.[9]

Com o golpe de novembro de 1937, que instaurou o Estado Novo, Adhemar de Barros foi indicado interventor no estado de São Paulo e Prestes Maia substituiu Fábio Prado na prefeitura. Certamente a cultura não era uma prioridade para o novo prefeito, muito mais interessado em abrir grandes avenidas e concentrar esforços e verbas na reforma urbanística da cidade. Mário de Andrade foi imediatamente afastado da direção do Departamento, tendo sido levantada contra ele a suspeita nunca comprovada de má gestão das verbas da instituição. Ocupou seu lugar o advogado Francisco Pati, que continuou no cargo por 35 anos. Nos primeiros meses de 1938, Mário de Andrade ainda permaneceu à frente da Divisão de Expansão Cultural. Em janeiro, os planos da Divisão não eram poucos: organizar a Missão de Pesquisas Folclóricas ao Nordeste; criar um novo gênero de grandes festivais teatrais; construiu um salão de artes plásticas; fazer uma exposição da obra do pintor Almeida Júnior, no primeiro andar do Viaduto do Chá, sobre o vale do Anhangabaú; construir a Casa de Cultura Operária; formar uma missão de etnografia para estudar os índios de Mato Grosso, com a participação de Lévi-Strauss, e fazer pesquisas sobre a culinária popular.[10]

Nos meses seguintes, o escritor viu que seus projetos começaram a ser desmontados. Foi tomado por forte desânimo. Declarou a Rodrigo Mello Franco de Andrade que "as desilusões têm sido penosas, companheiro, e os sofrimentos".[11] Achava que, àquela altura, a estrutura do Departamento ainda estava preservada, mas quando viu ameaçada a Discoteca Pública, entregou os pontos, tomou a decisão de desligar-se por completo e partir para a capital federal.

---

9   DUARTE, Paulo. *Mário de Andrade por ele mesmo*, p. 152-53.
10   FROTA, Lélia Coelho (org.). *Mário de Andrade: cartas de trabalho – Correspondência com Rodrigo Mello Franco de Andrade*. Lélia Coelho Frota (org.). Rio de Janeiro/Brasília: MEC/SPHAN – Pró-Memória, 1981, p. 129.
11   Idem.

A experiência do Departamento de Cultura teve importância central na trajetória de Mário de Andrade e na história do Modernismo brasileiro. Foi, além disso, a expressão mais eloquente de determinada concepção da cultura brasileira e do papel atribuído à reforma cultural na formação do país. Tudo isso tinha a ver com uma visão da vida brasileira que se inseria em um debate político-ideológico muito abrangente, de que participaram diversos protagonistas e que se estendeu por toda a década de 1930.

O ano de 1930 marcou uma virada na história política do país, pondo em cena novas expectativas. A revolução apoiada por Mário de Andrade teve o sentido de uma ruptura com a velha ordem, ainda que posteriormente alguns de seus representantes tivessem aderido ao novo regime. O Brasil alterava, pela primeira vez em várias décadas, seu mapa político, já que o poder passou a não depender mais apenas dos proprietários rurais e outros atores entraram em cena, inclusive a classe média das cidades. Do ponto de vista da economia, uma nova força industrial se firmava. Também no aspecto social, as cidades se desenvolviam e se diversificavam com o afluxo de imigrantes internos e externos. A educação e a cultura expandiam-se relativamente, com as reformas que começaram a ser implantadas no final dos anos 1920. O acirramento do debate político e ideológico era reflexo do que se passava externamente e apresentava também traços locais. As soluções políticas autoritárias ganharam força, em sentido geral, e não apenas o fascismo e o comunismo. O governo central procurava manter a distância e sob controle tanto comunistas quanto integralistas; já o pensamento político liberal era pouco prestigiado.

Nesse ambiente, o projeto de Mário de Andrade levou em conta a necessidade de integrar ao corpo da nação seus múltiplos componentes: eruditos e populares, urbanos e rurais, tradicionais e modernos, autóctones e alienígenas. O programa de Mário era essencialmente antiautoritário. Por este motivo, foi derrotado e descartado com a instauração do Estado Novo, quando forças autoritárias muito mais poderosas se firmaram.

Com a consolidação da ditadura em 1937, a solução autoritária impôs-se de forma definitiva. O governo adotou uma política centralizadora ao extremo, conseguiu o apoio das camadas populares, recorrendo à melhoria da legislação trabalhista, a autonomia dos estados foi enfraquecida e os opositores foram duramente reprimidos. Na educação e na cultura o viés centralizador foi predominante. Fixou-se um modelo de universidade na Universidade do Brasil, com sede no Rio de Janeiro, responsável pela formação das elites e a educação básica foi menos prestigiada. Na esfera da administração cultural, também foi adotada uma política centralizadora. Na gestão do ministro Capanema várias iniciativas foram tomadas. A direção de organismos como o Serviço do Patrimônio Histórico e Artístico Nacional, o Instituto do Livro, o Instituto do Cinema Educativo ficou a cargo de destacados representantes da intelectualidade.

Antonio Candido situou a criação do Departamento de Cultura no processo amplo de rotinização das conquistas modernistas. O que tinha sido, na década de 1920, a iniciativa de uns poucos vanguardistas transformou-se, na década seguinte, em estado de espírito coletivo. Isso envolveu desde a produção artística e literária até as formas de pensamento e as ideologias políticas. Desse modo, nos anos 1930, muitos procedimentos adotados na literatura, na arquitetura e na música, que tinham chocado o público da Semana de 1922, passaram a ser vistos sem estranhamento. O crítico também observou que os criadores do Departamento tentaram conscientemente arrancar a cultura dos "grupos privilegiados para transformá-la em fator de humanização da maioria, através de instituições planejadas". Havia nisso, a seu ver, um traço paradoxal, já que vários deles pertenciam ou estavam ligados aos grupos sociais mais privilegiados.[12]

A derrota do projeto de Mário de Andrade à frente do Departamento de Cultura foi definitiva. Mais ainda, suas ideias e as do Modernismo em geral já não correspondem a mais nada no mundo atual. No entanto permaneceram como a principal referência para se entender a cultura brasileira e inspiraram a elaboração de diversos projetos culturais, inclusive por parte das agências governamentais. Como explicar esta insistente presença?

A preocupação desse projeto de incluir na dinâmica da cultura, e, de forma geral, na vida do país, os mais diversos segmentos da sociedade constituiu um atrativo e uma inspiração para os grupos intelectuais que estiveram à frente das mais importantes iniciativas.[13] Ao mesmo tempo, o retrato do Brasil feito pela única corrente de pensamento relevante na nossa história intelectual nunca foi objeto de uma avaliação crítica, salvo em aspectos muito pontuais. Houve, de fato, a rotinização mencionada por Antonio Candido, e ela teve também o efeito de dificultar o questionamento da doutrina modernista em geral.

---

12 DUARTE, Paulo. *Mário de Andrade por ele mesmo*, p. 14.
13 Entre as figuras que se destacaram na atualização do legado de Mário de Andrade estão Aloísio Magalhães, Marilena Chauí e Gilberto Gil. Cf. CHAUÍ, Marilena. *Cidadania cultural: o direito à cultura*. São Paulo: Fundação Perseu Abramo, 2006.

ACIMA (ALTO):
Congresso da Língua Nacional Cantada, 1937. Na foto estão, entre outros, Cecília Meireles (sentada, à esquerda), Manuel Bandeira e Mário (em pé, no canto à direita). O Congresso foi uma das atividades de iniciativa do Departamento de Cultura que pretendeu padronizar a pronúncia da interpretação musical no país.

ACIMA:
Mercado em Belém, 1927. Ao chegar na capital paraense, Mário de Andrade ficou tão impressionado que anotou: "Belém é a principal cidade da Polinésia."

ACIMA:
Primeira Biblioteca Circulante do país, idealizada por Mário de Andrade, 1937. Seu plano para o Departamento de Cultura previa a incorporação das diversas camadas da sociedade.

AO LADO:
Mário com crianças no Parque Infantil Dom Pedro II, no bairro do Brás, São Paulo, 1937.

NA PÁGINA AO LADO:
Anteprojeto do Serviço do Patrimônio Artístico Nacional, concluído em 1936, elaborado por Mário a pedido do ministro Gustavo Capanema. O serviço foi criado no ano seguinte.

PREFEITURA DO MUNICIPIO DE S.PAULO

DEPARTAMENTO DE CULTURA E DE RECREAÇÃO

Serviço do Patrimônio Artístico Nacional

CAP. I

Finalidade : - O Serviço do Patrimônio Artístico Nacional, tem por objetivo determinar, organizar, conservar, defender, e propagar o patrimônio artístico nacional.

Ao S.P.A.N. compete :

I - determinar e organizar o tombamento geral do patrimônio artístico nacional;

II - sugerir a quem de direito as medidas necessárias para conservação, defesa e enriquecimento do patrimônio artístico nacional;

III - determinar e superintender o serviço de conservação e de restauração de obras pertencentes ao patrimônio artístico nacional;

IV - sugerir a quem de direito, bem como determinar dentro de sua alçada, a aquisição de obras para enriquecimento do patrimônio artístico nacional;

V - fazer os serviços de publicidade necessários para propagação e conhecimento do patrimônio artístico nacional.

CAP. II

Determinações preliminares

Patrimônio Artístico Nacional

Definição : - Entende-se por Patrimônio Artístico Nacional todas as obras de arte pura ou de arte aplicada, popular ou erudita, nacional ou estrangeira, pertencentes aos poderes públicos, a organismos sociais e a particulares nacionais, a particulares estrangeiros, residentes no Brasil.

Vista da Praça Paris, na Glória, 1939.

CAPÍTULO 7

AI, AI, GUANABARA!
1938-1941

CATETE – RIO DE JANEIRO

Quem vai do centro do Rio em direção à Zona Sul, passa primeiro pela Lapa, com os velhos Arcos hoje devassados, o casario decadente, o burburinho da nova boemia nos fins de semana – mistura carioca de sala de concertos, funk e um sambinha modernizado. Em seguida vem a Glória. Seu monumento mais conhecido é a igrejinha no alto do outeiro, a Capela Imperial, que não fica longe do ponto dos travestis, com sua corte de público variado. Na avenida que antes contornava a antiga praia, viveu e se matou Pedro Nava, o mais sensível historiador dessa região. Em *Galo das trevas*, quinto volume de suas memórias, ele traça um roteiro com indicações preciosas de um passeio pelo bairro em suas várias épocas. Indo da Glória em direção ao Catete, logo à esquerda, fica a Taberna da Glória, um dos pontos frequentados por Mário de Andrade. Na verdade, era o mais acessível, já que bastava cruzar a rua para alcançar, na esquina de Catete com Santo Amaro, o prédio em que o poeta morava. O edifício tem dez andares, com pequenos apartamentos, contando o térreo com lojas. O ambiente do bairro no final dos anos 1930 não devia ser muito diferente do atual: famílias da pequena classe média, muita gente sozinha, o pessoal que desce da favela ali perto, estudantes, funcionários, barulho de ônibus na rua – de bondes, naquela época. O apartamento era no quarto andar, de esquina, com vista para a Praça Paris, com seu jardim em estilo francês. Em uma crônica de 1939, a paisagem é descrita da seguinte forma:

> Desta janela, os meus olhos vão roçando a folhagem vertiginosamente densa da Glória e da Praça Paris, buscar no primeiro horizonte, os arranha-céus do Castelo. A superfície da folhagem é feia, de um verde econômico, desenganadamente amarelado. Mas embaixo, dentro dessa crosta ensolarada, o verde se adensa, negro, donde escorre uma sombra candente, toda medalhada de raios de sol. Passam vultos, passam bondes, ônibus, mas tudo é pouco nítido, com a mesma incerteza linear dos arranha-céus no longe, ou, mais longe ainda, no último horizonte, a Serra dos Órgãos. Porque a excessiva luminosidade ambiente dilui homens e coisas numa interpenetração, num mestiçamento que não respeita nem o mais puro ariano. Os corpos, os volumes, as consciências se dissolvem numa promiscuidade integral, desonesta. E o suor, numa lufa-lufa de lenços ingênuos, cola, funde todas as parcelas desintegradas dos seres numa única verdade causticante: CALOR![1]

O apartamento era arrumado com capricho. O novo morador tinha pedido a seu secretário José Bento[2] que enviasse os livros de história e filosofia da arte, de que logo precisaria para preparar seu curso na UDF, e algumas peças da sua coleção de arte. Na foto em que aparece lendo, de *robe de chambre*, em um sofá de estilo moderno, vê-se o famoso *O mamoeiro*, de Tarsila, de 1925.

O poeta chegou ao Rio em julho de 1938, amargurado com a saída do Departamento e apreensivo com o destino da instituição que tinha criado. A vinda foi acertada com o amigo Carlos Drummond de Andrade, chefe de gabinete do ministro Gustavo Capanema, e com o próprio ministro, com quem colaborara anteriormente na reforma do

---

1 ANDRADE, Mário de. *Os filhos da Candinha*. São Paulo: Martins, 1976, p. 264.
2 José Bento Faria Ferraz (1914-2005) foi aluno de Mário de Andrade no Conservatório Dramático e Musical. Substituiu a irmã de Mário de Andrade, Maria de Lourdes, como secretário, em 1936, quando ela se casou. Trabalhava em tempo parcial da casa da rua Lopes Chaves, arrumando a biblioteca, copiando os originais e organizando a correspondência. Cf. "Zé Bento ainda vive com 'mestre'", *Folha de S. Paulo*, 31 mar. 2001.

ensino de arte, em 1935, e na elaboração do Anteprojeto do Serviço do Patrimônio Histórico e Artístico Nacional, no ano seguinte. O prometido é que seria o diretor do Serviço de Teatro, a ser criado. Talvez pelo fato de se sentir realmente abatido, prefere ter algum cargo que o "conserve na obscuridade, subalterno de outros que mandem em mim e a quem eu obedeça sem responsabilidade", e recusa a proposta.[3] Em junho, porém, recebeu o convite para dirigir o Instituto de Artes da Universidade do Distrito Federal, criada em 1935 pelo prefeito Pedro Ernesto, e ser o responsável pelas matérias de filosofia e história da arte. O convite foi feito com insistência, como mostra uma carta de Manuel Bandeira relatando o interesse de Lúcia Miguel-Pereira.[4] Aceito o convite, começou a lecionar no segundo semestre de 1938.

Foi difícil a adaptação à nova cidade. No final de julho, pouco depois de se instalar, confessou a Oneyda Alvarenga seu grande mal-estar:

> Meu Deus, como me sinto no ar! Uma tristeza funda lá no fundo, uma tristeza que não se esclarece, não diz bem o que é e por que é. Não é solidão, tenho amigos sempre comigo. Não é falta de trabalho, tenho muito que fazer. Não é doença, sei gozar doença. Não é ambiente, nunca senti saudade do meu ambiente. É, antes, um como que pressentimento de um grande erro, de qualquer coisa que não está certo mais, e que si [sic] não está certo é por minha culpa. Enfim há qualquer coisa de desagradável em mim, talvez seja medo. Sim, isso é incontestável: estou com muito medo. Um medo, você compreende, que não se define, não é medo dos homens, nem do ambiente, nem de mim mesmo. É só medo. E isso me deixa, por enquanto, bastante infeliz.[5]

Mário nunca se livrou do sentimento de frustração pela interrupção do trabalho no Departamento em São Paulo. Antes mesmo de se fixar em definitivo na capital da República, confessou a Paulo Duarte que havia sacrificado por completo três anos de sua vida sem ter conseguido fazer a única coisa que teria valido a pena: "impor e normalizar o D. C. na vida paulistana". Relatou ao amigo que se sentia "esqueletizado" em seu ser psicológico e que nem sequer estava triste,

---

3 FROTA, Lélia Coelho (org.). *Mário de Andrade: cartas de trabalho*, p. 132.
4 MORAES, Marcos Antonio de (org.). *Correspondência: Mário de Andrade & Manuel Bandeira*, p. 648.
5 ALVARENGA, Oneyda (org.). *Cartas: Mário de Andrade e Oneyda Alvarenga*, p. 138-39.

mas "especialmente deserto".⁶ Seu mal-estar também se devia ao fato de esta ser a primeira vez que morava fora de São Paulo, e, mesmo declarando aos amigos que deixava a cidade sem nenhum amargor, fica evidente que sentia falta do seu ambiente.

O ARTISTA E O ARTESÃO

Mário de Andrade aproveitou os primeiros tempos no Rio para preparar o curso da UDF. Achava que não estava treinado para ser professor universitário e, por esse motivo, precisou de muito estudo para preparar suas aulas. Teve momentos de grande satisfação com a nova tarefa. O envolvimento com o trabalho era motivo de uma "pureza exterior incomparável" e compensava, até onde era possível, a angústia avassaladora dos últimos meses.⁷ A aula inaugural do curso de história e filosofia da arte, ou como definiu o escritor, de história filosófica da arte, foi publicada com o título "O artista e o artesão", em *O baile das quatro artes*. Foram guardadas também algumas anotações para as aulas.⁸

Algumas teses de "O artista e o artesão" já vinham sendo elaboradas em obras anteriores, desde os anos 1920, como no "Prefácio interessantíssimo", em *A escrava que não é Isaura* e no mais recente discurso de paraninfo, "Cultura musical". Elas podem ser resumidas da seguinte forma: a primeira afirma que a beleza não é um componente essencial da obra de arte mas apenas uma consequência; a segunda define que os elementos estéticos só ganharam autonomia na arte em determinado momento da história; finalmente, outra entende que há uma relação entre o formalismo da arte moderna e o individualismo característico da civilização moderna.

A novidade da aula inaugural "O artista e o artesão" consiste em que ela não apenas apresenta uma história, uma teoria da arte e um

---

6 DUARTE, Paulo. *Mário de Andrade por ele mesmo*, p. 159.
7 Ibidem, p. 162.
8 Depositadas no IEB-USP.

diagnóstico dos males da arte moderna, mas, além disso, indica a necessidade de uma reação aos impasses atuais e fornece uma receita para isso.

O quadro da história da arte proposto em "O artista e o artesão" não apresenta um viés cronológico e tampouco é imparcial. O escritor tinha diante de si o cenário da arte contemporânea, marcado por um acentuado formalismo, do que resultara seu caráter hermético e o afastamento do público. A apreciação negativa de Mário de Andrade da arte atual era abrangente, dizia respeito a todas as suas manifestações, mas incidia principalmente sobre o espírito da época, que tinha adotado uma noção de arte como manifestação da individualidade do artista. Na aula inaugural, o escritor mostrou que o objetivo da arte tinha deixado de ser a obra e passara a ser o próprio artista. Comentava, então: "E não poderá haver maior engano."[9]

O que teria aparecido primeiro, o formalismo ou o individualismo? Mário de Andrade acreditava que, na modernidade, o individualismo foi o motivo do aparecimento do formalismo, que teria chegado até as manifestações contemporâneas do futurismo, do cubismo e do surrealismo. O indivíduo artista, uma figura surgida no Renascimento, nas artes plásticas, no romantismo e na música, desvinculou a arte das funções sociais, na corte, nas igrejas, nas festas populares, e tomou-a como a expressão do seu gênio individual. A história contada sobre Mozart, de que teria se afastado do serviço junto ao arcebispo Coloredo e dado um pontapé no emissário do antigo patrão, simboliza a independência alcançada pelo músico desde o final do século XVIII.[10] Nesse ponto, liberto de todo condicionamento, o artista teria passado a desprezar as exigências materiais contidas na arte: as da pedra, no caso da arquitetura ou da escultura; do som, na música; das palavras, na literatura. Dessa situação teria derivado o formalismo.

Nas fases da história da arte anteriores à era moderna, a busca da beleza dependia de uma finalidade social, não tendo um valor em si. Já que não havia a figura do gênio, os procedimentos técnicos utilizados pelo artista respeitavam o material com que trabalhava. Tudo mudou com o advento da Era Moderna. Então, a beleza se tornou um valor

---

9 ANDRADE, Mário de. *O baile das quatro artes*. São Paulo: Martins, p. 32.
10 ANDRADE, Mário de. "O pontapé de Mozart". In: COLI, Jorge. *Música final*. São Paulo: Unicamp, 1998, p. 55 e ss.

em si. Ao perder o contato com um ideal, ela teria se materializado, pensava Mário de Andrade.

Como reagir a essa situação? Em "O artista e o artesão", o escritor contrapôs ao formalismo moderno o compromisso com a técnica artesanal. A importância que atribui ao artesanato se deve ao fato de o artesão nunca ser um virtuose. O artesão respeita, de um lado, a matéria com que fabrica o artefato e, de outro, a finalidade a que ele se destina. Nesse caso, a forma, a matéria e a finalidade da obra de arte se apresentam coesas. Mário de Andrade chamou essa conversão do artista ao trabalho artesanal de "atitude estética". Para ele, a adesão do artista às regras do que chamava de artefazer, esta dimensão artesanal da arte, deveria conduzir à desinflação da figura do indivíduo artista, e, em seguida, promover a superação do individualismo e a recuperação da dimensão coletiva da arte.

Várias foram as fontes utilizadas por Mário de Andrade na elaboração dessas teses. "O artista e o artesão" menciona o livro de Jacques Maritain, *Arte e escolástica*, uma obra clássica do movimento de renovação do tomismo, no início do século XX. Como se viu, Mário teve acesso à filosofia católica quando, muito jovem, estudou filosofia com os beneditinos no Mosteiro de São Bento, em São Paulo. É possível que tenha guardado, ao longo da vida, as lições daquela época. Outra referência foi a arquitetura moderna. O poeta reconheceu nas suas realizações ao mesmo tempo um sentido de contenção formal e a atenção à funcionalidade social. Seus comentários sobre Gregori Warchavchik, considerado autor da primeira casa modernista no Brasil, de 1928, e Lucio Costa, responsável pela normalização da arquitetura moderna no país, atestam esse reconhecimento.[11]

As propostas de "O artista e o artesão" foram retomadas nos apontamentos do curso de 1938, na UDF, e em outros escritos, como "Elegia de abril", no primeiro número da revista *Clima*, de 1941, "Atualidade de Chopin", conferência no Conservatório, em 1942, e em algumas crônicas. As aulas da UDF trataram das noções de primitivo e de arte primitiva e sublinharam o contraste entre a situação das artes nas comunidades primitivas, quando elas eram

---

11   O interesse de Mário de Andrade por arquitetura resultou em artigos na série de crônicas do *Diário Nacional* e outros. Cf. "Brazil builds", sobre a exposição do mesmo nome, em Nova York, 1943. Sobre arquitetura e Modernismo, ver *Olhares sobre o moderno: Italo Campofiorito*. Rio de Janeiro: Casa da Palavra, 2012.

uma necessidade social, e na modernidade, quando se tornaram a expressão da individualidade.

O artigo "Elegia de abril" foi escrito a convite dos jovens universitários que lançaram a revista *Clima*, para a abertura do primeiro número, em maio de 1941. Trata-se da mais concisa definição da ética do trabalho intelectual defendida pelo escritor. Ele a identificava à atitude estética, tal como definida em "O artista e o artesão".

Para se avaliar a importância de "Elegia de abril" é preciso lembrar o cenário político do início dos anos 1940, com a guerra na Europa, o confronto político entre as ideologias de esquerda e direita e a ditadura no país. Logo no início do artigo, é feita uma avalição pessimista da situação da "inteligência nova" no Brasil, quando se observa que quase nada ali era defensável. O absenteísmo grassava, sobressaía o descaso dos escritores esquerdistas com o valor literário das obras, o colaboracionismo era justificado por motivos econômicos e havia na intelectualidade uma óbvia ausência de formação teórica.

Em reação a esse cenário, descrito com forte preocupação política, Mário de Andrade não apresentou uma solução ideológica, mas uma moral do trabalho. Segundo ele, apenas se o artista se empenhasse no seu trabalho seria capaz de recuperar o sentido de sua vocação e reconciliar-se com a coletividade. Ele precisava ser um operário da sua arte e não um colaborador de alguma classe ou instituição. Em si mesmo, o artista já é um *outlaw*.

Mário de Andrade recorreu a dois músicos, Chopin e Scarlatti, para fazer a defesa da força moralizadora do trabalho. Em 1935, ele tinha se licenciado do Conservatório Dramático e Musical de São Paulo para ocupar a direção do Departamento de Cultura. Continuou em licença até o retorno do Rio de Janeiro, em 1941. No ano seguinte, reassumiu suas funções de professor de história da música e, para marcar a data, fez a conferência "Atualidade de Chopin". Como se sabe, a música de Chopin tem sido interpretada com o máximo de sentimentalismo e sua arte é vista como a quintessência do romantismo. O escritor recusou a interpretação corrente e reconheceu no compositor polonês um aplicadíssimo artífice do som. O Chopin de Mário de Andrade é um clássico. Em contraste com a perspectiva romântica, a obra de Chopin não pretende representar nada, é simplesmente música. Para Mário, o músico permaneceu "musical inteiramente e só música. Não esperdiçando os seus sons, as suas melodias, os seus baixos formidáveis, em literatices"; ele "viveu a vida em música, sem esquecer jamais que a música tem vida própria e um material que lhe é particular".[12] Por manter-se fiel aos componentes estritamente musicais e atender às exigências do material, Chopin escapou de ser um hermético virtuose e conferiu à música uma função comunitária. O músico compôs para toda a gente e toda gente o compreendeu. Houve sempre uma unanimidade a seu respeito. "Todos se humanizam comovidos. Todos se aproximam uns dos outros, porque o piano de Chopin é obra de aproximação."[13]

Algo parecido teria ocorrido com Domenico Scarlatti. Num dos artigos para a coluna "Mundo Musical", na *Folha da Manhã*, o cravista italiano é apresentado como obediente ao som que seu instrumento podia dar. "Domingos Scarlatti não deforma nunca. Scarlatti obedece."[14] A técnica exigida em suas sonatas as tornaram dificílimas de ser executadas. Já nem podiam servir para o entretenimento dos nobres em seus salões. Então, passaram para o palco, onde puderam ser ouvidas pelo grande público. Assim, o cravo, um instrumento cuja finalidade tinha sido, em um primeiro momento, restrita e classista, foi regenerado pela própria técnica.

EXÍLIO NO RIO[15]

A Universidade do Distrito Federal (UDF), onde Mário de Andrade dava aulas, foi fechada no início de 1939. Ela fora criada em 1935, na gestão do prefeito Pedro Ernesto, do Distrito Federal, por iniciativa de Anísio Teixeira. Sua criação foi decorrência do movimento de renovação da educação no país, liderado pelo grupo da Escola Nova, que havia lançado, em 1932, o "Manifesto dos pioneiros da Escola Nova", assinado por Fernando de Azevedo, seu autor, Lourenço Filho,

---

12 ANDRADE, Mário de. *O baile das quatro artes*, p. 150.
13 Ibidem, p. 163.
14 COLI, Jorge (org.). *Música final*, p. 72.
15 O título faz referência ao livro *Mário de Andrade: exílio no Rio*, de Moacir Werneck de Castro.

Cecília Meireles, Roquete Pinto, Anísio Teixeira, entre outros. Desde o início, a UDF foi hostilizada por setores conservadores e católicos liderados por Alceu Amoroso Lima, que denunciou ao ministro a presença de comunistas no seu quadro de professores.[16] Também a orientação que o próprio ministro Gustavo Capanema queria dar ao ensino universitário era muito diferente da que fora proposta na UDF. Seu projeto de universidade era centralizador, não dependeria de iniciativas estaduais, nem a vida universitária deveria escapar do controle do poder central. Nos primeiros meses de 1939, houve alguma resistência de professores e alunos que ainda insistiam na abertura do semestre letivo, o que não durou muito.[17]

Desde o semestre anterior, Mário de Andrade tinha previsto o fechamento da universidade, como mostra uma carta em que dizia que a "Universidade do Rio de Janeiro" era "a coisa mais construída na areia" já encontrada no seu "turismo vital".[18] Ao próprio ministro, o escritor manifestou sua decepção com o fechamento e confessou mais essa frustração em sua vida:

> Deixe também agora que lhe diga, com a maior lealdade, que não foi o menor destes reveses a destruição da UDF. Não pude me curvar às razões dadas por você para isso; lastimo dolorosamente que se tenha apagado o único lugar de ensino mais livre, mais moderno, mais pesquisador que nos sobrava no Brasil, depois do que fizeram com a Faculdade de Filosofia e Letras, de São Paulo. Esse espírito, mesmo conservados os atuais professores, não conseguirá reviver na Universidade do Brasil, que a liberdade é frágil, foge das pompas e dos pomposos e das pesadas burocracias.[19]

Em março, relatou a Paulo Duarte que o ministro, "de ciúme", tinha destruído "a nossa universidade".[20]

A situação financeira de Mário de Andrade ficou particularmente instável nessa altura. O emprego no Conservatório, que ele mantivera até ser nomeado diretor do Departamento de Cultura, e que retoma-

---

16 SCHWARTZMAN, Simon; BOMENY, Helena; RIBEIRO, Vanda. *Tempos de Capanema*. Rio de Janeiro: FGV, 1984, p. 211.
17 Cf. PENNA, Maria Luiza. *Luiz Camillo:* perfil intelectual. Belo Horizonte: UFMG, 2006.
18 DUARTE, Paulo. *Mário de Andrade por ele mesmo*, p. 167.
19 BOMENY, Helena. *Um poeta na política*. Rio de Janeiro: Casa da Palavra, 2012, p. 151.
20 DUARTE, Paulo. *Mário de Andrade por ele mesmo*, p. 178.

ria ao retornar a São Paulo, em 1941, garantiu por toda a vida adulta um salário para o escritor. Podia não ser muito dinheiro, mas com a complementação das aulas particulares e dos artigos para revistas e jornais, não passava dificuldades. Além do mais, em São Paulo, não gastava com o sustento diário, morando com a mãe, na rua Lopes Chaves. Apesar disso reclamou, constantemente, nas cartas para os amigos, de falta de dinheiro, a ponto de deixar Carlos Drummond preocupado. Em *A lição do amigo*, o poeta mineiro fez uma lista das passagens em que aparecem queixas da situação financeira e das doenças.[21] Naquele momento, no entanto, morando no Rio, sem o salário do conservatório e com os gastos de uma vida independente da família, o escritor tinha motivos para se sentir inseguro.

Ao longo do primeiro semestre de 1939, negociou com o ministro uma posição nova na burocracia do ministério. Foi nomeado assessor técnico do Instituto Nacional do Livro, encarregado de preparar o projeto de uma *Enciclopédia brasileira*. O INL tinha sido criado pouco tempo antes, e seu diretor era Augusto Meyer, um antigo companheiro de Modernismo. O projeto da enciclopédia não foi uma iniciativa direta de Mário de Andrade, mas estampava muitas de suas preocupações. O escritor pesquisou as várias enciclopédias existentes, mas preferiu um formato mais adequado à realidade do público brasileiro. Queria dar mais relevo aos assuntos nacionais, o que criava um desequilíbrio deliberado na escolha dos temas; e também ficou atento à precária formação da maioria dos leitores. A *Enciclopédia* deveria atender às demandas tanto do público já formado quanto das camadas em formação, que vinham crescendo com a alfabetização. Por esse motivo, o escritor chamou a *Enciclopédia* de multivalente. De acordo com o qualificativo, separou quatro tipos de verbetes com funções diferentes, sendo alguns mais elaborados e outros mais simples: verbete-monografia, verbete de expansão, verbete ilustrativo e verbete-definição.[22]

No final de 1939, entregou a Augusto Meyer o resultado do trabalho para ser remetido ao ministro Gustavo Capanema. A saúde e o ânimo do poeta estavam a essa altura em situação lamentável. Comunicou a Capanema que vivia exausto e doente, "cheio de fobias e o diabo", e pedia licença para ir a São Paulo se tratar.[23]

---

21 Apêndice I de *A lição do amigo*.
22 ANDRADE, Mário de. *A enciclopédia brasileira*. São Paulo: Loyola/Edusp, 1993, p. 42.
23 BOMENY, Helena. *Um poeta na política*, p. 156.

Mário de Andrade guardava com o ministro alguma formalidade. Afinal, tratava-se de uma autoridade e, também, de seu empregador. Em compensação, nas cartas para os amigos mais próximos, como Oneyda Alvarenga e Paulo Duarte, era muito mais sincero e confessava seu sofrimento. Declarou ao amigo que só tinha coisas tristes para contar. Sentia-se desesperado e, para disfarçar as mágoas, exagerava na bebida. O último médico que o examinara, possivelmente Pedro Nava, diagnosticou que todas as vísceras estavam "esculhambadas pelo álcool" e que estava condenado à morte. Não se importava com isso, e até comentava: "Morte, melhor que a vida quem não te ama!"[24] Depois de tomar conhecimento da sua "condenação" pela medicina, tomou um porre tão descomunal que perdeu os sentidos e ficou dois dias em casa para se recuperar, aos cuidados de "uma pequena deliciosa que me ama, que não amo, e a que distraio regiamente com algumas migalhas de amor".[25]

Paulo Duarte respondeu apreensivo, mas procurou animá-lo. Disse que já imaginava que ele não aguentaria mesmo ficar no Rio. A cidade não era para pessoas como eles. Era lugar para cafajeste, malandro, gigolô, empregado público vagabundo e diplomata, "que é a síntese disso tudo".[26] Indagou se o amigo estava bebendo bom vinho, pois, caso não estivesse, era melhor se tratar, "não pelo desgaste do álcool vagabundo, mas pelo sintoma de decadência que tal coisa revela".[27]

O abatimento moral de Mário de Andrade tinha vários motivos. O mais imediato foi o afastamento de São Paulo, de sua família, especialmente da mãe que o acompanhou ao longo da vida. Também teve dificuldades de adaptação na nova cidade, que até então só conhecia a passeio; vivia uma disponibilidade maior, e que talvez até o incomodasse, e nunca teve, no Rio, uma posição de trabalho à sua altura. Os cargos de professor na UDF e de funcionário do ministério não correspondiam ao que havia projetado para si nos últimos anos. Além de tudo isso, a situação política no país era extremamente grave. Amigos e parentes eram perseguidos e ele não se sentia à vontade na proximidade de quem ocupava os postos oficiais e que eram muitas vezes seus amigos. No plano internacional, a guerra tinha estourado

---

24 DUARTE, Paulo. *Mário de Andrade por ele mesmo*, p. 181.
25 Idem.
26 Ibidem, p. 186.
27 Idem.

na Europa, o que significou um golpe para o escritor e seus companheiros. Em especial a tomada de Paris pelos alemães teve um efeito devastador. Para Sérgio Milliet, escreveu em outubro de 1940:

> E na Europa nem me fale! Vivo angustiado e jamais pensei amar tanto Paris como vejo agora que amo. A ideia de bombardeios destruidores, a imagem dos alemães entrando em Paris me horrorizam, fico num estado completo de desespero.[28]

De todos os motivos para o estado depressivo de Mário de Andrade o mais forte foi, sem dúvida, a saída do Departamento de Cultura, com tudo o que significou para ele. O afastamento marcou o término do mais importante período da sua vida e representou o impedimento definitivo da realização de um projeto que começou a ser concebido ainda nos anos 1920.

QUATRO PESSOAS E POEMAS DO RIO

O único texto de ficção de Mário de Andrade ambientado no Rio de Janeiro é o romance inacabado *Quatro pessoas*.[29] O livro começou a ser escrito no início de 1939 e ocupou seu autor até meados do ano seguinte, quando foi interrompido. Em entrevista a Joel Silveira para *Vamos Ler!*, em maio de 1939 – feita no bar Amarelinho, na Cinelândia, centro do Rio –, ele contou, indeciso, que era um romance sobre quatro pessoas, mas que eram principalmente três, já que uma das personagens não fora ainda desenvolvida. A versão conhecida, publicada em 1985, é muito incompleta e não pode sequer ser comparada a outros textos de ficção, como *Macunaíma*, *Amar, verbo intransitivo* e a maior parte dos contos. O enredo folhetinesco se passa na Zona Sul do Rio, em um ambiente de classe média, com dois personagens masculinos centrais e dois femininos, muito secundários. Mário de Andrade inspirou-se nas

---

28 DUARTE, Paulo. *Mário de Andrade por ele mesmo*, p. 336.
29 ANDRADE, Mário de. *Quatro pessoas*. Belo Horizonte: Itatiaia, 1985.

teses do médico e escritor Gregorio Marañón, que tratam da psicologia masculina e da personalidade de Don Juan, vistas de um ponto de vista clínico. O livro retoma a estrutura binária, típica do modo de pensar do escritor, composta de uma força consciente e crítica, representada pelo personagem Carlos, e de outra, dissolvente e sensual, encarnada pelo amigo João. Não se conhece o desfecho da trama, na qual há traição, tentativa de suicídio e adultério. Um ano depois de iniciado, Mário desistiu do romance. Em entrevista para o *Diário de S. Paulo*, em 1943, o entrevistador, Mário da Silva Brito, abordou o assunto.[30] O escritor explicou que tinha interrompido o romance em definitivo:

> Eu o estava escrevendo no Rio de Janeiro quando a notícia da queda de Paris me estarreceu. Não era mais possível preocupar-me com o destino de quatro indivíduos – envolvidos em dois casos de amor – quando o mundo sofria tanto e a cultura recebia um golpe profundo.[31]

Quatro pessoas é o livro carioca que não existiu. Em contrapartida, os poemas feitos na cidade têm importância enorme, do ponto de vista literário e biográfico. São três poemas – dois datados de 1938 e um de 1940. Os três foram incluídos na última parte de *A costela do grã cão*, que engloba outros três poemas feitos antes, em 1937. Entre estes últimos está o enigmático "Soneto", uma declaração de amor, que começa com o verso "Aceitarás o amor como eu o encaro?...", e traz no autógrafo, encaminhado a Manuel Bandeira, a dedicatória a O.P., eliminada na versão impressa. Os dois primeiros poemas feitos no Rio, "As cantadas" e "Luar do Rio", têm muita semelhança. Seus versos manifestam a intensa sensualidade no contato com a paisagem da cidade – a Baía de Guanabara, os morros com suas fendas, a brisa marinha, as avenidas, os arranha-céus, o Cristo no Corcovado – a que o poeta se entrega. "Guanabaradas" é a expressão inventada para se referir às "volúpias mal ousadas" do primeiro poema e ao "vento alcoolizado" e as "carícias das ilhas" do segundo.[32] O terceiro poema, "Canção", contrasta com os dois primeiros. É terrivelmente angustia-

---

30 ANDRADE, Mário de. *Entrevistas e depoimentos*, p. 96. BRITO, Mário da Silva. *Diário intemporal*. Rio de Janeiro: Civilização Brasileira, 1970.
31 ANDRADE, Mário de. *Entrevistas e depoimentos*, p. 96.
32 ANDRADE, Mário de. *Poesias completas* (vol. 1), p. 445.

do, desesperado, e confessa uma radical solidão. Um sentimento de frustração acompanha todos os versos:

O agouro chegou. Estoura
No coração devastado
O riso da mãe da lua,
Não tive um dia! uma ilusão não tive!
Ternuras que não me viestes
Beijos que não me esperastes
Ombros de amigos fiéis
Nem uma flor apanhei.[33]

Apenas por um momento o poeta expressa uma reação:

Há-de ter algum caminho
Raio de sol promessa olhar
As noites graves do amor
O luar a aurora o amor... que sei! [34]

MÁRIO DE ANDRADE EM MINAS

Durante o período no Rio, no final de 1939, Mário de Andrade foi convidado pelo Diretório Central de Estudantes da Universidade de Minas Gerais para fazer duas conferências em Belo Horizonte. Era sua terceira viagem a Minas. Em 1919, ele fora a Mariana para visitar Alphonsus de Guimaraens, quando colheu autógrafos, leu poesia e causou impressão no poeta que vivia isolado.[35] A segunda viagem foi com a caravana modernista, em 1924, quando pôde conhecer a obra de Aleijadinho, de que iria se ocupar em um estudo pioneiro, em 1928.[36] O grupo foi acolhido em Belo Horizonte por Carlos Drummond

---

33 Ibidem, p. 450.
34 Ibidem, p. 449.
35 *Itinerários* (cartas de Mário de Andrade e Manuel Bandeira a Alphonsus de Guimaraens Filho). São Paulo: Duas Cidades, 1974, p. 28-9.
36 "O Aleijadinho e Álvares de Azevedo". *Revista Acadêmica*. In: ANDRADE, Mário de. *Aspectos das artes plásticas no Brasil* (1965). São Paulo/Brasília: Martins/INL, 1975.

de Andrade, Pedro Nava e Emílio Moura, que, nos anos seguintes, formariam o primeiro núcleo modernista mineiro, responsável pela publicação de *A Revista*. Em 1939, Mário de Andrade recordou essas outras visitas nas entrevistas aos jornais da cidade.

A visita de 1939 foi um grande acontecimento, sobretudo para o público de estudantes e jovens literatos locais. O escritor fez a viagem acompanhado de Murilo Miranda, sua mulher Yeda, e de Lúcio Rangel, seus amigos do Rio, do grupo da *Revista Acadêmica*. Uma foto retrata a recepção na estação da Central do Brasil, na noite de 11 de novembro, com a participação de autoridades, inclusive do representante do prefeito. O visitante foi o tempo todo solicitado. Os estudantes entusiasmados varavam as madrugadas em conversas com o escritor famoso, no bar do Grande Hotel, na Rua da Bahia, no centro da cidade.[37] Em uma das conferências, proferida no Conservatório Dramático e Musical, o poeta apresentou uma versão do estudo "O sequestro da dona ausente"; no Salão da Escola Normal, falou sobre música de feitiçaria no Brasil, texto que seria incorporado no volume XIII das *Obras completas*.

Desde o início, o papel de Mário de Andrade na história do Modernismo em Minas foi fundamental. O principal poeta do movimento, Carlos Drummond de Andrade, formou-se com o seu incentivo e sua orientação, nas cartas trocadas com uma frequência de mais de uma vez por mês, nas quais cada poema era minuciosamente comentado. Houve também a amizade com os que tinham se mudado para o Rio – Pedro Nava, Rodrigo Mello Franco de Andrade e o próprio ministro Gustavo Capanema, que eram da sua geração ou pouco mais jovens. Os que o conheceram em 1939 o viam como a principal referência intelectual no país. O romancista Autran Dourado chegou a afirmar que "quase todos tinham cartas de Mário, quem não recebia carta de Mário não entrava para a literatura".[38]

Nunca houve um grupo homogêneo dos escritores mineiros, em nenhum período. O espírito individualista da cultura mineira, desde o arcadismo, é citado por Mário em uma entrevista. Os mineiros tinham, no entanto, algumas características que os distinguiam dos cariocas e dos paulistas. Eram, em geral, mais conservadores, muitos eram católicos e não se interessavam especialmente por política. Nem

---

37 SOUZA, Eneida Maria de; SCHMIDT, Paulo. *Mário de Andrade: carta aos mineiros*. Belo Horizonte: Editora da UFMG, 1997.
38 Ibidem, p. 83.

todos conheceram Mário de Andrade na mesma época. Alguns já o conheciam desde antes da viagem de 1939, como Otávio Dias Leite, com quem o poeta se encontrou também no Rio, nas chopadas da Taberna da Glória. Murilo Rubião, Etienne Filho, João Alphonsus, Alphonsus de Guimaraens Filho, Otto Lara Rezende, Paulo Mendes Campos e Henriqueta Lisboa o encontraram em Belo Horizonte, em 1939. Fernando Sabino e Hélio Pellegrino, mais jovens, o conheceram pessoalmente mais tarde, em 1943, em viagem a São Paulo.[39]

A relação com a poeta Henriqueta Lisboa foi especial. Ela ocupou o lugar de irmã carinhosa, com quem o poeta partilhava discretamente sua intimidade e a quem expressava suas convicções. Era uma relação isenta de conteúdo sexual, diferente da que teve com Anita Malfatti, que era apaixonada por ele, e sem o tom professoral e até paternal, como acontecia com Oneyda Alvarenga.[40]

Alguns eram amigos entre si, como Fernando Sabino, Hélio Pellegrino, Otto Lara Resende, Paulo Mendes Campos e, menos próximo, Murilo Rubião. Mário de Andrade dedicava a eles um afeto intenso, até mesmo exagerado, especialmente no caso de Fernando Sabino. Em 1944, o futuro autor de *O encontro marcado* convidou Mário de Andrade para ser padrinho de seu casamento com Helena, filha do governador Benedito Valadares. Ao casamento compareceria, também como padrinho, Getúlio Vargas. Por esse motivo, o escritor declinou do convite.

As cartas endereçadas por Mário aos mineiros reclamam do conformismo diante dos problemas da época e da atenção quase exclusiva aos dramas existenciais. A mesma crítica aparece no prefácio do livro de Otávio de Freitas Júnior, "Segundo momento pernambucano", que menciona a sensível inteligência de Minas, mas também os "gemidos de desânimo e insatisfação" da nova geração.[41] Em resposta a Alphonsus de Guimaraens Filho, que afirmara não querer se contaminar com a confusão "que anda por aí", Mário de Andrade retrucou, com severidade, que "não há nada mais, não só contaminável, mas contaminado (por qualquer *interesse* humano, individual e coletivo) que o verso, que a poesia verdadeira".[42]

---

39   Há muitas cartas inéditas de Mário de Andrade para esses jovens autores, algumas muito importantes, como as dirigidas a Hélio Pellegrino.
40   Cf. SOUZA, Eneida M. (org.) *Correspondência: Mário de Andrade & Henriqueta Lisboa*. ALVARENGA, Oneyda (org.). *Cartas: Mário de Andrade e Oneyda Alvarenga*, p. 273.
41   ANDRADE, Mário de. *Aspectos da literatura brasileira*, p. 261.
42   *Itinerários*, p. 36. Itálico do autor.

A correspondência com os jovens amigos refletiu as hesitações, os acertos e, também, os equívocos da avaliação do tema da responsabilidade política do escritor naqueles anos de guerra. Uma carta a Henriqueta Lisboa, de 1940, menciona a existência de três tipos de verdade: a transcendente, a do artista e a do homem comum envolvido na vida prática. Observa que, naquele contexto, cada vez mais, o intelectual tenderia a sacrificar sua própria verdade para tornar-se um "revolucionário disponível".[43] Nesse caso, Mário de Andrade entende que "o intelectual, então, mata o intelectual".[44] Confessa à amiga, na carta, que ele é "este sofrido desencontrado", mas não se decide a abrir mão de sua individualidade.

Muito diferente foi a declaração feita a Fernando Sabino, algum tempo depois, muito mais engajada e radical. No ânimo do escritor, um drama muito mais intenso havia tomado o lugar da sensação de sofrido desencontro: "Há nesta rua Lopes Chaves um ridículo homem que chegou à convicção que neste momento culminante da vida toda arte é pueril, todo indivíduo que não se sacrificar totalmente pela vida coletiva humana é um canalha, é um vendido, é um canalha."[45] Mesmo assim, como se precisasse confirmar que vivia envolvido em contradições, que, no fundo, eram seu alimento, acrescentou: "Mas ao mesmo tempo a consciência desse mesmo homem repele a estupidez dessa convicção apaixonada."[46]

A proximidade de Mário de Andrade com os amigos de Minas ficou ainda maior com uma nova visita ao estado, em setembro de 1944. Foi uma viagem de caráter mais pessoal. Em companhia de Henriqueta Lisboa, visitou o túmulo do amigo João Alphonsus, morto alguns meses antes; conheceu o trabalho de Guignard no Instituto de Belas-Artes; foi ao conjunto da Pampulha, a obra arquitetônica de Oscar Niemeyer que, de modo pioneiro, explorou uma forma brasileira de arquitetura moderna; reviu os jovens amigos; fartou-se de comida típica e de passeios até a cidade de Sabará.

---

43 SOUZA, Eneida M. (org.). *Correspondência: Mário de Andrade & Henriqueta Lisboa*, p. 108.
44 Idem, p. 109.
45 *Remetente: Mário de Andrade – Destinatário – Fernando Sabino: cartas a um jovem escritor*. Rio de Janeiro: Record, 1993, p. 128.
46 Idem.

OS MOÇOS

Mário de Andrade deu muita importância, nesses anos, ao contato com os círculos mais jovens. Talvez já não esperasse muito de sua própria geração, além de ter tido sempre uma acentuada vocação pedagógica, manifestada em aulas, na vastíssima correspondência e nos contatos pessoais. Além do grupo de Minas, no período em que viveu no Rio, acercou-se dos jovens editores da *Revista Acadêmica*: Murilo Miranda, o mais próximo, Lúcio Rangel, Carlos Lacerda e Moacir Werneck de Castro. Passou a frequentar a saleta da redação da *Revista Acadêmica*, criada em 1933 por alunos da Faculdade de Direito do Rio de Janeiro. Em 1935, publicou na editora da revista um pequeno livro em que reuniu seus estudos sobre o Aleijadinho e Álvares de Azevedo.

Os participantes do grupo tinham tido ou ainda tinham ligação com o Partido Comunista. Carlos Lacerda fora da Aliança Nacional Libertadora, responsável pela Intentona Comunista de 1935. Em 1939, desligou-se do PC e, em surpreendente virada, passou a defender uma aproximação com os Estados Unidos para compor uma frente antifascista. Trabalhou, então, como jornalista, na empresa de relações públicas Interamericana, que se tornou mais tarde o Instituto Brasil-Estados Unidos (IBEU), ligada ao magnata e político Nelson Rockfeller, e dirigida por Armando d'Almeida. A empresa promoveu uma série de palestras, tendo como um dos convidados Mário de Andrade. O escritor preparou para a ocasião a conferência "A expressão musical dos Estados Unidos".[47] Trata-se de um texto curioso, único na apreciação da música norte-americana, no qual Mário de Andrade reconheceu a excepcionalidade das manifestações musicais dos Estados Unidos. Viu nelas a expressão bem-sucedida da arte como força social. Identificou na formação histórica do país, protestante e anti-individualista, as raízes dessa situação. Isso explicava, a seu ver, a valorização da música coral nos cultos protestantes, o que contrastava com o que tinha se passado no Brasil. No caso brasileiro, a formação católica levou a um desprestígio das manifestações musicais coletivas e a música permaneceu um privilégio das elites.

---

47 Incluída em *Música, doce música*, p. 395.

Na época, não era incomum o governo dos Estados Unidos aproximar-se dos intelectuais brasileiros para fazer propaganda da sua política externa. Mário de Andrade foi convidado para ir aos Estados Unidos mais de uma vez. Recebeu a visita de pesquisadores americanos, em casa, no Rio, e as cartas de Lota Macedo Soares,[48] naquela época morando em Nova York, sua ex-aluna em um curso que tinha sido organizado por Portinari, insistem no plano de montar uma exposição com obras da sua coleção.[49]

Carlos Lacerda se lembrou da participação de Mário de Andrade no ciclo de palestras da Interamericana, quando fez violentas acusações ao amigo mais velho, meses depois.[50] Em tom muito agressivo, o irado jornalista denunciou o que considerava as contradições de Mário de Andrade. Ele teria feito a conferência e, em seguida, difamado seu chefe e empregador na agência norte-americana, Armando d'Almeida, como delator. Exigia, por esse motivo, uma retratação. O desfecho do caso foi constrangedor. Depois de uma visita de Lacerda a São Paulo, Mário de Andrade cedeu à pressão e fez a retratação.

Mário de Andrade publicou com frequência na *Revista Acadêmica*. Seu primeiro poema feito no Rio, "As cantadas", apareceu no número 9, em 1938. Em 1937, recomendou à revista a publicação de artigos contra André Gide, que havia lançado o relato de sua viagem à União Soviética, em tom de denúncia. A revista, com rara perspicácia, não acatou sua indicação. O grupo da *Revista Acadêmica* envolveu Mário de Andrade nas discussões políticas, o que era de qualquer forma inevitável em um momento de intensa mobilização. O amigo mais velho, em geral, concordava com as posições do grupo, que costumavam ser muito sectárias.

Entretanto, o escritor soube também guardar a independência de juízo e resistiu à insistência dos mais jovens. Um caso, pelo menos, ilustra essa sua atitude. Em 1942, foi convidado pelo crítico Álvaro Lins para publicar *Aspectos da literatura brasileira*, seu livro de ensaios mais importante, em uma coleção organizada por ele na editora

---

48   Lota Macedo Soares (1910-1967) teve intensa participação na vida cultural do Rio de Janeiro. Foi responsável pela criação do Aterro do Flamengo, no governo de Carlos Lacerda.
49   ANTELO, Raul (org.). *Mário de Andrade: cartas a Murilo de Miranda*. p. 115. Carta de Lota Macedo Soares, Arquivo IEB/USP. Cf. Marta Rossetti Batista e Yone Soares de Lima, *Coleção Mário de Andrade*. São Paulo: IEB-USP, 1998.
50   Carta de Carlos Lacerda para Mário de Andrade. In: *Minhas cartas e as dos outros*. Brasília: UNB, 2005. p. 57-62.

Americ-Edit. O livro reúne artigos de várias fases, entre os quais um sobre Tristão de Athayde, do período de *Revista Nova*, do início da década anterior. Ao saberem da existência de um ensaio sobre o crítico católico, os jovens amigos se enfureceram e cobraram sua retirada do livro. Dessa vez Mário não cedeu. Em carta a Murilo Miranda, declarou que censurar o artigo significaria a perda de sua dignidade. Preferia ser xingado pelo grupo a ser desprezado por sua covardia.

Os rapazes da *Acadêmica* foram uma companhia constante nos tempos do Rio de Janeiro. Mário de Andrade deu provas de sua amizade ao dedicar a Murilo Miranda o livro de poemas *A costela do grã cão* e a Carlos Lacerda, *O carro da miséria*.

Além dos grupos de Minas e da *Revista Acadêmica*, Mário de Andrade relacionou-se, de forma menos próxima, com os universitários que lançaram em 1941 a revista *Clima*, em São Paulo. A publicação foi concebida por Paulo Emilio Salles Gomes, Antonio Candido, Ruy Coelho, Decio de Almeida Prado e Lourival Gomes Machado, alunos da Faculdade de Filosofia da Universidade de São Paulo. O escritor e ator Alfredo Mesquita, o mais velho do grupo, prestou sua colaboração e o apoiou financeiramente. O círculo de colaboradores foi, em geral, de colegas de universidade, e incluía Gilda Rocha, prima de Mário de Andrade, que morava em sua casa, e que se casaria, em 1943, com Antonio Candido, quando passou a usar o sobrenome Mello e Souza, com o qual assinaria seus livros. O primeiro número de *Clima*, de maio de 1941, continha o artigo de abertura "A elegia de abril", que expunha um comentário muito crítico sobre o absenteísmo da nova geração. O artigo foi mal recebido pelos jovens amigos, em geral. Os mineiros se sentiram atingidos, já que não tinham mesmo nenhuma militância política. Mário de Andrade precisou dar uma longa explicação para acalmar o ânimo de Otávio Dias Leite, que pertencia tanto ao grupo de Minas quanto ao do Rio. Por carta, o escritor se justificou e argumentou que suas acusações não tinham caráter pessoal. Porém, tanto os amigos do Rio, da *Revista Acadêmica*, quanto os próprios editores de *Clima* se sentiram atacados.[51]

---

51 MORAES, Marcos A. (org.). *Mário, Otávio: cartas de Mário de Andrade a Otavio Dias Leite*. São Paulo: Imprensa Oficial, 2006, p. 91-7. ANTELO, Raul (org.). *Cartas a Murilo Miranda*, p. 87-9.

RIO – SANTA TERESA

Em meados de 1940, o poeta se mudou para uma casinha na ladeira de Santa Teresa. Era um lugar de difícil acesso, com vista ampla do centro do Rio, vizinho do convento das carmelitas e próximo aos famosos Arcos da Lapa. Confessou à amiga Oneyda Alvarenga, à época, que se sentia livre dos compromissos e tensões da cidade grande. Vivia uma grande solidão, mas que cultivava com certa volúpia. Tinha ainda pensamentos contraditórios e desconcertados, mas em compensação achava vantajoso não precisar fazer nada, não ter que intervir nos acontecimentos. Concentrava-se apenas em usar os olhos, vivia apenas deles. Explicou: "Fico horas perdido, sem pensar, sem amar, sem detestar, olhando as vistas. Sinto que elas me fazem bem e não me fatigo delas. Mas não penso nelas, só os olhos vivem. Só os olhos vivem por enquanto".[52]

Mário de Andrade tinha conhecimento, através de seus estudos de filosofia, de que a suspensão dos afazeres da vida prática é condição para a fruição do prazer estético e para a formulação de qualquer tipo de juízo sobre as coisas. Os filósofos, em geral, acreditam que é preciso haver certa distância de um dado objeto para que ele possa ser avaliado. Essa postura desinteressada prepara o terreno para uma aproximação sem preconceitos daquilo que se quer considerar. Em longa carta para Oneyda Alvarenga, ele chamou essa aproximação de *charitas* ou amor e entendeu que ela constitui a base de toda crítica.[53] O escritor sempre refletiu sobre a natureza da crítica, mas foi em especial na preparação do curso da UDF, em 1938, que se deteve com mais atenção no assunto. Entre suas anotações encontra-se um pequeno texto, "O prazer estético", que resume seu ponto de vista e indica o duplo movimento de afastamento e de aproximação das coisas, característico da apreciação estética.[54] Para o escritor, a suspensão de uma perspectiva interessada e parcial possibilita apreender as coisas em sua integridade. Isso significa que o contato amoroso tem o poder de revelar o esplendor e a beleza daquilo que se observa. A posição a distância, do alto do morro de Santa Teresa, deve ter inspirado o escritor na sua definição da natureza da crítica.

---

52 ALVARENGA, Oneyda (org.). *Cartas: Mário de Andrade e Oneyda Alvarenga*, p. 234.
53 ALVARENGA, Oneyda (org.). *Cartas: Mário de Andrade e Oneyda Alvarenga*, p. 266 e ss.
54 "O prazer estético", *Gragoatá* nº 7 Niterói: UFF, 1999.

Essa definição serviu de base para a argumentação de Mário de Andrade diante das indecisões dos amigos Oneyda Alvarenga e Guilherme Figueiredo. Em ocasiões diferentes, os dois expressaram a insegurança de terem de assumir a função de críticos profissionais e se sentirem despreparados tecnicamente. Mário observou que a apreciação estética não depende de conhecimento técnico. O critério para se avaliar a beleza de um quadro ou de uma sinfonia não tem nada a ver com saber pintar ou fazer música. Quanto ao artista, que tem um objetivo a alcançar – a confecção da obra –, certamente é preciso ter o domínio da técnica. Já o espectador da pintura ou de um concerto precisa, antes, ter os olhos e os ouvidos bem abertos. Nesse caso, o conhecimento técnico seria até prejudicial, pois impediria um acesso desinteressado da obra de arte, desprendido de qualquer objetivo. O fato de a apreciação estética não depender de um critério técnico, adquirido por aprendizagem, faz que ela possa ser uma experiência partilhada por todos e, assim, lhe confere um sentido coletivo. Na carta a Guilherme Figueiredo, explicou que, em arte, "todos, mas absolutamente todos, têm o direito de apreciar ou não, gostar ou repudiar, e dar opinião, apontando o que gostou, o que não gostou, por que gostou e por que não gostou". E completou: "Você, um operário e uma princesa diante de um quadro, *fatalmente*, queiram ou não, gostarão ou não gostarão".[55]

Existem outros fatores prejudiciais para o exercício crítico, além dessa perspectiva técnica que deve ser exigida do artista, mas não do espectador. O fato, por exemplo, de um crítico introduzir no seu trabalho princípios doutrinários ou políticos impede uma verdadeira avaliação. Mário de Andrade questionou o ponto de vista dos críticos Tristão de Athayde e Álvaro Lins, que tinham aderido ao catolicismo e tomavam sua crença como chave de leitura da produção literária.

---

55 *Mário de Andrade, a lição do guru: cartas a Guilherme Figueiredo*. Rio de Janeiro: Civilização Brasileira, 1989, p. 62.

MÁRIO DE ANDRADE E O CATOLICISMO — DEBATE COM TRISTÃO DE ATHAYDE

Tristão de Athayde (Alceu Amoroso Lima) iniciou seus comentários sobre as obras e autores do Modernismo ainda na primeira metade dos anos 1920. Em 1923, publicou a crítica de *Pauliceia desvairada* e, nos anos seguintes, tratou de quase todos os livros de Mário de Andrade. Em 1928, converteu-se ao catolicismo, influenciado por Jackson de Figueiredo, o criador do Centro Dom Vital e da revista *A Ordem*, responsáveis por agregar os intelectuais católicos e difundir suas ideias no meio culto e universitário. Mário logo percebeu as dificuldades dessa opção para a atividade do crítico Tristão de Athayde. Ao comentar a série *Estudos*, que reunia as crônicas de Tristão, observou que a literatura perdera um excelente crítico literário, "apesar dos defeitos, excelente", e ganhara um pensador católico, envolvido basicamente em uma luta de ideias.

A correspondência entre Mário de Andrade e o pensador católico é muito importante para se considerar a influência da intelectualidade católica na vida do país e da sua relação com o Modernismo. Mais importante ainda é que ela testemunha o respeito mútuo entre os dois escritores, apesar de todas as divergências. Alceu Amoroso Lima, ao publicar as cartas de Mário de Andrade, observou que seus dois temas principais foram os mesmos que acompanharam Mário ao longo da vida: Deus e o povo, ou, em outras palavras, o sentido de religiosidade e o antiaristocratismo.[56] A relação de Mário com o catolicismo foi muito complexa. Depois da juventude, abandonou as práticas religiosas e passou a ter uma postura refratária às posições da Igreja. Nunca perdeu, no entanto, a religiosidade. Insistiu sempre que a fé e o sentimento religioso não deviam ser confundidos com os dogmas da Igreja católica. Manteve com o catolicismo uma relação parecida com a que teve com o comunismo, recusando-se a uma adesão que contrariava seu espírito individualista e sua independência de juízo. Opôs-se claramente a todo tipo de sectarismo, inclusive do amigo Alceu Amoroso Lima. Buscou uma aproximação maior com ele, mas esbarrava sempre no bloqueio dos dogmas e do tradicionalismo.

---

56   LIMA, Alceu Amoroso (Tristão de Athayde). *Companheiros de viagem*, p. 50-60.

Gostaria de ser acatado por ele, mas não conseguiu que seu clamor fosse ouvido. Numa carta de 1943, exclamou:

> A civilização vai mudar Tristão. A Civilização Cristã chamada, e que não sei se algumas vezes você não confunde um bocado com Cristo, está se acabando e vai ser um capítulo da História... Tudo isso nada tem a ver com o outro mundo. Nem eu sei nem quero a morte da Igreja imortal e o desaparecimento da religião nem a sempre por demais próxima chegada do Anticristo. Mas não haverá o perigo para muitos e pra você de preferir a Igreja a Deus? Eu não ignoro não os perigos dos meus argumentos para o meu paracatolicismo em que me debato. Serão argumentos do Diabo. Ou serão argumentos do orgulho. Mas eu quero bater a uma porta, mas essa porta não pode se abrir porque os que estão lá dentro não podem interromper o *Te Deum*. Então, eu solto um grande grito pra Deus me escutar. E como eu quero que Ele me escute, Ele me escuta. Mas ainda não pude soltar o grande grito e me sinto sozinho. Porque os que deviam vir a mim porque eu não vou a eles, não vêm até mim. E eu não sei se haverá tempo para eu soltar o grande grito.[57]

Para Alceu Amoroso Lima, houve, sim, tempo para o grande grito, pois, no final de 1944, pouco antes de morrer, Mário de Andrade escreveu para ele: "É pra esse ano de 1945, que lhe desejo, e à triste raça humana, um ano grande." Para o pensador católico, o amigo estaria expressando a esperança – uma das virtudes teologais – de um ano melhor que ia começar, aliás, o de sua morte.

Mário de Andrade não se esquivou de discutir as teses do crítico Tristão de Athayde e seu projeto para o Brasil. Discordava do pensador católico que via no catolicismo a base da nacionalidade, o que justificaria atribuir à Igreja um papel central na condução do país. Mário de Andrade argumentou, com base em suas pesquisas, que o catolicismo não tinha raízes profundas na vida do brasileiro, podendo facilmente confundir-se com uma religiosidade difusa e superficial, própria também de outras confissões religiosas, como o protestantismo e as religiões de origem africana. Para ele, a realidade brasileira é

---

57 FERNANDES, Lygia. *Mário de Andrade escreve cartas a Alceu, Meyer e outros*, p. 33-4.

bem mais complexa e variada do que imaginava o pensador católico e não haveria motivos para dar destaque à orientação católica em detrimento das outras crenças, no plano da cultura ou da política.[58]

As mesmas acusações de sectarismo feitas a Tristão de Athayde apareceram no debate com Álvaro Lins. Em "Um crítico", crônica incluída em *O empalhador de passarinho*,[59] Mário de Andrade notou que a "personalidade espiritual do crítico" conformou sua apreciação de Eça de Queirós, ao projetar no escritor português suas próprias preocupações. Álvaro Lins foi, por sua vez, o autor do primeiro comentário do conjunto dos escritos críticos de Mário de Andrade, em artigo de 1946 sobre *O empalhador de passarinho*. No artigo, ele identificou a presença de duas direções contrárias na crítica do modernista. A seu ver, Mário de Andrade teria oscilado entre, de um lado, uma visão esteticista da literatura, ao valorizar o apuro formal, e, de outro, a defesa da literatura com função social. Ele notou que as circunstâncias externas e o tom polêmico dos escritos de Mário motivaram a adesão a um ou a outro ponto de vista. O comentarista não chegou a perceber que o escritor, na verdade, conviveu com a tensa oposição entre essas duas perspectivas, e que a força de sua obra reside exatamente em ter abrigado múltiplas contradições.[60]

Os últimos tempos no Rio foram penosos. No final de 1939, Mário já tinha apresentado o projeto da *Enciclopédia* e sentia-se desocupado no ministério. Além disso, percebeu que seu superior no Instituto do Livro, Augusto Meyer, temia que ele quisesse tomar seu lugar e fazia disso um enorme problema. Mesmo já tendo declarado que preferia uma posição obscura, não se acostumou com a rotina de funcionário, tendo que assinar o ponto duas vezes por dia. Apesar da proximidade com o ministro, seu amigo, era constrangedora a posição subalterna, especialmente para quem dirigira o Departamento de Cultura de São Paulo e concebera um programa cultural que abrangia toda a nação.

A verdade é que Mário de Andrade teve um papel secundário na estrutura e na definição da política do ministério. Deu sua opinião ao ministro especialmente sobre a decoração do novo prédio na Esplanada

---

58   ANDRADE, Mário de. *Aspectos da literatura brasileira*, p. 24-5.
59   ANDRADE, Mário de. *O empalhador de passarinho*. São Paulo/Brasília: Martins/INL, 1972.
60   LINS, Alvaro. *Os mortos de sobrecasaca*. Rio de Janeiro: Civilização Brasileira, 1963.

do Castelo, na escolha das esculturas de Bruno Giorgi para o jardim da avenida Graça Aranha, e colaborou no Serviço do Patrimônio.

Acabou pedindo para ser requisitado para este Serviço, o SPHAN, chefiado por Rodrigo Mello Franco de Andrade, órgão com o qual tivera uma relação muito importante, pois fora seu idealizador, alguns anos antes.

Em 1936, o ministro Capanema o convidou para ir ao Rio "tratar de assuntos de interesse da cultura nacional".[61] No encontro, deve ter sido decidida a criação da nova instituição. Em março de 1936, um anteprojeto redigido por Mário de Andrade já tinha sido entregue ao ministro, que agradeceu a "colaboração incomparável" do escritor para o patrimônio artístico nacional.[62] Criado o serviço, Rodrigo Mello Franco de Andrade foi nomeado seu diretor e, em 1937, foi aprovada a legislação que o regulamentava. O anteprojeto de Mário de Andrade constitui um marco fundador e continua inspirando iniciativas de preservação do patrimônio cultural até hoje. No documento enviado pelo escritor, os objetivos do serviço foram definidos de forma ampla: "Determinar, organizar, conservar, defender, enriquecer e propagar o patrimônio artístico nacional." Também foram discriminados os itens que compõem o patrimônio: arte arqueológica, arte ameríndia, arte popular, arte histórica, arte erudita nacional, arte erudita estrangeira, artes aplicadas nacionais e artes aplicadas estrangeiras. No detalhamento da lista, indicam-se como passíveis de tombamento: objetos, monumentos, paisagens e manifestações como cantos, lendas, danças, vocabulários, culinária, medicina e magias.[63] Como se pode observar, o conceito de patrimônio proposto por Mário de Andrade é muito amplo, muito mais até do que o posto em prática ao longo da vida da instituição. Houve, na história das iniciativas do Patrimônio desde então, momentos de maior vitalidade, todos coincidindo com o empenho de revitalizar o legado de Mário de Andrade.[64]

O escritor trabalhou para o SPHAN em várias oportunidades, no Rio, e mais tarde como seu delegado em São Paulo, quando se dedicou à redação de uma monografia sobre o padre Jesuíno do Monte

---

61   BONEMY, Helena. *Um poeta na política*, p. 164.
62   Idem.
63   *Anteprojeto do Serviço do Patrimônio Histórico e Artístico Nacional*. São Paulo: Centro de Estudos Folclóricos (GFAU), 1955 (mimeo.).
64   Helena Bomeny comenta a relação da administração de Aloísio Magalhães, à frente da instituição, com Mário de Andrade, em *Um poeta na política*.

Carmelo, pintor do período colonial. Como assessor do Serviço do Patrimônio, escreveu em defesa do tombamento da Capela de Santo Antônio, do século XVII, que estava arruinada, situada na cidade de São Roque, no interior do estado. O apego ao delicado monumento se prolongou até o final da vida. Em 1944, Mário adquiriu a propriedade e, com a condição de ter seu usufruto até a morte, determinou que ela fosse doada para abrigar um "lugar de repouso para o artista brasileiro".[65] O pequeno prédio foi restaurado e tornou-se um ponto de visitação importante na cidade.

A capital da República não foi apenas o cenário das frustrações de Mário de Andrade. Se fosse assim, nem se compreenderia a quantidade de recibos de bilhetes da Vasp que ele guardou. No Rio ele teve a oportunidade valiosa de renovar as amizades, de ter, pela primeira vez, uma vida independente da família, de sair da provinciana São Paulo e participar do ambiente intelectual da capital, de confrontar-se com o debate político, de aprofundar os estudos de estética, de escrever alguns belos poemas, de medir, à distância, a importância dos projetos interrompidos. Tinha a companhia dos jovens amigos quase todas as noites, com discussões e cantorias. Ia ao concerto, no Teatro Municipal, até mesmo acompanhado do ministro, quando foi ouvir a pianista Magdalena Tagliaferro. Chegou a visitar o Cassino da Urca. Seus novos amigos, em particular Lúcio Rangel, o apresentaram ao samba carioca, o que ampliou seu gosto musical. Lúcio Rangel contou que ele, junto com Vinicius de Moraes e Mário de Andrade, havia planejado um livro sobre samba, infelizmente nunca realizado. Lembrou também que Mário de Andrade era o principal animador das mesas do Amarelinho e da Taberna da Glória e era quem sempre iniciava a cantoria. Por intermédio de Lúcio Rangel, também se sabe quais eram os discos de samba recomendados pelo escritor e, também, que ele escolheu o samba de Herivelto Martins, "Praça Onze", como sua música preferida no Carnaval de 1942, no mesmo ano de lançamento de "Ai, que saudades da Amélia", de Mário Lago e Ataulfo Alves. Achou das frases musicais mais comoventes aquele grito: "Guardai os vossos pandeiros, guardai!"[66]

---

65 FROTA, Lélia Coelho (org.). *Mário de Andrade: cartas de trabalho*, p. 184.
66 Cf. RANGEL, Lúcio. "Mário de Andrade e o samba carioca". *Sambistas e chorões*, Rio de Janeiro: IMS, 2014.

Entre os amigos que frequentava àquela época estavam ainda o pintor Candido Portinari e o músico Francisco Mignone, casado na época com a pianista Liddy Chiaffarelli; teve, porém, menos contato com os velhos companheiros de Modernismo: Manuel Bandeira e Carlos Drummond de Andrade. Torceu pela eleição de Bandeira para a Academia Brasileira de Letras, em 1940, e festejou sua entrada. Esteve mais distanciado de Drummond. Ao preparar a edição das cartas do amigo, este comentou:

> Nem mesmo a partir de 1938, quando ele passou a morar no Rio de Janeiro, onde permaneceu até 1941, e onde eu residia desde 1934, nos vimos assiduamente e menos ainda nos dedicamos à fraterna conversa, devido a esses tapumes que o trabalho (só ele?) costuma levantar entre pessoas que se estimam cordialmente: eu, na minha lida infindável de burocrata no Gabinete do nosso comum amigo Ministro Gustavo Capanema, titular da pasta da Educação; ele, embora mais livre, também engolfado em trabalho e em modo de viver que o mantinham relativamente distante de meu dia a dia.[67]

O desânimo predominou ao longo do ano de 1940. Em maio, antes mesmo da mudança para Santa Teresa, escreveu para dona Nini, irmã de Paulo Duarte, em busca de notícias do amigo e comentou sobre sua situação no Rio: "Mas o que será que Deus espera de mim nestas plagas ardentes?" Respondeu, com humor, que Ele talvez quisesse mandá-lo para o inferno. E definiu o inferno da seguinte forma: "Em vez de calorão, mil calorões. Em vez de pasmaceira, mil pasmaceiras. Em vez de milhão e meio de cariocas, dez milhões deles!"[68]

No final do ano, Mário de Andrade aceitou o convite da Livraria Martins Editora para fazer o prefácio de uma edição de *Memórias de um sargento de milícias*, de Manuel Antônio de Almeida, mais tarde incorporado no livro *Aspectos da literatura brasileira*. Nele propôs uma interpretação do romance que o aproxima de uma linhagem em que estão Herondas, Petrônio, com o *Satyricon*, Quevedo e o Lazarillo de Tormes. Todas essas grandes obras e autores contêm um elemento de crítica social, formulada com recursos humorísticos, e um certo

---

67 ANDRADE, Carlos Drummond de (org.). *A lição do amigo*, p. 8.
68 DUARTE, Paulo. *Mário de Andrade por ele mesmo*, p. 188.

reacionarismo, o que os distingue das literaturas realista e naturalista. Fez também uma ligação surpreendente do livro com Machado de Assis, sobretudo no plano estilístico. Mário de Andrade entusiasmou-se com o trabalho, mas não a ponto de aliviar sua profunda aflição.

Um dia depois do Natal de 1940, relatou a Oneyda Alvarenga seu estado de ânimo. A carta sugere a imagem do poeta descendo a ladeira em que morava, indo em direção ao centro, em busca de algum alívio para sua angústia nos bares cheios e encontrando apenas a confirmação da sua frustração.

> Tenho muita pena de mim, Oneyda, sinto uma pena imensa de mim, tenho a impressão de que ainda podia fazer alguma coisa e não faço; e não posso fazer o que talvez quereria fazer. Só me interessa esperar a queda das 22 horas, pra ir beber uns chopes na Brahma, mas chego lá fica da mesma forma desagradável, ventiladores soprando um vento de inferno, e gente da rua espiando, parece que vão me prender, me matar, não sei. Agora vou me embebedar até o dia primeiro do ano e depois reajo.[69]

---

69   ALVARENGA, Oneyda (org.). *Cartas: Mário de Andrade e Oneyda Alvarenga*, p. 304.

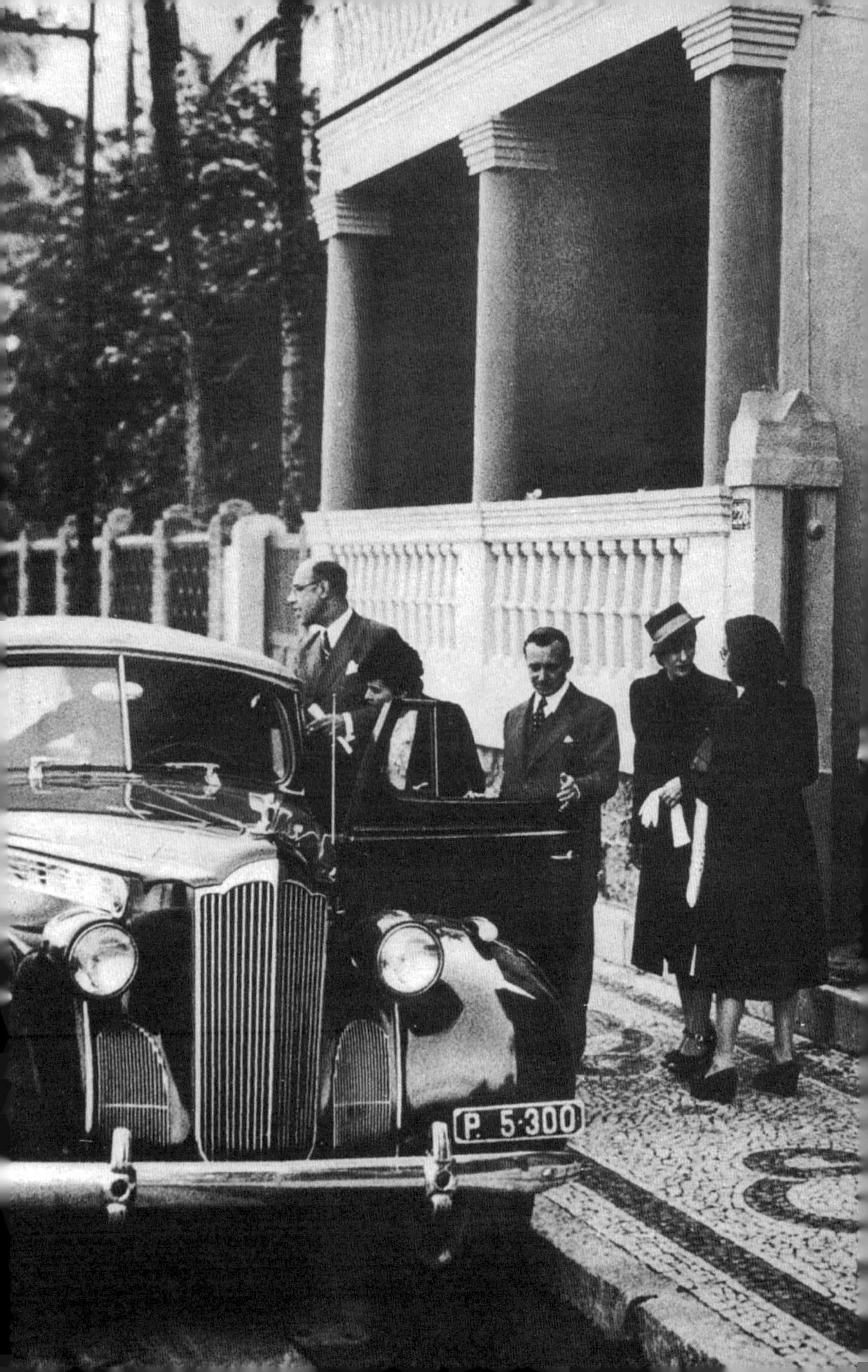
P. 5·300

NA PÁGINA AO LADO:
Mário, Portinari e sua esposa Maria em frente à casa do casal, no Leme, 1940. Mário foi um admirador entusiasmado do pintor desde o início da década de 1930. Escreveu sobre ele e foi seu colega na Universidade do Distrito Federal.

ACIMA:
Mário com Gustavo Capanema no Teatro Municipal do Rio de Janeiro, 1940. A relação de Mário com o então Ministro da Educação foi próxima, no entanto o poeta não desempenhou papel importante na política do ministério.

NAS PÁGINAS 182-183:
Mário de Andrade chegando a Belo Horizonte em 1939 e sendo recebido na Estação Central do Brasil por alunos da Universidade de Minas Gerais, que lhe fizeram o convite. Foi recebido também por autoridades.

ABAIXO:
Há poucas imagens de Mário do período em que viveu no Rio de Janeiro. Nesta, ele aparece com o autor Renato Almeida, caminhando no Centro. Mário reclamava do calor e não tinha em alta conta o caráter dos cariocas.

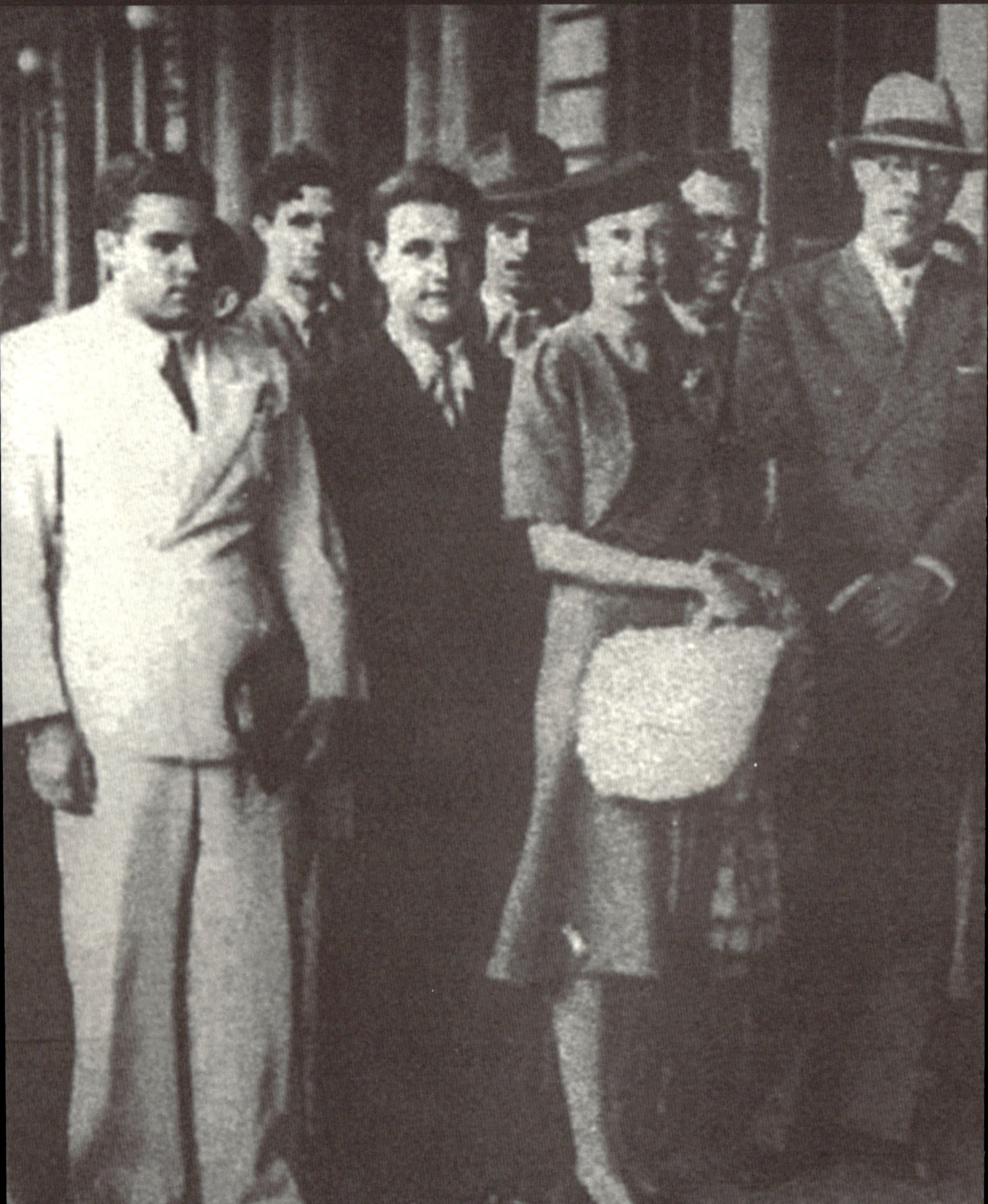

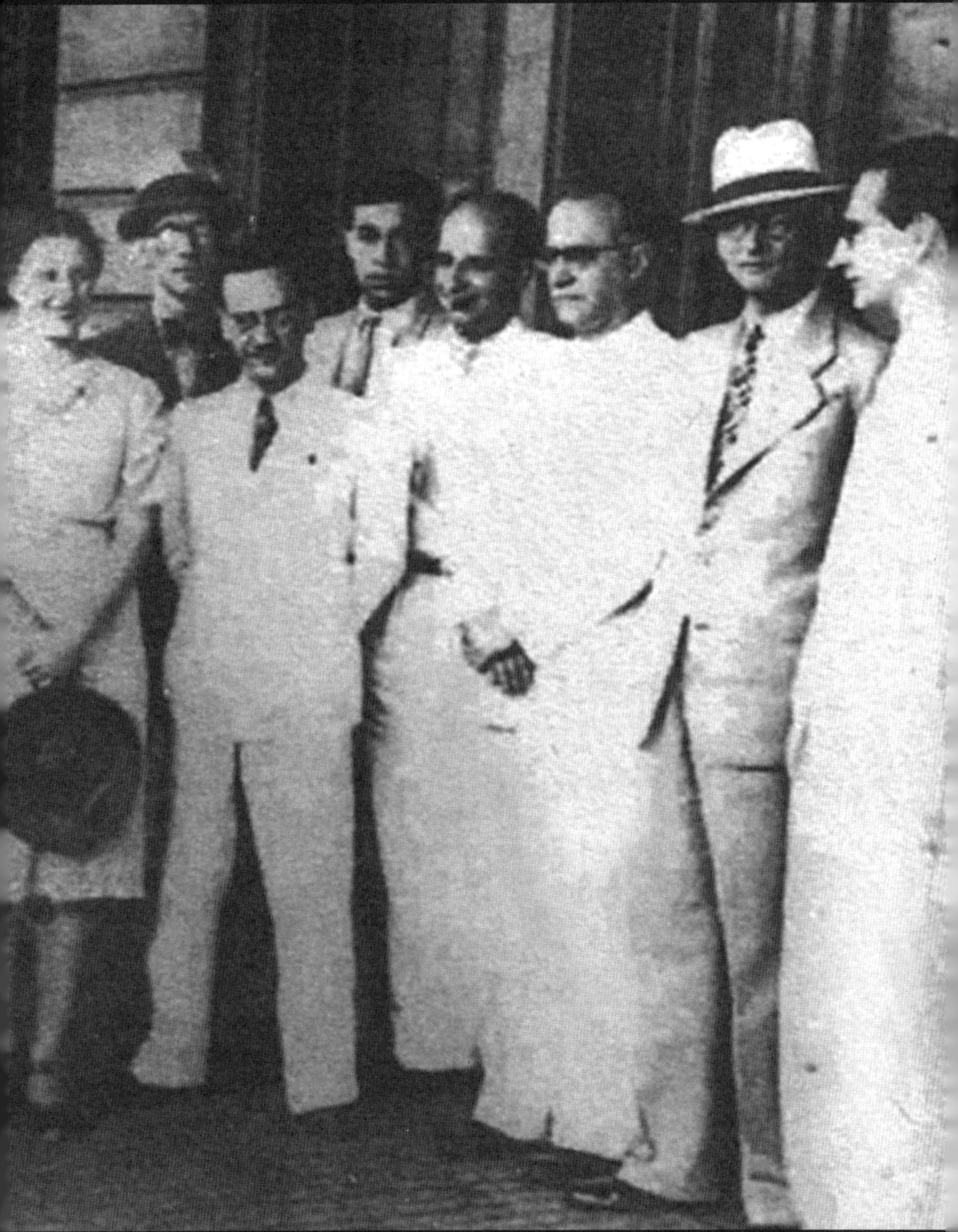

Uma das últimas fotos de
Mário de Andrade, 1945.

CAPÍTULO 8

DE VOLTA A SÃO PAULO
1941-1945

Finalmente, em fevereiro de 1941, com um soco numa mesa de bar, o poeta tomou a decisão de voltar para casa em São Paulo. Ia reencontrar a mãe, seus livros, os amigos mais próximos, quase afilhados, Oneyda Alvarenga, Luis Saia e o secretário José Bento, o Zé Bentinho. Recomeçaria sua vida? Era o que pretendia, mas não foi o que aconteceu.

Rubens Borba de Moraes relatou um encontro com Mário de Andrade, no Viaduto do Chá, depois de seu retorno a São Paulo. "Estava magro, esverdeado, acabado", observou. Viu claramente que o amigo passava por um processo de autodestruição.[70] Nos anos seguintes, repetidas vezes o escritor confessou seu profundo mal-estar. As cartas para Paulo Duarte, seu confidente na época, de quem estivera próximo em toda a experiência do Departamento de Cultura, contêm as mais sofridas confissões. Relatou ao amigo, no início de 1942, que tinha a impressão de que estava se suicidando aos poucos e que ia morrer

---

70 MORAES, Rubens Borba de. *Lembrança de Mário de Andrade*. São Paulo: s/n, 1979, p. 24.

"um pouco antes do tempo, pois desejava viver até os 55 anos".[1] No final do ano seguinte, depois de se referir aos constantes problemas de saúde, declarou: "Imagino que numa possível biografia minha, o biógrafo teria que botar: 'o ano de 1943 não existiu'."[2]

O suicídio tinha aparecido como assunto do poema, "Improviso do rapaz morto", de 1925. No poema, Mário de Andrade exorcizava a morte e procurava mantê-la a distância. Pedia ao amigo morto que fosse embora e dizia que não o reconhecia mais. Ao tratar dos poetas românticos, em *Revista Nova*, mencionou os suicídios camuflados dos que morreram precocemente. Reconheceu que "certas outras formas aparentemente naturais de morte são suicídios também. Suicídios camuflados com que o homem, si não consegue burlar o juízo dos seus deuses, burla pelo menos a sua própria boa intenção".[3]

Quando se leem as declarações dos anos 1940, é inevitável a lembrança dessas passagens. Só que, nesse caso, a morte próxima é a sua própria, e isso o angustiava.

O estado de ânimo desses anos levou Mário de Andrade a declarar para o crítico musical e poeta Andrade Muricy a respeito da inspiração poética: "Quando chega algum 'estado de poesia' em mim, desanimo antes de me pôr ao trabalho. Quando é muito bravo, o dissolvo em álcool."[4] A declaração surpreende, já que é de 1941, da mesma época da publicação, pela Livraria Martins Editora, de *Poesias*, o livro que reúne todos os seus poemas, de *Pauliceia desvairada*, *Losango cáqui*, *Clã do jabuti*, *Remate de males*, *A costela do grã cão* e *Livro azul*. Não foram incluídos na coletânea os poemas de *Carro da miséria*, pois o poeta considerou arriscado, pelo seu conteúdo político, publicá-los naquele momento de censura. À obra poética de Mário de Andrade seriam acrescentados, postumamente, além de *Carro da miséria*, *Lira paulistana* e *Café*.

Poesias teve grande repercussão. Mário de Andrade já era considerado a principal figura literária do país e os críticos se aprestaram para resenhá-lo. A crônica de Álvaro Lins no *Correio da Manhã*, do Rio, deu início a uma troca de cartas que se prolongou até 1945.[5] An-

---

1 DUARTE, Paulo. *Mário de Andrade por ele mesmo*, p. 218.
2 Ibidem, p. 272.
3 ANDRADE, Mário de. *Aspectos da literatura brasileira*, p. 199.
4 Arquivo da Fundação Casa de Rui Barbosa, Rio de Janeiro.
5 *Cartas de Mário de Andrade a Álvaro Lins*. Rio de Janeiro: José Olympio, 1983.

tonio Candido escreveu em *Clima*. Mas o maior elogio não foi feito publicamente, mas em carta de Carlos Drummond de Andrade. O amigo mineiro declarou, em um longo parágrafo:

> Só tive oportunidade de contar a você a emoção que foi para mim a leitura das suas "Poesias". Na minha incapacidade orgânica para explicar por escrito as minhas emoções, e principalmente avaliar as razões delas, nada mais direi a você senão que me assombrou a importância da sua poesia, assim reunida em livro único, que mostra bem a sua força lírica, às vezes um pouco esquecida diante da variedade e riqueza da obra de ensaísta. Acho que sua obra poética está guardada para uma aceitação futura integral, tanto mais quanto nela é mínima a porção capaz de obter agrado fácil e imediato. Descobri que você está só no meio de vários poetas, só pelas suas preocupações especiais, pela sua realização própria, pela complexidade de sua poética.[6]

A mensagem tinha, além do mais, uma clara intenção de reconciliação, depois da distância mantida entre os dois no período do Rio:

> Não posso fugir a uma quase confidência, depois dessa digressão confusa e atrapalhada. É a seguinte: ao lado dos motivos grandes de satisfação poética, a mim oferecidos por seu livro, motivo de pura voluptuosidade do espírito, houve um que me tocou mais de perto, foi o de reencontrar nele o Mário dos anos 1920-30, o das cartas torrenciais, dos conselhos, das advertências sábias e afetuosas, indivíduo que tive a sorte de achar em momento de angustiosa procura e formação intelectual. Ele está inteiro nas poesias.[7]

A poesia de Mário de Andrade não é a parte mais comentada de sua obra. Um dos motivos para esse relativo desconhecimento foi apontado por Carlos Drummond: muitos poemas não são de fácil leitura e não obtiveram o agrado imediato. Os livros são muito heterogêneos, o que dificulta uma abordagem de conjunto. As soluções formais são bastante variadas, e, ao longo dos anos, muitas vezes em função das opções doutrinárias, os poemas mostram grande diver-

---

6 SANTIAGO, Silviano (org.). *Carlos & Mário*, p. 474.
7 Ibidem, p. 474-75.

sidade de temas. Além disso, a própria edição da obra poética foi até recentemente muito descuidada.⁸

Nos últimos anos, Mário de Andrade redigiu a monografia sobre o pintor padre Jesuíno do Monte Carmelo (1764-1819), que lhe foi encomendada pelo SPHAN. O pintor, nascido em Santos, trabalhou no interior do estado de São Paulo, na região de Itu, no final do século XVIII, onde fez a decoração de igrejas como a Matriz e a Igreja do Carmo de Itu. O livro ficou pronto em 1944 e deveria ser dedicado a Rodrigo Mello Franco de Andrade, que o prefaciou. Era a segunda vez que Mário de Andrade se ocupava da arte do período colonial. A primeira tinha sido em 1928, com o estudo sobre o Aleijadinho, publicado em 1935 pela *Revista Acadêmica*. É inevitável a comparação entre os dois artistas. Ambos eram mulatos, marginalizados na sociedade colonial, com um contato muito precário com a cultura erudita. A admiração de Mário de Andrade é muito maior pelo Aleijadinho do que pelo paulista. Para o escritor, apenas o Aleijadinho teria alcançado uma verdadeira síntese, enquanto Jesuíno foi um conjunto "desesperado de espécies contraditórias".⁹ Também o estudo sobre o Aleijadinho é bem mais complexo do que a monografia sobre o padre, e Mário pôde expor nele suas preocupações centrais, como a formação de uma arte nacional e a relação entre a economia formal do artista e o apelo expressivo.

Mário de Andrade resgatou, no ensaio de 1928, o Barroco como um elemento formador da arte brasileira. O título adotado na versão original foi "O Aleijadinho e sua posição nacional", o que mostra uma preocupação muito parecida da que tinha *Macunaíma*, do mesmo ano. O parentesco das duas obras fica ainda mais evidente quando se considera que, nos dois casos, o mulato aparece como o representante da raça brasileira em formação. A "mulataria", como gosta de chamar Mário de Andrade, não tem nada a ver com qualquer raça no sentido biológico e racista. O escritor procurava indicar com a expressão o aparecimento na vida do país de um grupo com feição ainda mal definida e vivendo um momento de transição que anunciava uma futura

---

8   Entre os estudos sobre a poesia de Mário de Andrade: CANDIDO, Antonio. "O poeta itinerante". In: *O discurso e a cidade*; LAFETÁ, João Luiz. *Figurações da intimidade*; KNOLL, Victor. *Paciente arlequinada*. São Paulo: Hucitec, 1983. CORREIA, Marlene de Castro. *Poesia de dois Andrades (e outros temas)*. Rio de Janeiro: Azougue Editorial, 2010. LIMA, Luiz Costa. *Lira e antilira*. Rio de Janeiro: Civilização Brasileira, 1968.
9   ANDRADE, Mário de. *Padre Jesuíno do Monte Carmelo*. Rio de Janeiro: Serviço do Patrimônio Histórico e Artístico Nacional, 1945, p. 142.

civilização original. Tanto o período barroco quanto o contemporâneo abrigariam estes grupos ainda deslocados e até "desrraçados", compostos por indivíduos de qualquer cor. A riqueza do texto sobre o Aleijadinho contrasta com um certo convencionalismo do estudo da vida e da obra do Padre Jesuíno, que atende principalmente às exigências de preservação ditadas pelo Serviço do Patrimônio.

Todos que ouviram Mário de Andrade recitando seus versos ficaram impressionados. Isso foi comentado desde que leu *Pauliceia desvairada*, na casa de Ronald de Carvalho, no Rio de Janeiro, em 1921.[10] Foi também um brilhante conferencista. Muitas palestras foram incorporadas nas *Obras completas* e revelam um estilo coloquial e muito cativante. Nos anos 1940, o conferencista foi muito requisitado. Algumas conferências desses anos foram: ainda em 1939, "Evolução social da música no Brasil", lida no colégio das Irmãs Marcelinas, em São Paulo, e "Música de feitiçaria no Brasil", em Belo Horizonte, e retomada no curso do professor Roger Bastide, na USP. Dos anos seguintes são: "A expressão musical dos Estados Unidos", na agência Interamericana, no Rio, "Romantismo musical", na Sociedade de Cultura Artística, em São Paulo, e "O Movimento Modernista", no Itamaraty, Rio, depois repetida em São Paulo, na Faculdade de Direito. Em 1942, ao reassumir seu posto no Conservatório da avenida São João, deu a aula inaugural "Atualidade de Chopin".

Esta aula marcou o início do último período de Mário de Andrade como professor. Na verdade, seu entusiasmo como professor diminuiu muito até 1945. Como costuma acontecer com os professores, depois de muitos anos de trabalho, Mário sentiu-se esgotado de dar aulas. Em carta ao diretor do Conservatório, Gomes Cardim, o exausto Mário de Andrade fez uma avaliação pessimista de sua atuação no magistério. Achava que era um mau professor e não tinha paciência com o baixo nível do alunado, depois da experiência como professor universitário no Rio, na UDF. Parece um juízo bem pouco objetivo, que reflete muito mais o estado de espírito sombrio daqueles dias. Terminou pedindo para se afastar da cátedra, pois não queria mais continuar a rotina. Acrescentou que seus trabalhos pessoais estavam sendo prejudicados e que perdia tempo na escola e na "prisão em São Paulo".[11]

---

10 Cf. BANDEIRA, Manuel. *Itinerário de Pasárgada*. Rio de Janeiro: Editora do Autor, 1966, P. 69.
11 Apud BARONGENO, Luciana. "Mário de Andrade, professor do Conservatório Dramático e Musical de São Paulo". I Simpom, Rio de Janeiro, Unirio, 8 -10 nov. 2010, p. 608-16.

Como parte da revisão de sua trajetória, nos últimos anos, Mário de Andrade começou a organizar a edição do conjunto de sua obra. É intrigante que um escritor de cinquenta anos tenha tomado essa iniciativa. Havia, de um lado, o propósito de repensar o significado do caminho já percorrido e, de outro, a intuição necessariamente imprecisa da iminência do fim, tendo contribuído para isso as doenças, a angústia e o consumo exagerado de álcool. Assim, tampouco é surpreendente ele ter deixado na véspera da morte, sobre sua mesa no escritório do SPHAN, um envelope fechado, endereçado a Antonio Candido, com a última versão do livro de poemas *Lira paulistana*.

Inicialmente, foram publicados títulos isolados, fora da edição das *Obras completas*. *Aspectos da literatura brasileira* saiu pela editora carioca Americ Edit, a pedido de Álvaro Lins, como primeiro livro da Coleção Joaquim Nabuco, em 1943. No mesmo ano, saiu pela Martins *O baile das quatro artes*, que reuniu ensaios sobre música, pintura, cinema e literatura popular. O autor chamou este grande livro de "mais outro livreco", em carta a Paulo Duarte.[12] Em seguida foi publicado *Os filhos da Candinha*, uma reunião de suas melhores crônicas. Em 1944, José de Barros Martins começou a publicação das *Obras completas*, pela Livraria Martins Editora, planejada inicialmente em quinze volumes. Dentro desse projeto, no mesmo ano, saíram *Pequena história da música*, *Amar, verbo intransitivo* e *Macunaíma*, todos revistos pelo escritor. No último ano de vida, Mário de Andrade fez a revisão de outros livros: *A escrava que não é Isaura*, *Namoros com a medicina*, *Ensaio sobre música brasileira*, *Contos novos* e *Obra imatura*.

A publicação das *Obras completas* teve a ver com as alterações na produção de livros no Brasil, no início dos anos 1940. A importação da Europa tinha sido prejudicada pela guerra, inclusive com os ataques a navios no Atlântico Sul. A França, principal exportadora para o país, estava ocupada pelos alemães e teve que interromper seu fornecimento. Nesse cenário conturbado, os livros americanos e argentinos ganharam espaço no mercado brasileiro. Ao mesmo tempo, apresentou-se a oportunidade de criação de novas editoras brasileiras, como a Martins, até então uma livraria, e ganharam fôlego outras já existentes, como a José Olympio.[13]

---

12   DUARTE, Paulo. *Mário de Andrade por ele mesmo*, p. 268.
13   Cf. HALLEWELL, Laurence. *O livro no Brasil*. São Paulo: Edusp, 2004.

Mário de Andrade foi um músico esporádico. Nos anos 1920 escreveu *Viola quebrada*, que ele chamava também de *Maroca*, e que foi depois harmonizada e divulgada por Villa-Lobos.[14] Redigiu o libreto da ópera bufa *Pedro Malazarte*, estreada em 1952, no Rio de Janeiro, com música de Camargo Guarnieri. Sua realização mais importante teria sido como libretista de *Café*, ópera feita em parceria com Francisco Mignone. A ideia de escrever a ópera deve ter surgido da convivência de Mário com o músico, no período em que morou no Rio de Janeiro. O libreto foi escrito no final de 1942 e discutido com vários amigos. O poeta explicou para Paulo Duarte que seu trabalho se inscrevia na tradição do teatro cantado, que remontava à tragédia grega e que teria sido desvirtuado com a ópera moderna, com seu espírito individualista.[15] Sua intenção era "retomar a dignidade e a eficiência humana" dessa tradição. Queria reforçar o elemento socializador do teatro e, por esse motivo, deu importância quase exclusiva à participação dos coros, praticamente descartando a presença de solistas.

Hoje, pode-se notar que o enredo da ópera é excessivamente esquemático. A história se passa no período da crise do café, em 1929, quando a produção paralisou e as tensões sociais recrudesceram. Não há personagens propriamente, mas tipos. O camponês e o estivador, auxiliados pelas mulheres, fazem oposição aos proprietários e aos deputados, seus representantes. No final, de forma muito simplória, é mostrada a vitória da revolução. O povo ocupa as rádios e a vitória é anunciada. A mãe, uma figura alegórica da justiça, da paz e da revolução, canta o hino da fonte da vida, que termina assim:

EU SOU AQUELE QUE DISSE:
Eu sou a fonte da vida
Não conta o segredo aos grandes
E sempre renascerás.

Força!... Amor!... Trabalho!... Paz![16]

---

14 TONI, Flávia Camargo. "Viola quebrada, também Maroca, para Mário de Andrade". Disponível em: <http://www.ieb.usp.br/marioscriptor_2/criacao/viola-quebrada- tambem-maroca-para-mario-de-andrade.html>. Acesso em: 29 set. 2014.
15 DUARTE, Paulo. *Mário de Andrade por ele mesmo*, p. 253.
16 ANDRADE, Mário de. *Poesias completas* (vol. 1), p. 613.

Não se sabe qual teria sido o resultado de todo o trabalho, já que Mignone nem sequer chegou a compor a música para os poemas.[17] Mário de Andrade apresentou o texto para Manuel Bandeira, como de costume. Do Rio, o poeta respondeu de forma muito reticente, tentando se esquivar de dar uma opinião:

> Ainda não falamos do seu *Café*. Li-o em casa e depois fizemos uma leitura na casa do Mignone, com a presença do Sá Pereira. Não entendo nada de libreto de ópera. Achei a coisa excelente na descrição: o libreto em si me pareceu um pouco magro. Mas, como disse, não entendo de libretos. Sem dúvida a magreza, a impressão de magreza, resulta da falta da música.[18]

SEGALL X PORTINARI

Também nesse período, Mário de Andrade escreveu sobre os dois artistas modernistas considerados mais importantes na época: Candido Portinari e Lasar Segall. Havia alguns anos, as figuras de Tarsila e Anita Malfatti não eram mais destaque e o país passava por uma verdadeira febre "portinarista". Lasar Segall vinha em segundo lugar.

Segall convidou Mário de Andrade para redigir o texto do catálogo da exposição no Museu de Belas Artes, no Rio, em 1943. A editora Losada, de Buenos Aires, pediu uma apresentação da obra de Portinari. Não era a primeira vez que Mário de Andrade escrevia sobre eles.

Segall foi incorporado ao grupo modernista logo após sua chegada ao Brasil, em 1923. Mário de Andrade já conhecia o expressionismo em que o artista se formara. Entretanto, preferiu sublinhar a independência do pintor diante de qualquer tendência. Em 1924, já adaptado ao país, Segall montou, no jardim da casa de dona Olívia Guedes Penteado, no bairro de Campos Elíseos, o Pavilhão Moderno, que expunha obras modernistas. Naqueles anos, incorporou em seus trabalhos a temática brasileira, como nas telas *Bananal* e *Morro Vermelho*. No início da década seguinte, o pintor foi o principal animador da Sociedade Pró-Arte Moderna, Spam, e organizou suas festas, fazendo também

---

17   Anos mais tarde, em 1968, foi programada uma montagem de *Café*, proibida pela censura. "Mário de Andrade, o proibido". *Jornal do Brasil*, 10 ago. 1968.
18   *Correspondência: Mário de Andrade & Manuel Bandeira*, p. 664.

a decoração, a fim de obter recursos para sustentá-la. Em 1927, fez a primeira exposição em que incluía os quadros pintados no Brasil. Mário de Andrade escreveu sobre a mostra em duas crônicas no *Diário Nacional*. Sublinhou, naquele momento, o equilíbrio alcançado pelo pintor. O crítico entendeu que, se no período anterior à fase brasileira Segall se deixara tomar pelo sentimento social que o inspirava, nos novos quadros ele teria conseguido o equilíbrio necessário entre a criação e a expressão artística.

O mesmo argumento seria retomado na apresentação da exposição de 1943, mas isso exigiu que Mário de Andrade reconsiderasse sua apreciação dos quadros com temática nacional. Ao tomar por referência a produção dos anos 1940, a fase brasileira passou a ser vista como menos equilibrada. O escritor avaliou que os trabalhos mais recentes tinham conseguido a dimensão plástica adequada para "essa alma triste". [19] O mesmo elogio do equilíbrio da forma e do conteúdo aparece em outra passagem do catálogo:

> Jamais o assunto se esperdiça num acabado itinerante e desrelacionado: um traço define um olhar, esta curva rítmica um abatimento. Tudo é minucioso mas nervosamente vivido, a pincelada não se oculta, mas também jamais existe por si mesma, e se sente por todo o quadro a força apaixonante da improvisação.[20]

A redação do texto da exposição de 1943 e a própria exposição tiveram episódios conturbados. Segall gostou do texto, em geral, mas pediu a Mário de Andrade algumas alterações. A primeira foi a eliminação da expressão "judeu sem dinheiro" e a segunda, a de todo o parágrafo final, que parecera ao pintor politicamente comprometedor. Com alguma irritação, Mário de Andrade concordou, mas na versão que guardou para si reintroduziu o parágrafo eliminado.[21] A exposição foi inaugurada em clima de grande tensão. Segall sofreu pesada campanha que o acusava de comunista e a mostra foi ameaçada de ataque por grupos direitistas. Um comitê foi formado para proteger as instalações, que contou com a adesão de Vinicius de Moraes. O próprio ministro e seu chefe de gabinete, Carlos Drummond de

---

19 ANDRADE, Mário de. *Aspectos das artes plásticas no Brasil*, p. 59.
20 Ibidem, p. 65.
21 Ibidem, p. 67.

Andrade, responsáveis pelo patrocínio do evento em dependências oficiais, foram duramente criticados.

Mário de Andrade e Lasar Segall nunca foram próximos, mas mantinham uma relação cordial. A entrada em cena de Candido Portinari deve ter alterado a situação. O escritor se queixou que Segall queria diminuir, a seus olhos, o prestígio do mais novo. Reagiu a isso de forma bastante negativa. Não se tem notícias de uma manifestação pública de antissemitismo de Mário de Andrade. Entretanto, as cartas enviadas a Portinari e a outros amigos revelam a forma preconceituosa como expressou sua opinião sobre o pintor emigrado da Rússia e judeu. Referiu-se a Segall usando todo tipo de chavão antijudaico e afirmou serem os judeus uma "raça com que não me acomodo".[22]

Uma carta endereçada a Henriqueta Lisboa, com um longo comentário sobre seus retratos feitos por vários artistas, inclusive Segall e Portinari, revela essa apreciação negativa. O retrato de Segall é de 1927. Além do retrato a óleo, é dele a gravura com Mário de Andrade na rede, escrevendo, de 1930. O retrato feito por Portinari é de 1935. São quadros magistrais, como reconheceu Mário de Andrade, que considerava que os dois o completavam.[23] O retrato de Portinari teria apreendido os aspectos positivos de seu caráter, os de um homem bom. Portinari teria até exclamado, durante a feitura da obra, que Mário lembrava um santo espanhol, de madeira, do século XIII. Já o retrato por Segall expunha a parte demoníaca do poeta. Mário até cogitou que ele pudesse ter mais importância, já que tinha sabido revelar "o mais sorrateiro dos meus eus".[24] É espantosa a explicação do poeta para a bem-sucedida realização de Segall. A seu ver, "como bom russo complexo e bom judeu místico ele pegou o que havia de perverso em mim, de pervertido, de mau, de feiamente sensual. A parte do Diabo. Ao passo que Portinari só conheceu a parte do Anjo".[25] Afirmou ainda à amiga Henriqueta que Segall, russo e "judeusíssimo", não era capaz de ter amigos, pelo menos no seu conceito de amizade, isto é, de gratuidade de eleição.[26] Todas essas passagens mostram a que ponto a propaganda antissemita podia contaminar até intelectuais do porte de Mário de Andrade.

---

22   FABRIS, Annateresa (org.). *Portinari, amico mio. Cartas de Mário de Andrade a Candido Portinari*. Rio de Janeiro/São Paulo: Autores Associados, Mercado de Letras, Projeto Portinari, 1995, p. 101-6.
23   ALVARENGA, Oneyda (org.). *Cartas: Mário de Andrade e Oneyda Alvarenga*, p. 159.
24   Idem.
25   Idem.
26   Idem.

Os comentários de Mário de Andrade sobre a obra de Portinari adotam critérios parecidos com os que orientaram sua interpretação de Segall – a busca do equilíbrio entre sentimento e expressão, que constituiu a base mesmo da sua estética, desde *A escrava que não é Isaura*. Mário de Andrade conheceu Candido Portinari em 1931, no Salão de Belas Artes, organizado por Lucio Costa, diretor da Escola de Belas Artes, no Rio, que provocou grande polêmica com a apresentação de obras modernas. Entusiasmou-se com dois retratos, um de Manuel Bandeira e outro do violinista Oscar Borgerth, e logo quis conhecer seu autor. Mário de Andrade foi o grande incentivador da carreira de Portinari. Escreveu um artigo para a *Revista Acadêmica*, em 1939, incluído em *O baile das quatro artes*, com um tom de verdadeira consagração. Mário de Andrade afirmou, mais de uma vez, que tinha adoração por Portinari.[27] Sua afinidade com ele era bem maior do que com Segall, o que se devia, em grande parte, ao fato de o tema da brasilidade ter uma importância bem mais decisiva na obra do pintor de Brodósqui. O estudo de 1939 concentrou-se quase exclusivamente na solução dada por Portinari ao tema do elemento nacional.

No entanto, ao escrever o texto para a editora Losada, cinco anos mais tarde, Mário de Andrade reviu seu ponto de vista. Comentou que a direção tomada pela obra recente de Portinari tinha conduzido à perda do equilíbrio entre a solução plástica e os temas abordados. A opinião de Portinari sobre sua época se tornara cada vez mais pessimista, o que explicaria a realização da "Sala dos Horrores", na qual abusou de todo tipo de distorção.[28] A essa altura, Mário já não conseguia identificar-se com a estética do artista. Para ele, Portinari teria passado de uma fase de respostas para uma de perguntas, e ele não podia concordar com isso. O desentendimento entre os dois levou Portinari a vetar o texto de Mário de Andrade. As últimas cartas trocadas entre eles mostram a exasperação de Portinari, que chegou a indagar se o escritor continuava a ser de fato seu amigo. O poeta respondeu, em tom conciliador, que estava de acordo com a decisão de não publicar o texto:

---

27 SOUZA, Eneida M. (org.) *Correspondência: Mário de Andrade & Henriqueta Lisboa*, p. 146.
28 Exposta no mesmo Museu Nacional de Belas Artes, Rio (1943), que abrigou a exposição de Segall.

Si [sic] quiser desistir, eu desisto junto, que já disse e repito: acho o meu escrito infecto. Só me consola saber que não é culpa minha. Tudo o que fiz neste últimos seis meses saiu infecto. Vamos desistir, meu velho amigo, e tudo fica na mesma.²⁹

REVISÃO DO MODERNISMO

Mário de Andrade iniciou a revisão crítica do Modernismo na aula inaugural do curso da UDF, "O artista e o artesão", em 1938. Inicialmente, ela foi motivada pela necessidade de compreender os desvios da arte contemporânea: o acentuado formalismo e, articulado a ele, o individualismo. A pesquisa sobre a história da arte moderna forneceu a base para o diagnóstico bastante negativo da situação contemporânea. Mário de Andrade viu que os impasses do contexto atual podiam ser esclarecidos ao serem consideradas as tendências presentes na história da arte moderna, desde o Renascimento, e, no caso da música, desde o romantismo. "O artista e o artesão", "Romantismo musical" e "Atualidade de Chopin", textos posteriormente incluídos em *O baile das quatro artes*, resultaram de pesquisas que apontavam nessa direção. São todos escritos com forte preocupação crítica e, em alguns casos, indicam soluções para a superação do impasse atual, o que significa o retorno à sobriedade formal e a consequente retomada de um sentido social da arte.

A conferência de abril de 1942, "O movimento modernista", intensificou a crítica do Modernismo e lhe deu conteúdo político e o valor de depoimento pessoal. Ela contém tanto um comentário sobre o movimento de que Mário de Andrade foi o principal mentor quanto uma severa autocrítica. O escritor foi chamado pela Casa do Estudante do Brasil para proferir a palestra comemorativa dos vinte anos da Semana de 22, no Salão do Itamaraty, no Rio de Janeiro. Foi muito penosa a preparação do texto. A Paulo Duarte mencionou que tinha pretendido fazer um exame objetivo do Modernismo, mas que chegara a uma amarga confissão, que tinha a ver com sua atitude diante da vida naquele momento.³⁰ Contou para Henriqueta Lisboa,

---

29   FABRIS, Annateresa (org.). *Portinari, amico mio*, p. 154.
30   DUARTE, Paulo. *Mário de Andrade por ele mesmo*, p. 228.

poucos dias antes da data marcada, que a conferência o consumia de inquietação, mas que era tarde para tentar outra coisa.³¹ Sabia que o que ia dizer poderia magoar os amigos. Por esse motivo, escreveu ao mais próximo deles, Manuel Bandeira, para dizer que ia pôr na escritura definitiva a conferência "de que você talvez não goste nada", e que se sentia desequilibrado e numa espécie de "sentimento esquisito".³² Alguns dias depois de retornar do Rio, relatou a Rodrigo Mello Franco de Andrade que ficara de tal forma mobilizado emocionalmente no dia da conferência que tinha emendado em uma noitada, só retornando ao hotel às nove horas do dia seguinte.³³

Mário de Andrade recorreu a três princípios na avaliação do movimento modernista: o direito permanente à pesquisa estética, a nacionalização da produção artística e a atualização da arte de acordo com o espírito do tempo, que era essencialmente político.

Do ponto de vista dos dois primeiros princípios, o Modernismo foi bem-sucedido. O movimento assegurou uma decisiva libertação dos cânones tradicionais, foi eminentemente antiacadêmico. Garantiu para todos que vieram depois dele o direito à mais ampla pesquisa estética – uma conquista árdua, mas definitiva. Quanto à nacionalização da produção artística, o Modernismo também alcançou o que pretendia. A virada nacionalista em 1924 não consistiu apenas na incorporação de uma temática nacional, mas foi uma verdadeira "radicação da nossa cultura artística à entidade brasileira".³⁴ Já não se tratava de ver o país como o cenário das obras dos nossos artistas, mas de efetivamente pensar e falar de forma brasileira.

A elaboração de uma "gramatiquinha da fala brasileira", bem como o abrasileiramento da língua literária, foram preocupações de Mário de Andrade desde a segunda metade dos anos 1920.³⁵ Trata-se de propostas da maior relevância, pois se "vivíamos já de nossa realidade brasileira, carecia reverificar nosso instrumento de trabalho para que nos expressássemos com identidade".³⁶ Assim, era urgente formar uma língua literária

---

31 MORAES, Marcos Antonio de (org.). *Correspondência: Mário de Andrade & Manuel Bandeira*, p. 205.
32 Idem, p. 662.
33 FROTA, Lélia Coelho (org.). *Mário de Andrade: cartas de trabalho*, p. 187.
34 ANDRADE, Mário de. *Aspectos da literatura brasileira*, p. 247.
35 PINTO, Edith Pimentel. *A gramatiquinha de Mário de Andrade: texto e contexto*. São Paulo: Duas Cidades, 1990.
36 ANDRADE, Mário de. *Aspectos da literatura brasileira*, p. 244.

nacional. Na conferência de 1942, Mário de Andrade reconheceu que o Modernismo tinha logrado tanto sucesso nesse aspecto que, naquele momento, ninguém nem se daria ao trabalho de perguntar se José Lins do Rego, Graciliano Ramos ou Manuel Bandeira escreviam em brasileiro.

O terceiro princípio, relativo à atualização da inteligência artística, não se concretizou. Para Mário de Andrade, a atualidade era eminentemente política, mas os modernistas não a enfrentaram com as armas que ela exigia. Para entender o significado dessa apreciação é preciso levar em conta o contexto político mundial e nacional: a guerra na Europa ainda não estava decidida e o estado de exceção vivido no Brasil não dava mostras de terminar. No caso de Mário de Andrade, também é preciso mencionar o trauma do afastamento da direção do Departamento de Cultura. O significado da vocação intelectual do escritor esteve em jogo na administração do Departamento e, por certo, o tom pessimista da revisão do Modernismo tem a ver com o fracasso dessa experiência.

Para Mário de Andrade, ao considerar-se o critério da atualidade política, o Modernismo era absenteísta. Na sua opinião, ele mesmo e seus companheiros de movimento "deveriam ter inundado a caducidade utilitária do nosso discurso, de maior angústia do tempo, de maior revolta contra a vida como está".[37] O escritor lamentava que, em sua obra, não tivesse tomado a máscara do tempo "para esbofeteá-la como ela merece".[38] Sua incapacidade e os da sua geração de terem "uma paixão mais temporânea, uma dor mais viril da vida" tinha sido o resultado da sua dependência do individualismo. Tal atitude correspondia a uma etapa do desenvolvimento histórico que, naquele momento, se esgotara. O Modernismo, em sentido amplo, significava para o poeta a manifestação final de uma civilização que estava morrendo.

Um dos momentos mais dramáticos da conferência de 1942 é, na última parte, aquele em que Mário de Andrade confessa o estranhamento diante da própria trajetória de vida. A certa altura, declara: "E é melancólico chegar assim no crepúsculo, sem contar com a solidariedade de si mesmo. Eu não posso estar satisfeito de mim. O meu passado não é mais meu companheiro. Eu desconfio do meu passado."[39]

Muito já se falou sobre o final da conferência "O movimento modernista", com seu tom desencantado, o diagnóstico pessimista

---

37 Ibidem, p. 253.
38 Idem.
39 Ibidem, p. 254.

da herança do Modernismo e a confissão da irrelevância, naquele momento, de toda atividade intelectual. Ao mesmo tempo, nota-se um apelo à ação. As linhas finais da conferência denunciam o absenteísmo dos intelectuais e pregam a radicalização política. A título de conclusão, é feita a seguinte declaração:

> Si [sic] de alguma coisa pode valer o meu desgosto, a insatisfação que eu me causo, que os outros não sentem assim na beira do caminho, espiando a multidão passar. Façam ou se recusem a fazer arte, ciências, ofícios. Mas não fiquem apenas nisto, espiões da vida, camuflados em técnicos da vida, espiando a multidão passar. Marchem com as multidões.[40]

ARTE DE COMBATE

Naqueles anos de guerra, a proposta de uma solução pela ação apareceu com frequência, não apenas no Brasil. Lembre-se do caso do existencialismo na França, que surgiu de um impasse parecido. Era um momento de intensa radicalização. O confronto ideológico da década anterior tinha assumido uma dimensão prática. Tanto a esquerda quanto a direita passaram a defender que só pela ação seria possível enfrentar os desafios políticos e lidar com a oposição entre visões de mundo diferentes.

No caso de Mário de Andrade, uma convergência de fatores condicionou sua tomada de posição. O escritor sempre acreditou que a arte tem uma dimensão social intrínseca. Para ele, a arte congrega, tem uma função de ligação, que chega a aproximá-la da experiência religiosa. Essa convicção sustentou suas iniciativas como escritor e sua atuação na vida pública, inclusive no projeto de organização e direção do Departamento de Cultura, cujo objetivo central era a expansão cultural.

Todo esse projeto ousado e renovador foi desmontado pelo Estado Novo, com sua orientação autoritária. A reação de Mário de Andrade foi uma enorme frustração, que levou à depressão e à angústia confessadas aos amigos. O início da Segunda Guerra intensificou ainda mais seu pessimismo. Nos anos em que viveu na capital do país, o escritor teve contato com o grupo de jovens esquerdistas da *Revista*

---

40 Ibidem, p. 255.

Acadêmica, que o estimularam a radicalizar suas convicções políticas. Até então, tinha alguma informação sobre a literatura marxista, mas muito incipiente, e, possivelmente, foi nas conversas com esse grupo que estreitou seu contato com o comunismo.

Mário de Andrade sabia que a adesão ao comunismo ou a qualquer outro credo, mesmo o catolicismo, acarretaria a eliminação da sua individualidade. Por essa razão, nunca aderiu a nenhum partido. O ativismo dos militantes comunistas, porém, exerceu sobre ele forte atração. Sua decepção com o fracasso de um projeto de arte social o estimulava a aceitar uma solução radical. A proposta de uma arte de combate poderia preencher o vazio provocado pela falência do projeto socializante dos anos 1930.

A radicalização política condicionou a apreciação por Mário de Andrade de vários assuntos. O escritor continuou a denunciar o absenteísmo dos intelectuais que se refugiavam nas questões do seu ofício, deixando de lado o enfrentamento das questões políticas urgentes. As cartas para os jovens escritores, para os de Minas especialmente, e outros textos, continham sempre uma crítica nesse sentido e um apelo à participação: que soltassem logo o grito reprimido contra os poderosos![41] Nos momentos em que a radicalização política foi mais intensa, o escritor entendeu que era preciso abdicar da arte em nome do combate ao fascismo e aos "donos da vida". Algumas declarações mostram a desconfiança de toda atividade intelectual. No final da entrevista a Francisco de Assis Barbosa para a revista *Diretrizes* – de oposição ao governo Vargas, dirigida por Samuel Wainer –, publicada no início de 1944, ele observou:

> Em momentos como estes não é possível dúvida: o problema do homem se torna tão decisivo que não existe mais o problema profissional. O artista não só deve, mas tem que desistir de si mesmo. Diante duma situação universal de humanidade como a que atravessamos, os problemas profissionais dos indivíduos se tornam tão reles que causam nojo. E o artista que no momento de agora sobrepõe os seus problemas de intelectual aos seus problemas de homem, está se salvaguardando numa confusão que não o nobilita.[42]

---

41   Ibidem, p. 257.
42   BARBOSA, Francisco de Assis. "Testamento de Mário de Andrade e outras reportagens". *Cadernos de Cultura*. Rio de Janeiro: MEC, 1954, p. 20.

Em maio de 1943, Mário de Andrade iniciou a publicação, no jornal *Folha da Manhã*, da coluna "Mundo Musical", que manteve até poucos dias antes de morrer. Fazia um ano que não escrevia para jornal. O escritor tinha sido colaborador assíduo de jornais, desde antes da Semana de 1922. Em uma ocasião, quando lhe pediram que se definisse como profissional, declarou que era jornalista. Ao preparar suas *Obras completas* para a editora Martins, organizou um livro com artigos de crítica publicados em jornal, *O empalhador de passarinho*, e outro, *Os filhos da Candinha*, com sua produção como cronista. De 1937 a 1941, escreveu para *O Estado de S. Paulo* e para o *Diário de Notícias*, do Rio. Ao iniciar a publicação de "Mundo Musical", afirmou que tinha desistido de sua colaboração em jornais, um ano antes, em um momento de "dúvidas pessoais, angústias, desesperos desta hora terrível para os homens de paz".[43]

"O banquete" é uma das séries de "Mundo Musical", da *Folha da Manhã*. Foi a última, interrompida pela morte do escritor, em fevereiro de 1945. As crônicas fazem referência aos principais assuntos abordados por ele ao longo da vida, como o antiacademicismo, a nacionalização da arte e da cultura, o aperfeiçoamento técnico exigido do artista e pontos de estética, com destaque para o tópico do caráter social da arte, entre muitos outros. Sob o aspecto literário, apesar de incompleta, a série é muito bem realizada. Encena o encontro de cinco personagens – o compositor Janjão, o estudante Pastor Fido, a cantora Siomara Ponga, a mecenas Sarah Light e o político Félix de Cima. Esse recurso contribui para ressaltar os diversos argumentos defendidos pelos personagens. Pastor Fido é o mais contestador, já que representa a juventude universitária mobilizada na oposição à ditadura e ao fascismo. No entanto, as incertezas e o questionamento do próprio escritor são mais visíveis nas falas de Janjão. O jovem compositor está convencido da "servidão social das artes", mas se sente incapaz de libertar-se do seu individualismo. Não acredita que possa fazer uma arte que interesse as massas; vê-se sem saída e só encontra sentido em fazer arte malsã, de combate, que contenha "germes destruidores e intoxicadores, que malestarizem a vida ambiente e ajudem a botar por terra as formas gastas da sociedade".[44] Até mesmo a virtuose Siomara Ponga se arrisca na defesa da tese "sociológica" de que, possivelmente, toda a arte erudita deve ser um "erro infamante dos donos da vida".[45]

---

43   COLI, Jorge (org.). *Música final*, p. 29.
44   ANDRADE, Mário de. *O banquete*. São Paulo: Duas Cidades, 1989, p. 65.
45   Idem, p. 93.

Guilherme Figueiredo era recém-formado em direito quando conheceu Mário de Andrade em São Paulo, no Departamento de Cultura. Estreitaram a amizade no Rio, para onde os dois se transferiram. Guilherme foi acompanhar o processo contra o pai, coronel Euclides Figueiredo, um oposicionista do regime, no Tribunal de Segurança. Entusiasta da União Soviética, o jovem escritor ofereceu-se para traduzir, para a editora O Cruzeiro, o livro de Victor Seroff sobre o músico Dmitri Shostakovich.[46] Convidou Mário de Andrade para fazer o prefácio. Depois de idas e vindas, o texto ficou pronto em janeiro de 1945. Trata-se do último trabalho do escritor, só publicado depois de sua morte. Guilherme Figueiredo comentou, ao publicar as cartas enviadas por Mário de Andrade, que naquela época não se conhecia a verdadeira natureza do regime stalinista, o que a seu ver esclarece os equívocos dos juízos do amigo mais velho. O prefácio de Mário de Andrade apresenta a flagrante distorção ideológica que avassalou amplos setores da intelectualidade no Brasil e no mundo. Ao escrever o prefácio, no final de 1944, Mário de Andrade estava convencido de que o regime soviético representava os interesses do povo e que até as decisões dos órgãos de censura soviéticos deveriam ser acatadas por significarem um avanço na implantação do comunismo. Isso poderia exigir, inclusive, a "repreensão compreensiva e expectante" feita a Shostakovich pelos dirigentes do partido, e, em consequência, levar à sua "necessária punição".[47]

"A MEDITAÇÃO SOBRE O TIETÊ"

Entretanto, mesmo nesses meses finais, não arrefeceu a tensão entre as forças antagônicas com a qual o escritor sempre conviveu, como poeta, ficcionista e pensador. Pouco tempo antes de escrever o prefácio para *Dmitri Shostakovich*, Mário de Andrade preparou para a edição de suas obras completas, pela editora Martins, *Contos novos*, uma coletânea de histórias curtas, muito inovadoras, escritas

---

46   Dmitri Shostakovitch (1906-75), compositor de obras orquestrais, óperas, balés e música de câmara, foi, mais de uma vez, alvo da censura soviética.
47   ANDRADE, Mário de. "Prefácio". In: SEROFF, Victor. Mário de Andrade, Prefácio a Victor Seroff, *Dmitri Shostakovich*. Rio de Janeiro: Gráfica O Cruzeiro, 1945, p. 18 e 27.

em estilo extremamente livre, que abordam temas como a exploração econômica, a hipocrisia diante do amor entre dois homens e da sexualidade em geral, a vida solitária das crianças, cenas do cotidiano urbano, como a perseguição a um ladrão e uma manifestação política. São histórias que revelam a atenção muito aguda para uma ampla gama de experiências e que nunca se resolvem de forma esquemática, além de demonstrarem enorme liberdade criativa.

Também nos últimos anos, Mário de Andrade trabalhou em seus dois últimos livros de poemas, reunidos postumamente – *O carro da miséria* e *Lira paulistana*. O primeiro, escrito de 1930 a 1943, foi dedicado a Carlos Lacerda. No livro, mais uma vez, nota-se a tensão entre tendências opostas. De um lado, o ego do poeta se dispersa:

Não sou daqui venho de outros destinos
Não sou mais eu nunca fui eu decerto
Aos pedaços me vim – eu caio![48]

A dispersão resulta na dissolução da identidade, a ponto de se reviver a nostalgia da maleita e o desejo de calma sublime que a doença proporciona:

Calma de rio de água barrosa
Donde nos vem a maleita sublime
O grande bem...[49]

Em oposição a essa tendência dispersiva e anuladora de si, afirmam-se o apelo ético e a mobilização da vontade. Nesse ponto, os poemas adquirem o valor de uma convocação à participação política e de uma aposta no futuro. O indivíduo cede lugar a uma instância coletiva, como na última estrofe:

Oi Tia Misemiséria
Tens de parir o que espero
Espero não! Esperamos
O plural é que eu venero
Nasce o dia canta o galo

---

48 ANDRADE, Mário de. *Poesias completas*, p. 473.
49 Ibidem, p. 478.

Miséria pare vassalo
Pare galão pare crime
Pare Ogum pare Xerém

Pois então há-de parir
Nossa exatidão também.[50]

    A tensão entre a dispersão do ego e a unificação assegurada pela vontade aparece ainda com mais vigor e dramaticidade no último livro, *Lira paulistana*, composto em 1944. No meio do ano, Mário de Andrade enviou uma versão ainda inacabada para os amigos Manuel Bandeira e Carlos Drummond de Andrade. Também fez menção ao livro em cartas para Paulo Duarte e Henriqueta Lisboa. Tinha grande expectativa de ouvir os comentários, mesmo se tratando de uma versão ainda incompleta. O primeiro a se manifestar foi Bandeira, com um telegrama: "Lira Paulistana ótima abraço contentíssimo Manuel".[51] Dias depois foi a vez de Drummond, com uma intrigante observação. Viu no livro a confirmação da poética do amigo e se interessou por ela, mas não se entusiasmou. Identificou-se com Mário na insatisfação e na perplexidade diante do mundo sombrio, mas lamentava que o amigo não tivesse dado o passo necessário rumo à ação, o que, aliás, ele tampouco fizera.

    Mário de Andrade achava que *Lira paulistana* tinha interiorizado o combate que travava na vida prática, com todo o ímpeto político que o impulsionava. Em parte, o poeta tem razão. Alguns poemas combativos são muito bem-sucedidos, como o que narra a vida do operário Pedro, do nascimento à morte, oprimido pelos "donos da vida", e sem nenhuma perspectiva. No entanto, em geral, seus versos são belamente melancólicos e, do ponto de vista formal, muito elaborados. O relato do encontro de um casal, que poderia compor uma cena romântica, termina assombrado com a presença da morte:

Mas a sombra do insofrido
Guarda o mistério na escuridão.
A morte ronda com sua foice.
Em verdade é noite.[52]

---

50 Ibidem, p. 488.
51 SANTIAGO, Silviano (org.). *Carlos & Mário*, p. 673.
52 ANDRADE, Mário de. *Poesias completas*, p. 497.

O tema da dispersão do ego reaparece nesse livro, mas em um registro inusitado. O conhecido poema-testamento faz referência à repartição das partes do corpo do poeta morto pelos bairros de São Paulo, mas tem também o sentido de uma ocupação da sua terra natal.

Quando eu morrer quero ficar,
Não contem aos meus inimigos,
Sepultado em minha cidade,
    Saudade.

O penúltimo poema de *Lira paulistana*, "A meditação sobre o Tietê", é o único datado: de 30 de novembro de 1944 a 12 de fevereiro de 1945. Ele contém possivelmente os derradeiros versos do poeta. Estão entre os mais belos da poesia moderna brasileira e são o ápice da produção poética de Mário de Andrade. A força desses versos resulta de expressarem o momento de maior tensão das tendências em confronto suportada pelo escritor. O poema se instala na contradição, sem avançar nenhuma solução unilateral, seja para os dilemas existenciais do autor, seja para os assuntos tratados, que são basicamente de ordem política. A figura do poeta não é de alguém que tenha alguma certeza, nem mesmo múltiplas certezas, mas de quem se encontra dilacerado pelas forças em contradição. A própria imagem do Tietê, visto como um rio que corre para o interior e se afasta do mar, é de uma corrente contrariada. Como se sabe, os rios tiveram grande importância no imaginário de Mário de Andrade. O Amazonas é a corrente caudalosa à qual é impossível resistir. Suas margens são habitadas pelos maleitosos, cuja vontade é anulada e que, desse modo, chegaram a alcançar uma forma de felicidade, como é descrito em "Rito do irmão pequeno". Também o Tietê é uma corrente, mas sua água é represada pelos homens.

O rio carrega o poeta: "Meu rio, meu Tietê, onde me levas?" Ao se referir ao próprio procedimento poético em jogo, o poeta vê os versos

tomando
as cordas oscilantes da serpente, rio.[53]

---

53   Ibidem, p. 533.

Eles comportam também todo o ódio e a revolta que não são ouvidos. Então, o rio "fervilha e sobe", a água se torna venenosa,

adentra pela terra escura e ávida dos homens,
Dando sangue e vida a beber.[54]

Quase no final, a entrega e a dissolução do ego dão lugar à exaltação, o poeta se fortalece no infortúnio e declara:

Eu sou maior... Eu sinto uma grandeza infatigável!

Eu sou maior que os vermes e todos os animais.
E todos os vegetais. E os vulcões vivos e os oceanos,
Maior que a estrela, maior que os adjetivos,
Sou homem! vencedor das mortes, bem nascido além dos dias,

Transfigurado além das profecias.[55]

Não é este, no entanto, o tom em que termina o poema. A última imagem é a de uma lágrima, que parece ser do poeta, que persegue uma alga escusa, de contorno não definido, nas águas do rio.

Ao anunciar para a amiga Henriqueta Lisboa que ia lhe mostrar "A meditação sobre o Tietê", na visita que ela faria a São Paulo, em fevereiro de 1945, Mário de Andrade disse que se tratava de um "poema doloroso, amargo", mas fundamental em sua obra. Achava que ele exibia uma luta que sempre existiu na sua personalidade: entre o poeta-ariel e o calibã-burguês. A mesma ideia já tinha aparecido em carta a Carlos Lacerda comentando *O carro da miséria*, o livro que lhe fora dedicado. Naquela ocasião, o poeta declarou que o assunto do livro era a "luta do burguês gostosão, satisfeito das suas regalias, filho-da-putamente encastoado nas prerrogativas da sua classe, a luta do burguês pra abandonar todos os seus preconceitos e prazeres em proveito de um ideal mais perfeito".[56] Como se pode notar pelos escritos do início de 1945, a luta não foi decidida.

---

54 Ibidem, p. 540.
55 Ibidem, p. 543.
56 FERNANDES, Lygia (org.). *71 cartas de Mário de Andrade*, p. 88.

A última aparição pública de Mário de Andrade foi no Congresso da Associação Brasileira de Escritores, em São Paulo, em janeiro de 1945. O congresso tinha por objetivo reunir os intelectuais em uma manifestação pública contra o regime, que na verdade já agonizava. De fato, foi a oportunidade para que facções da oposição disputassem entre si quem teria maior influência. Mário de Andrade não quis ter uma posição oficial na organização do evento. Preferiu compor o comitê de recepção e acompanhou as sessões com muita atenção, mas calado. Ficou na companhia dos jovens escritores mineiros de quem se aproximara nos últimos tempos, o que provocou comentários irônicos e ciúmes nos mais velhos.

As impressões de Mário de Andrade sobre o congresso foram contraditórias. Escreveu para Rodrigo Mello Franco de Andrade, que estivera em São Paulo, que vivera "com uma prodigiosa intensidade, com uma monstruosa seriedade", o Congresso dos "Intelectuais". Afirmou que se dera conta de que o congresso tinha sido o coroamento da sua carreira e da sua vida.[57] Já para Carlos Drummond de Andrade, que tinha ficado no Rio, relatou que suas experiências no congresso o tinham convencido de uma única verdade: como intelectual, só deveria ter um destino, que é habitar uma torre de marfim. Insistiu com o amigo: "Eu sou um torre-de-marfim e só posso e devo ser legitimamente um torre-de-marfim."[58] Explicitou sua posição, afirmando que o intelectual e o artista são necessariamente não conformistas e precisam guardar independência da política. A arte deve ser autônoma e não cabe duplicar a profissão de artista na de político. Mais uma vez, enfrentavam-se Ariel e Calibã!

Na sexta-feira, 23 de fevereiro de 1945, Mário de Andrade foi à Discoteca Municipal encontrar a amiga Oneyda Alvarenga. Estava alegre e aparentemente saudável. Marcaram um almoço na rua Lopes Chaves no domingo, 25. Oneyda e o marido, Sylvio, chegaram no início da tarde e Mário de Andrade não os recebeu. Uma forte dor no peito – uma crise de angina – o pusera de cama de manhã. Às sete da noite, Oneyda ligou para saber notícias. A situação não tinha melhorado. O casal resolveu ver de perto o que se passava. Encontraram, na casa da Barra Funda, Luis Saia, a namorada e o pessoal de casa. Mário de Andrade não quis ver a amiga, alegando dessa vez que estava de pijama. Luis Saia ficou junto dele. Por volta de dez horas, houve um movimento no andar de cima da casa.

---

57 FROTA, Lélia Coelho (org.). *Mário de Andrade: cartas de trabalho*, p. 187-88.
58 SANTIAGO, Silviano (org.). *Carlos & Mário*, p. 539.

Alguma coisa havia acontecido. Mário de Andrade tinha tido um novo ataque, dessa vez fulminante. Oneyda ainda pôde ver o amigo largado na cama, o corpo deitado, os pés apoiados no chão. Depois de inalar um pouco de nitrito, usado na época nas crises cardíacas, Mário de Andrade respirou fundo algumas vezes, mas tudo se acabou em minutos, sem que nenhum dos médicos chamados chegasse a tempo.[59]

A casa se encheu de amigos. Logo apareceram Mário da Silva Brito, Paulo Ribeiro de Magalhães, Clóvis Graciano, Tarsila, Luís Martins, Guilherme de Almeida, Antonio Candido e muitos outros. Um telegrama avisou os amigos do Rio – Rodrigo Mello Franco de Andrade e Manuel Bandeira.

O enterro foi no dia seguinte no cemitério da Consolação, após um enorme cortejo de automóveis.

Logo, a imprensa noticiou a morte. *O Estado de S. Paulo* referiu-se àquele momento como se uma luz se tivesse apagado. A mesma ideia da figura iluminadora de Mário de Andrade apareceu nos depoimentos recolhidos em *O Globo*. Entre as várias declarações, a de José Lins do Rego confessava que ficara atônito com a perda de um mestre. A *Folha da Manhã* mencionou a "notícia brutal" da morte de seu colaborador, relatou o último dia do escritor e noticiou o enterro, no qual foram prestadas homenagens por Menotti del Picchia, pela Academia Paulista de Letras e pelo Conservatório Dramático e Musical.

Entre as coroas de flores estavam a do ministro Gustavo Capanema e a de Carlos Drummond de Andrade. Em 1946, a *Revista do Arquivo Municipal* lançou um número monográfico, entre tantos que seriam realizados, dedicado ao escritor e à sua obra. Tratava-se de um primeiro balanço da sua contribuição por autores como Oneyda Alvarenga, Camargo Guarnieri, Florestan Fernandes, Sergio Milliet, Antonio Candido, Paulo Duarte e Manuel Bandeira.

Também os poetas – e amigos – o homenagearam. Alguns poemas tornaram-se referência obrigatória. "A Mário de Andrade ausente", de Manuel Bandeira, do livro *Belo belo*, prefere o termo "ausente" e não "morto" para se referir ao amigo que não se despedira: "Você não morreu: ausentou-se./...Para outra vida?/ A vida é uma só. A sua continua/ Na vida que você viveu./ Por isso não sinto agora a sua falta."

---

59   Essa descrição está na carta de Oneyda Alvarenga a Henriqueta Lisboa, de 19 mar. 1945. In SOUZA, Eneida M. (org.) *Correspondência: Mário de Andrade & Henriqueta Lisboa*, p. 341 e ss.

"Mário de Andrade desce aos infernos", incluído em *A rosa do povo*, de Carlos Drummond de Andrade, sugere, no título, a figura de Orfeu com sua lira. O poeta confessa a sensação de escuridão de que foi tomado a partir do impacto da morte do amigo:

Estou escuro, estou rigorosamente noturno, estou vazio,
esqueço que sou um poeta, que não estou sozinho,
preciso aceitar e compor, minhas medidas partiram-se,
mas preciso, preciso, preciso.

Ao final, em um esforço de superação do duro trauma, anuncia:

Mas tua sombra robusta desprende-se e avança.
Desce o rio, penetra os túneis seculares
onde o antigo marcou seus traços funerários,
desliza na água salobra, e ficam tuas palavras
(superamos a morte, e palma triunfa)
tuas palavras carbúnculo e carinhosos diamantes.

Anos depois, Murilo Mendes propôs, em *Convergência*, uma síntese precisa dos propósitos do escritor. O poema inicia:[60]

Sofro de brasilite,

Mísero télamon
Para suportar nos ombros o BR:

Esmaga-me concreto
Ainda mesmo à distância.
Ninguém situa o BR
Inaferrável.

BR difícil multívago
Oscilando / Coisa maior
Entre mocambo e arranha-céu

---

60   BANDEIRA, Manuel. *Manuel Bandeira - Estrela da vida inteira*. Rio de Janeiro: Nova Fronteira, 1993; ANDRADE, Carlos Drummond de. *Nova Reunião*, Vol. I, Rio de Janeiro: José Olympio Editora, 1983; MENDES, Murilo. *Convergência*. São Paulo: Duas Cidades, 1970.

Entre molusco e caviar
Entre a inácia e a gateza.

BR:
IGUALMENTE CANDITATO
AO DOMÍNIO DO UNIVERSO / MAIACÓVSKI
E AOS TRABALHOS FORÇADOS

Nos teus porões aportam diariamente
Enormes caixas de problemas-coisas.

E termina:

Paz a Mário de Andrade no seu osso
Distante das Erínias.

Avante epos do homem.
Avante plano-piloto
Contra o autossatisfeito
Caos.
Avante / Coisa Maior
Avante / Coisa Maior
Sursum corda
Sursum
Sur_____

Antes, porém, o próprio Mário de Andrade havia redigido seu testamento em um poema de *Lira paulistana*, de 1944:

Quando eu morrer quero ficar,
Não contem aos meus inimigos,
Sepultado em minha cidade,
    Saudade.

Meus pés enterrem na rua Aurora,
No Paissandu deixem meu sexo,
Na Lopes Chaves a cabeça
    Esqueçam.

*No Pátio do Colégio afundem
O meu coração paulistano:
Um coração vivo e um defunto
    Bem juntos.*

*Escondam no Correio o ouvido
Direito, o esquerdo nos Telégrafos,
Quero saber da vida alheia,
    Sereia.*

*O nariz guardem nos rosais,
A língua no alto do Ipiranga
Para cantar a liberdade.
    Saudade...*

*Os olhos lá no Jaraguá
Assistirão ao que há de vir,
O joelho na Universidade,
    Saudade...*

*As mãos atirem por aí,
Que desvivam como viveram,
As tripas atirem pro Diabo,
Que o espírito será de Deus.
    Adeus.*[61]

O poema remete ao tema da dispersão do ego, recorrente em toda a obra do escritor; evoca também a sua impressionante diversidade, da qual resultaram múltiplos projetos e realizações. É ainda a confirmação do que dizia um outro poema – "Eu sou trezentos, sou trezentos e cinquenta" que terminava: "Mas um dia afinal me encontrarei comigo."[62]

---

61 ANDRADE, Mário de. *Poesias completas* (vol. 1). p. 524-25.
62 ANDRADE, Mário de. *Poesias completas*, p. 295.

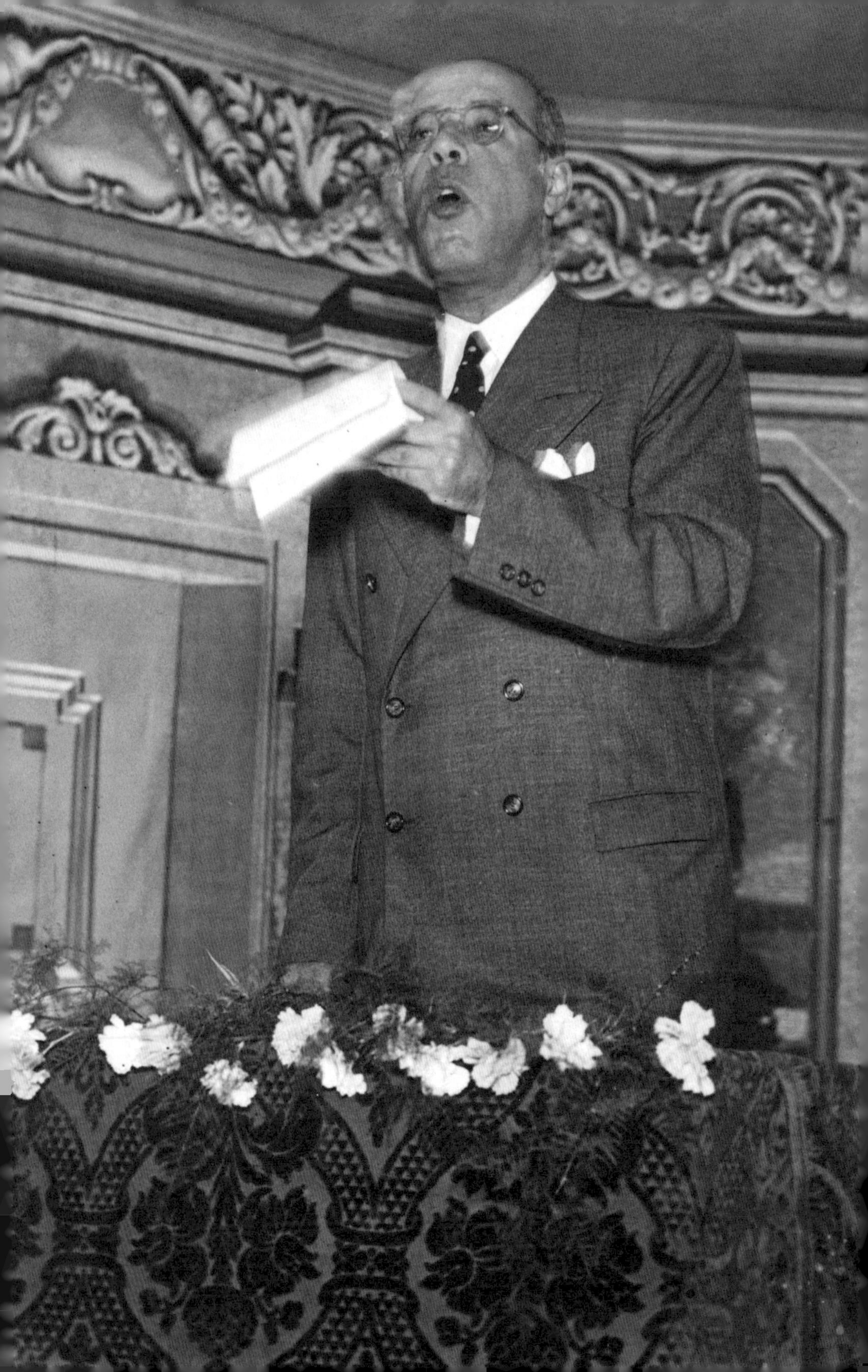

NA PÁGINA AO LADO:
Mário discursando na cerimônia em homenagem ao diretor Gomes Cardim, 1942, no Conservatório Dramático e Musical.

ACIMA (ALTO):
Poucos dias antes de morrer, Mário de Andrade com o compositor Camargo Guarnieri (à esquerda) e o maestro Lamberto Baldi, 1945.

ACIMA:
Mário em sua última viagem a Minas, 1944. Da esquerda para direita estão: Murilo Rubião, Mário de Andrade, Hélio Pellegrino e Alphonsus de Guimaraens Filho.

A foto clássica do poeta,
por volta de 40 anos.

EPÍLOGO

Meu interesse por Mário de Andrade e pelo Modernismo começou no final dos anos 1960, quando era estudante, num momento em que a presença dos ideais modernistas ainda era muito forte, a ponto de inspirar os principais movimentos culturais: na literatura, no cinema, na música e no teatro. Desde então revisitei várias vezes, em livros e cursos, a obra e a vida do poeta/pensador personagem deste livro, a ponto de me sentir próximo dele. Isso não impediu que eu notasse as mudanças na maneira de abordá-lo, o que também tem a ver com as transformações da nossa época. Refiro-me, em particular, ao encerramento do ciclo modernista que explica a distância que nos separa de Mário de Andrade e de seus companheiros. Muitas vezes, seus próprios escritos me estimularam a refletir sobre o assunto. Um desses estímulos veio da leitura em paralelo das passagens que retratam as duas figuras de Macunaíma e do cantador Chico Antônio, que o poeta conheceu no interior do Rio Grande do Norte em janeiro de 1929.

No conjunto de artigos de "Mundo Musical", Mário de Andrade incluiu algumas séries, mais tarde editadas em livros separados. Duas delas foram *O banquete* e *Vida do cantador*, esta dedicada a Chico Antônio.[1] O escritor chamou de "lições" as seis primeiras crônicas de *Vida do cantador*. Quis mantê-las como um único conto, como um trabalho de ficção. No seu entender, ficção não significava gratuidade. Pretendia fixar, "sem métodos de ciência, a integração absoluta que deve existir, no artista, entre a finalidade profissional dele e a sua existência como homem".[2] O leitor logo se dá conta de que a história não narra apenas a saga de Chico Antônio, mas revela a perplexidade do escritor diante do valor da sua própria vocação.

No momento da viagem ao Nordeste, quando encontrou Chico Antônio, fazia menos de um ano que *Macunaíma* fora publicado. São vários os pontos de encontro, e também de desencontro, na montagem dos personagens de Macunaíma e de Chico Antônio. O livro *Macunaíma* e a série *Vida do cantador* narram a saga de dois heróis – no caso de Macunaíma, na busca do amuleto que lhe conferia poderes especiais, e, no de Chico Antônio, no resgate do canto que lhe assegurava a comunicação com as forças da natureza, representadas pelos animais. As duas figuras são um misto de ingenuidade, de inteligência espontânea, de malandragem e de sensualidade. Os golpes baixos de Macunaíma em Venceslau Pietro Pietra, o regatão peruano que se apossara da muiraquitã e parava na cidade macota de São Paulo, se repetem no trato de Chico Antônio com o italiano Schiavone, em *Vida de cantador*. Também os dois heróis são, ao mesmo tempo, motivo da simpatia, da preocupação e da crítica do escritor.

Já se observou que o final de *Macunaíma* efetiva, com a participação do papagaio e do escritor, a atualização da história do herói morto. Os "tempos de dantes", em que vivia Macunaíma "imperador", passam a ser o tempo do leitor, e a tradição, que contém a identidade nacional, é mantida viva. Nesse contexto, o papel do escritor-intérprete do Brasil é indispensável. O narrador é o último elo que garante ao leitor o acesso à história que acabou de ser contada. Desse modo, sua importância na formação da entidade nacional é

---

1   ANDRADE, Mário de. *O banquete*. ANDRADE, Mário de. *Vida do cantador*. Belo Horizonte/Rio de Janeiro: Villa Rica, 1993.
2   ANDRADE, Mário de. *Vida do cantador*.

decisiva. A avaliação de Mário de Andrade da sua própria vocação como intelectual dependeu deste pressuposto.

O final de *Vida do cantador* contrasta com o de *Macunaíma*. O conto relata a viagem do musicalíssimo cantador nordestino até uma fazenda no interior de São Paulo, cruzando o interior do país, da mesma forma como fizera Macunaíma, até a cidade grande. O narrador faz referência inicialmente à vida errante do cantador pelo sertão, quando enfrentou até mesmo o Maioral, o próprio diabo, em um desafio musical. Em seguida, vieram o casamento, a vida estável e a fixação da sua arte. Mas isso durou pouco, pois logo Chico Antônio se pôs em marcha. Abandonou a mulher e tudo o mais e rumou para o Sul, ao encontro de seu João, o pai adotivo, que tinha vindo trabalhar em uma fazenda em São Paulo. Ao longo da viagem, o ganzá foi perdendo a serventia, pois Chico Antônio já não cantava mais.

Finalmente, o herói está em São Paulo e dá-se o desfecho da história. Na fazenda a que chegou com o pai tinham matado um boi e se formara uma poça com seu sangue. Todos os outros bois da fazenda se juntaram ao redor da poça e começaram a mugir, como em um lamento por essa morte. O barulho se tornou enlouquecedor. Havia também um boi bravo, um zebu, que ficava preso em um curral separado. Acudiram, desnorteados, o dono da fazenda e todos os empregados. Nesse momento, Chico Antônio subiu no mourão mais alto da porteira e começou a aboiar, a cantar. Seu canto foi recuperado. Os bois se acalmam. Ele manda abrir a porteira para soltar a boiada, agora em ordem. Um rapazola sem prática, que tomava conta do boi bravo, entende que é para soltar o zebu. Abre a porteira. O boi feroz se solta, parte para cima de Chico Antônio, que se volta de frente para ele, recebe uma chifrada na barriga e cai morto.

> Quando conseguiram matar a fera o cantador já estava morto, fazia tempo. Jazia contorcido, uma perna por baixo da outra, olhos esbugalhados, as mãos engruvinhadas no ventre, como querendo prender as tripas sangrentas. Na boca também, entreaberta, uma baba sangrenta.[3]

---

3 Ibidem, p. 64.

Que contraste com o final de *Macunaíma*! O herói Macunaíma sobe para o céu e é transformado na constelação da Ursa Maior. Mais importante ainda é que sua história foi transmitida ao leitor de hoje pelo relato do autor do livro. Já em *Vida do cantador*, a narrativa é interrompida na cena da morte violenta. Não há resgate da trama por nenhuma outra voz.

Em 1944, Mário de Andrade perguntou se Chico Antônio ainda estaria vivo no Rio Grande do Norte. Ele estava! Depois da morte do escritor, ele reapareceu em outros momentos. Em 1976, foi publicado *O turista aprendiz*, em que Mário de Andrade narrou seu encontro com o cantador. A publicação motivou a redescoberta de Chico Antônio pelo folclorista Deífilo Gurgel. Por seu intermédio, ele foi contatado por Câmara Cascudo e, em seguida, por Aloisio Magalhães. Em 1982-3, por sugestão de Aloisio Magalhães, Eduardo Escorel foi ao Rio Grande do Norte para rodar o documentário *Chico Antônio: o herói com caráter*.[4]

A redescoberta de Chico Antônio lhe proporcionou um convite para ir a São Paulo gravar um programa na TV Globo – Som Brasil. Ganhou uma casa nova na cidade, mas não suportou viver em um ambiente urbano. Voltou para o interior, onde morreu, em 1993, quase esquecido, na ocasião em que acontecia no Rio Grande do Norte um congresso de folcloristas, no qual sua morte foi comunicada. Nesse mesmo ano, foi publicado *Vida de cantador*, com organização de Raimunda de Brito Batista. Alguns anos depois saiu uma tese universitária – *O canto sedutor de Chico Antônio* – de Gilmara Benevides Costa.[5] Em todos esses casos, Chico Antônio aparece a certa distância: como assunto de um documentário, em um programa de TV, que enfoca seu exotismo, como tema de uma tese, isto é, como objeto de uma teoria. De experiência viva, no contexto do Modernismo, o contato com Chico Antônio passou a depender de diversas formas de mediação. Isso evoca a distância, provavelmente definitiva, que caracteriza nossa relação com o movimento de que Mário de Andrade não foi apenas o mentor, mas sua verdadeira encarnação.

---

4   ESCOREL, Eduardo. *Chico Antônio: o herói com caráter.* Embrafilme/Maruim Produções. 2003.
5   COSTA. Gilmara Benevides. *O canto sedutor de Chico Antônio*. Natal: Editora da UFRN, 2004.

Mário de Andrade, 1935.

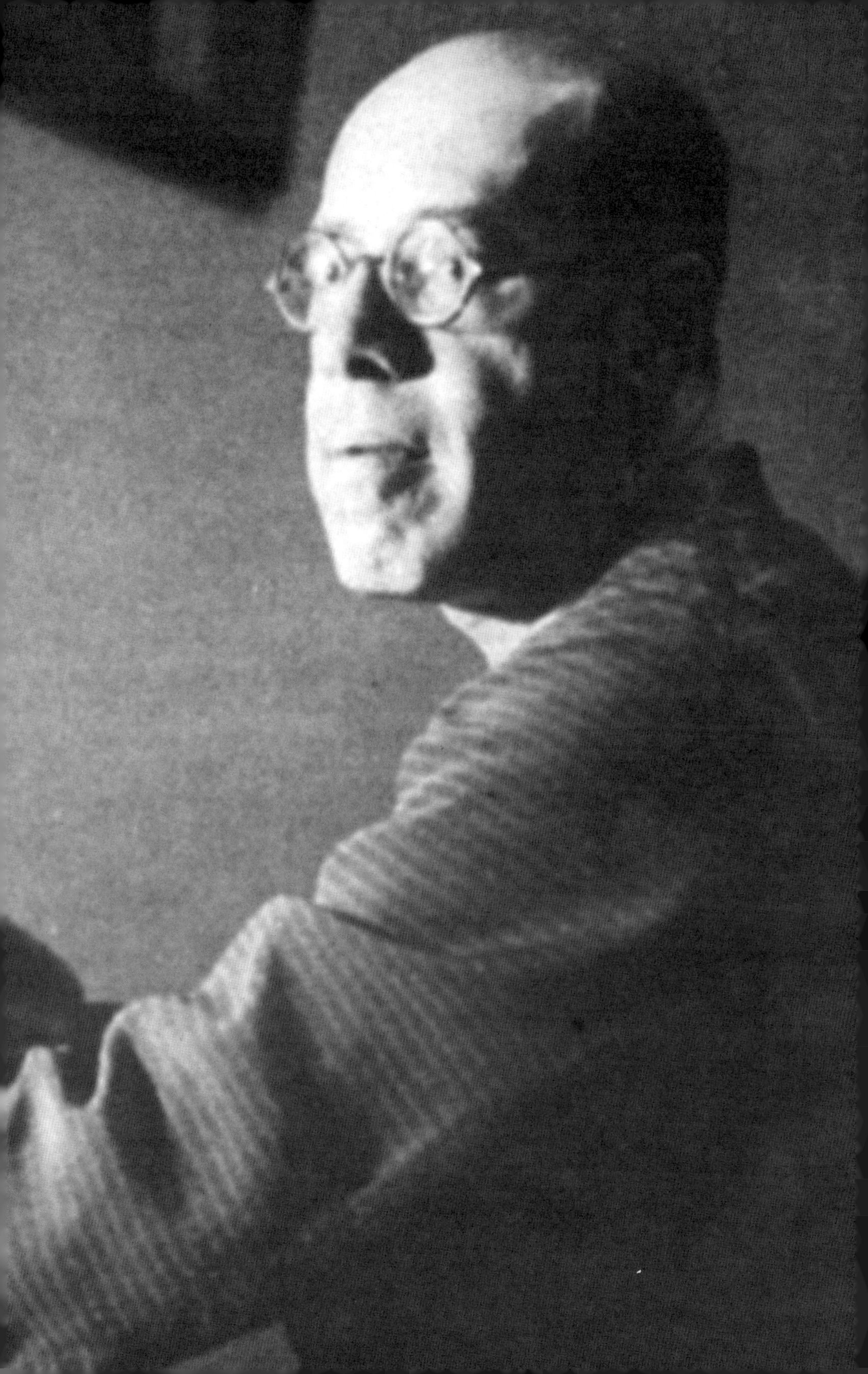

OBRAS DE MÁRIO DE ANDRADE

Há uma gota de sangue em cada poema. São Paulo: Pocai, 1917.

Amar, verbo intransitivo. Belo Horizonte/Rio de Janeiro: Villa Rica, 1993 (1927).

Ensaio sobre música brasileira. São Paulo: I. Chiarato, 1928.

Macunaíma. Coleção Arquivos. Paris/Brasília: UNESCO/ CNPq, 1988 (1928).

Pequena história da música. Belo Horizonte: Itatiaia, 1987 (*Compêndio de História da Música*, 1929).

Modinhas imperiais. São Paulo: Martins, 1964 (1930).

Música, doce música. São Paulo/Brasília: Martins/INL, 1976 (1934).

Os contos de Belazarte. São Paulo/Brasília: Martins/INL, 1972 (1934).

Namoros com a medicina. São Paulo/Belo Horizonte: Martins/Itatiaia, 1980 (1939).

Aspectos da literatura brasileira. São Paulo: Martins, 1974 (1943).

O baile das quatro artes. São Paulo: Martins, 1963 (1943).

"Scarlatti". *Revista Brasileira de Música.* Rio de Janeiro: Imprensa Nacional, 1943.

Padre Jesuíno do Monte Carmelo. Rio de Janeiro: SPHAN, 1945.

Contos novos. Belo Horizonte/Rio de Janeiro: Itatiaia, 1999 (1947).

Curso de filosofia e história da arte e Anteprojeto do Serviço do Patrimônio Histórico e Artístico Nacional. São Paulo: Centro de Estudos Folclóricos, GFAU, 1955.

"Poesias 'malditas'" – *Revista do Livro.* Rio de Janeiro: Instituto Nacional do Livro, 20, ano V, dez, 1960.

Música de feitiçaria no Brasil. Belo Horizonte/Brasília: Itatiaia/INL, 1983 (1963).

Aspectos das artes plásticas no Brasil. São Paulo/Brasília: Martins/INL, 1975 (1965).

Aspectos da música brasileira. São Paulo/Brasília: Martins/INL, 1975 (1965).

Ficção (org. M. Cavalcanti Proença). Coleção Nossos Clássicos. Rio de Janeiro: Agir, 1967.

O empalhador de passarinho. São Paulo/Brasília: Martins/INL, 1972.

Os filhos da Candinha. São Paulo/Brasília: Martins/INL, 1976.

Táxi e Crônicas no Diário Nacional. São Paulo: Duas Cidades/Secretaria de Cultura, 1976.

O turista aprendiz. São Paulo: Duas Cidades/Secretaria de Cultura, 1976.

"Na pancada do ganzá" (prefácio). *Arte em Revista 3, Questão Popular*. São Paulo: Kairós, 1980.

Danças dramáticas do Brasil (3 tomos). Belo Horizonte/Brasília: Itatiaia/INL, 1982.

Entrevistas e depoimentos. São Paulo: TA Queiroz, 1983.

Os cocos. São Paulo/Brasília: Duas Cidades/INL/Pró-Memória, 1984.

"Candido Portinari". *Revista do Patrimônio Histórico e Artístico Nacional*, no 20, 1984.

Quatro pessoas. Belo Horizonte: Itatiaia, 1985.

"A dona ausente". *Revista do Brasil*. Rio de Janeiro: Secretaria de Ciência e Cultura, ano 2, n.4, 1985.

As melodias do boi e outras peças. Brasília/São Paulo: Duas Cidades/INL/Pró-memória, 1987.

Dicionário musical brasileiro. São Paulo: Edusp/Itatiaia, 1989.

O banquete. São Paulo: Duas Cidades, 1989.

Será o Benedito! São Paulo: Educ -Editora da PUC, 1992.

Música e jornalismo – Diário de S. Paulo. São Paulo: Edusp/Hucitec, 1993

Vida literária. São Paulo: Edusp/Hucitec, 1993.

Vida do cantador. Belo Horizonte/Rio de Janeiro: Villa Rica, 1993.

A enciclopédia brasileira. São Paulo: Edusp/Loyola/Giordano, 1993.

Mário de Andrade: Fotógrafo e turista aprendiz. São Paulo: IEB/USP, 1993.

Balança, Trombeta e Battleship ou os descobrimentos da alma. São Paulo: Instituto Moreira Salles/IEB-USP, 1994.

Introdução à estética musical. São Paulo: Hucitec, 1995.

Música final (artigos de "Mundo Musical") (org. Jorge Coli). São Paulo: Unicamp, 1998.

"O prazer estético", *Gragoatá* 7, Niterói: UFF, 2º semestre de 1999.

De São Paulo. São Paulo: Sesc/Senac, 2004.

Obra Imatura. Rio de Janeiro: Agir, 2009.

A escrava que não é Isaura. Rio de Janeiro: Nova Fronteira, 2010.

No cinema. Rio de Janeiro: Nova Fronteira, 2010.

Poesias completas (2 vols.). Rio de Janeiro: Nova Fronteira, 2013.

MARIO SOBRAL

HA UMA GOTA DE SANGUE
EM CADA POEMA

SÃO PAULO
POCAI & COMP.
MCMXVII

Capa da primeira edição, ilustrada pelo autor, 1917.

Capa de Guilherme de Almeida.
Edição do autor na gráfica da Casa
Mayença. São Paulo, 1922.

Capa da primeira edição, 1925.

Capa: Di Cavalcanti. Publicação do autor na Casa Editora A. Tisi, impressa na Gráfica Ideal de H. L. Canton. São Paulo, 1926.

Capa da primeira edição, 1926.

MARIO DE ANDRADE

CLAN DO JABOTÍ

POESIA

:: 1927 ::
S. PAULO

Capa de Mário de Andrade. Edição do autor no Estabelecimento Gráfico de Eugenio Cupolo. São Paulo, 1927.

Mario de Andrade

REMATE DE MALES

POESIA

S. PAULO
1930

Capa de Mário de Andrade. Edição do autor no Estabelecimento Gráfico de Eugenio Cupolo. São Paulo, 1930.

MARIO DE ANDRADE

POESIAS

LIVRARIA MARTINS EDITORA
São Paulo
1941

Capa de Mário de Andrade.
Edição da Livraria Martins Editora,
São Paulo, 1941.

CORRESPONDÊNCIA

Mário de Andrade escreve cartas a Alceu, Meyer e outros. Rio de Janeiro: Editora do Autor, 1968.

Itinerários (Cartas de Mário de Andrade e Manuel Bandeira a Alphonsus de Guimaraens Filho). São Paulo: Duas Cidades, 1974.

Rubens Borba de Moraes. Lembrança de Mário de Andrade – 7 cartas. São Paulo: 1979.

Remetente: Mário de Andrade – Destinatário: Fernando Sabino – Cartas a um jovem escritor. Rio de Janeiro: Record, 1981.

Mário de Andrade: cartas de trabalho – Correspondência com Rodrigo Mello Franco de Andrade. (org. Lélia Coelho Frota). Rio de Janeiro/Brasília: MEC/SPHAN – Pró-Memória, 1981.

Mário de Andrade: Cartas a Murilo Miranda. Rio de Janeiro: Nova Fronteira, 1981.

A lição do amigo: cartas de Mário de Andrade a Carlos Drummond de Andrade. Rio de Janeiro: José Olympio, 1982.

Correspondente contumaz: cartas de Mário de Andrade a Pedro Nava. Rio de Janeiro: Nova Fronteira, 1982.

Cartas de Mário de Andrade a Álvaro Lins. Rio de Janeiro: Livraria José Olympio Editora, 1983.

Cartas – Mário de Andrade/Oneyda Alvarenga. São Paulo: Duas Cidades, 1983.

Cartas de Mário de Andrade a Prudente de Moraes, neto (org. Georgina Koifman). Rio de Janeiro: Nova Fronteira, 1985.

Mário de Andrade – A lição do guru: cartas a Guilherme Figueiredo. Rio de Janeiro: Civilização Brasileira, 1989.

Mário de Andrade – Cartas a Anita Malfatti (org. Marta Rossetti Batista). Rio de Janeiro: Forense Universitária, 1989.

Querida Henriqueta: cartas de Mário de Andrade a Henriqueta Lisboa. Rio de Janeiro: José Olympio, 1990.

Cartas de Mário de Andrade a Luis da Camara Cascudo. Belo Horizonte/Rio de Janeiro: Villa Rica, 1991.

Mário de Andrade e(m) Campos de Goytacazes: cartas de Mário de Andrade a Alberto Lamego. Niterói: Editora da UFF, 1992.

Postais a Mário de Andrade – Tudo está tão bom tão gostoso... (org. Marcos A. Moraes). São Paulo: Edusp/Hucitec, 1993.

Mário e o pirotécnico aprendiz: cartas de Mário de Andrade a Murilo Rubião (org. Marcos A. Moraes), Belo Horizonte: Editora UFMG, 1995.

Portinari, amico mio: cartas de Mário de Andrade a Candido Portinari (org. Annateresa Fabris). Campinas/Rio de Janeiro: Mercado de Letras, 1995.

Carta ao pintor moço. São Paulo: Boitempo/IEB-USP, 1995.

Cecília e Mário. Rio de Janeiro: Nova Fronteira, 1996.

Mário de Andrade & Tarsila do Amaral (org. Aracy Amaral). São Paulo: Edusp, 1999.

Mário de Andrade & Manuel Bandeira: correspondência (org. Marcos A. Moraes). São Paulo: Edusp, 2000.

Carlos & Mário (org. Silviano Santiago). Rio de Janeiro: Bem-te-Vi, 2002.

Mário, Otávio (Cartas de Mário de Andrade a Otávio Dias Leite) (org. Marcos A. Moraes), São Paulo: Imprensa Oficial, 2006.

Pio & Mário: diálogo da vida inteira. São Paulo/Rio de Janeiro: Sesc/Ouro sobre Azul, 2009.

71 cartas de Mário de Andrade (org. Lygia Fernandes). Rio de Janeiro: Livraria São José, s/d.

Câmara Cascudo e Mário de Andrade – Cartas (org. Marcos A. Moraes). São Paulo: Global, 2010.

Mário de Andrade & Henriqueta Lisboa: correspondência (org. Eneida M. Souza). São Paulo: Edusp, 2010.

Mário de Andrade & Luiz Camillo de Oliveira Netto – Correspondência (org. Maria Luiza Penna). São Paulo: Edusp, 2012.

Mário de Andrade e Sérgio Buarque de Holanda – Correspondência (org. Pedro Meira Monteiro). São Paulo: Companhia das Letras/Edusp, 2012.

Mário de Andrade & escritores/artistas argentinos (org. Patricia Artundo). São Paulo: Edusp, 2013.

BIBLIOGRAFIA GERAL

A REVISTA. Edição fac-similar. São Paulo: Metal Leve, 1978.

ALBIN, Ricardo Cravo. *Dicionário Houaiss ilustrado: música popular brasileira*. Rio de Janeiro: Paracatu Editora, 2006.

ALMEIDA, Renato (org.). *Graça Aranha. Trechos Escolhidos*. Rio de Janeiro: Agir, 1970.

ALVARENGA, Oneyda. *Mário de Andrade, um pouco*. Rio de Janeiro: José Olympio, 1974.

AMARAL, Aracy. *Tarsila sua obra e seu tempo*. (2 vols.). São Paulo: Perspectiva, 1985.

_____. *Artes plásticas na semana de 22*. São Paulo: Perspectiva, 1970.

ANDRADE, Carlos Drummond de. *Reunião I*. Rio de Janeiro: José Olympio, 1983.

ANDRADE, Gênese. "Amizade em mosaico: A correspondência de Oswald a Mário de Andrade". *Teresa*, Revista de Literatura Brasileira 8/9. São Paulo: USP/Editora 34/Imprensa Oficial, 2008.

ANDRADE, Oswald de. *Do pau-brasil à antropofagia e às utopias. Obras completas* 6. Rio de Janeiro: Civilização Brasileira, 1970.

_____. *Poesias reunidas*. São Paulo: Difel, 1966.

_____. *Um homem sem profissão – Sob as ordens de mamãe. Obras completas* 9. Rio de Janeiro: Civilização Brasileira, 1974.

ANTELO, Raul. *Na ilha de Marapatá*. São Paulo/Brasília: Hucitec/Minc Pró-Memória, 1986.

ARANHA, Graça. *Obra completa*. Rio de Janeiro: Conselho Federal de Cultura, 1969.

_____. *A estética da vida*. Rio de Janeiro/Paris: Garnier, 1921.

ARENDT, Hannah. *Origens do totalitarismo*. São Paulo: Companhia das Letras, 1989.

ARTE EM REVISTA. "Questão popular". São Paulo: Kairós, 1980, nº 3.

ATHAYDE, Tristão de. *Companheiros de viagem*. Rio de Janeiro: José Olympio, 1971.

_____. (Org. Gilberto Mendonça Teles). *Teoria, crítica e história literária*. Rio de Janeiro: LTC, 1980.

_____. *Estudos* 1ª série. Rio de Janeiro: A Ordem, 1929.

_____. *Estudos* 2ª série. Rio de Janeiro. Terra do Sol, 1928.

AVANCINI, José Augusto. *"Expressão" plástica e consciência nacional na crítica de Mário de Andrade*. (Tese). São Paulo, 1992.

BANDEIRA, Manuel. *Itinerário de Pasárgada*, Rio de Janeiro: Editora do Autor, 1966.

_____. "Mário de Andrade, animador da cultura musical brasileira". In: *Colóquio unilateralmente sentimental*. Rio de Janeiro: Record, 1969.

_____. *Estrela da vida inteira*. Rio de Janeiro: Nova Fronteira, 1993.

_____. "A Mário de Andrade ausente". In *Belo belo*. In: *Obras completas - poesia completa e prosa*. 4. ed. Rio de Janeiro: Nova Aguilar, 1990. p. 279-280.

BARBATO JR., Roberto. *Missionários de uma utopia nacional-popular*. São Paulo: Annablume/Fapesp, 2004.

BARBOSA, Francisco de Assis. *Testamento de Mário de Andrade e outras reportagens*. Rio de Janeiro: Ministério da Educação e Saúde, 1954.

BARGMANN, Luiz. *A casa do Mário*. São Paulo: Videofau, 2013 (vídeo).

BARONGENO, Luciana. "Mário de Andrade, professor do conservatório dramático e musical de São Paulo". I Simpósio Brasileiro de Pós-graduação em Música – UNIRIO, Rio de Janeiro, 8-10 nov. 2010.

BATISTA, Marta Rossetti; LOPEZ, Telê Ancona; LIMA, Yone Soares. (orgs.). *Brasil: 1º tempo modernista – 1917/29 – Documentação*. São Paulo: IEB/USP, 1972.

BATISTA, Marta Rossetti (org.). *Anita Malfatti e seu tempo*. Rio de Janeiro: Centro Cultural do Banco do Brasil (CCBB), 1996.

BENJAMIN, Walter. *Obras escolhidas I*. São Paulo: Brasiliense, 2010.

BERRIEL, Carlos Eduardo (org.). *Mário de Andrade hoje*. São Paulo: Ensaio, 1990.

BOAVENTURA, Maria Eugenia. *O salão e a selva*. Campinas: Editora da Unicamp, 1995.

BOMENY, Helena. *Um poeta na política*. Rio de Janeiro: Casa da Palavra, 2012.

BOPP, Raul. *Cobra Norato*. Rio de Janeiro: Livraria São José, 1956.

BOPP, Raul. *Movimentos modernistas no Brasil*. Rio de Janeiro: Livraria São José, 1966.

BOTELHO, André. *De olho em Mário de Andrade: uma descoberta intelectual e sentimental do Brasil*. São Paulo: Claro Enigma, 2012.

BRITO, Mário da Silva. *História do Modernismo brasileiro: antecedentes da Semana de Arte Moderna*. Rio de Janeiro: Civilização Brasileira, 1971.

_____. *Diário intemporal*. Rio de Janeiro: Civilização Brasileira, 1970.

_____. *Ângulo e horizonte*. São Paulo: Martins, 1969.

CALIL, Carlos Augusto (org.). *Mário de Andrade: diretor do Departamento de Cultura de São Paulo*. São Paulo: Centro Cultural São Paulo, 2003.

CAMARGO, Eduardo. "Mário de Andrade, meu cunhado". *Jornal de Letras*, out. 1951.

CAMARGOS, Marcia. *Villa Kyrial*. São Paulo: Senac, 2001.

CAMPOS, Francisco. *O Estado nacional e outros ensaios*. Brasília: Câmara dos Deputados, 1983.

CAMPOS, Haroldo de. *Morfologia de Macunaíma*. São Paulo: Perspectiva, 2008.

CANDIDO, Antonio. *Literatura e sociedade*. Rio de Janeiro: Ouro sobre Azul, 2008.

_____. *O discurso e a cidade*. Rio de Janeiro: Ouro sobre Azul, 2004.

CARNEIRO, Maria Luiza Tucci; LAFER, Celso. *Judeus e judaísmo na obra de Lasar Segall*. São Paulo: Ateliê Editorial, 2004.

CARONE, Edgard. *A Segunda República*. São Paulo: Difel, 1974.

CAVALCANTI, Lauro. (org.) *Modernistas na repartição*. Rio de Janeiro: UFRJ/Paço Imperial/Tempo Brasileiro, 1993.

CASTRO, Moacir Werneck de. *Mário de Andrade: exílio no Rio*. Rio de Janeiro: Rocco, 1989.

CATÁLOGO da série correspondência de Mário de Andrade. Edição eletrônica. São Paulo: IEB/USP/Vitae.

CARNICEL, Amarildo. *O fotógrafo Mário de Andrade*. Campinas: Editora Unicamp, 1993.

CAVALCANTI, Maria Laura V. C. *Reconhecimentos: Antropologia, folclore e cultura popular*. Rio de Janeiro: Aeroplano, 2012.

CHAMIE, Mário. *Pauliceia dilacerada*. Ribeirão Preto: Funpec, 2009.

CENDRARS, Blaise. *Etc..etc...(um livro 100% brasileiro)*. São Paulo: Perspectiva, 1976.

CLIMA. São Paulo: mai. 1941.

CHAUÍ, Marilena. *Cidadania cultural: o direito à cultura*. São Paulo: Fundação Perseu Abramo, 2006.

COELHO, Frederico. *A semana sem fim*. Rio de Janeiro: Casa da Palavra, 2012.

COHN, Sergio. *Revistas de invenção*. Rio de Janeiro: Azougue Editorial, 2011.

COLEÇÃO MÁRIO DE ANDRADE – Artes plásticas. São Paulo: IEB/USP, 1998.

COSTA, Walter Carlos (org.) *Arca*. Revista Literária Anual. Porto Alegre: Editora Paraula, 1993.

CORREIA, Marlene de Castro. *Poesia de dois andrades (e outros temas)*. Rio de Janeiro: Azougue Editorial, 2010.

COSTA, Gilmara Benevides. *O canto sedutor de Chico Antônio*. Natal: Editora da UFRN, 2004.

CULTURA – Revista trimestral. Ministério da Educação e Cultura, jan.-mar. 1972, ano 2, n. 5.

DASSIN, Joan. *Política e poesia em Mário de Andrade*. São Paulo: Duas Cidades, 1978.

DIAS, Cícero. *Eu vi o mundo*. São Paulo: Cosac Naify, 2011.

DOYLE, Plinio. *História de revistas e jornais literários*, vol. I. Rio de Janeiro: Fundação Casa de Rui Barbosa, 1976.

DUARTE, Paulo. *Mário de Andrade por ele mesmo*. São Paulo: Edart, 1971.

DUARTE, Pedro. *A palavra modernista*. Rio de Janeiro: Casa da Palavra, 2014.

ESPINHEIRA FILHO, Ruy. *Tumulto de amor e outros tumultos: criação e arte em Mário de Andrade*. Rio de Janeiro: Record, 2001.

ESTÉTICA (edição fac-similar). São Paulo: Gernasa, 1974.

EULALIO, Alexandre. *A aventura brasileira de Blaise Cendrars*. São Paulo: Quíron, 1978.

EU SOU TREZENTOS, SOU TREZENTOS E CINCOENTA, uma autobiografia de Mário de Andrade. São Paulo/Florianópolis: mar. 1995.

EXPOSIÇÃO Mário de Andrade. Rio de Janeiro: Biblioteca Nacional, 1970.

FABRIS, Annateresa. "Mário de Andrade e o Aleijadinho: O barroco visto pelo expressionismo", *Barroco*, 12, Belo Horizonte, 1983.

_____. *Candido Portinari*. São Paulo: Edusp, 1996.

_____. *Portinari, pintor social*. São Paulo: Perspectiva, 1990.

FABRIS, Annateresa (org.) *Modernidade e Modernismo no Brasil*. Porto Alegre: Zouk, 2010.

FAUSTO, Boris (org.). *História geral da civilização brasileira*, tomo 3, vols. 8 e 9. Rio de Janeiro: Bertrand, 2006.

_____. *História do Brasil*. São Paulo: Edusp, 2012.

FERES, Nites Therezinha. *Leituras em francês de Mário de Andrade*. São Paulo: IEB/USP, 1969.

FREYRE, Gilberto. *Casa-grande & senzala*. São Paulo: Global Editora, 2010.

GIUNTA, Andrea (org.). *Candido Portinari y el sentido social del arte*. Buenos Aires, Siglo XXI, 2005.

GOMES, Angela Castro. *Essa gente do Rio*. Rio de Janeiro: FGV, 1999.

GONÇALVES, Marcos Augusto. *1922: A semana que não terminou*. São Paulo: Companhia das Letras, 2012.

GREMBECKI, Maria Helena. *Mário de Andrade e "L'Esprit Nouveau"*. São Paulo: IEB/USP, 1969.

GRÜNEWALD, José Lino. "Mário de Andrade poeta". *Correio da Manhã*, 11 jun. 1967.

GUINSBURG, J. *O expressionismo*. São Paulo: Perspectiva, 2002.

HOLANDA, Heloisa Buarque de. *Macunaíma: da literatura ao cinema*. Rio de Janeiro: José Olympio/Embrafilme, 1978.

HOLANDA, Sérgio Buarque. *Escritos coligidos* (2 vols.). São Paulo: Unesp/ Fundação Perseu Abramo, 2011.

_____. *Raízes do Brasil*. Rio de Janeiro: José Olympio, 1973.

INOJOSA, Joaquim. *O movimento modernista em Pernambuco*. Rio de Janeiro: Gráfica Tupy, s/d.

_____. *Os Andrades e outros aspectos do Modernismo*. Rio de Janeiro: Civilização Brasileira, 1975.

IVO, Ledo. *Lição de Mário de Andrade*. Rio de Janeiro: Ministério da Educação e Saúde, 1952.

JARDIM, Eduardo. *A brasilidade modernista:* sua dimensão filosófica. Rio de Janeiro: Graal, 1978.

_____. *Limites do moderno*. Rio de Janeiro: Relume Dumará, 1999.

_____. *Mário de Andrade – a morte do poeta*. Rio de Janeiro: Civilização Brasileira, 2005.

JARDIM, Eduardo; OSORIO, Luiz Camillo; LEONÍDIO, Otavio. *Italo Campofiorito: olhares sobre o moderno*. Rio de Janeiro: Casa da Palavra, 2012.

KLAXON: mensário de arte moderna. São Paulo: Martins/Secretaria de Cultura, 1976.

KNOLL, Victor. *Paciente arlequinada*. São Paulo: Hucitec, 1983.

LACERDA, Carlos. *Cartas*. Rio de Janeiro: Bem-Te-Vi, 2014.

_____. *Minhas cartas e as dos outros*. (2 vols.) Brasília: UNB, 2005.

LAFETÁ, João Luiz. *Figuração da intimidade*. São Paulo: Martins Fontes, 1986.

LAFETÁ, João Luiz. *1930: A crítica e o Modernismo*. São Paulo: Duas Cidades, 1974.

LARA, Cecília de. *Klaxon e Terra Roxa e Outras Terras*. São Paulo: IEB/USP, 1972.

LIMA, Luiz Costa. *Lira e antilira*. Rio de Janeiro: Civilização Brasileira, 1968.

LIMA, Jorge de. *Invenção de Orfeu. Poesias completas III*. Rio de Janeiro/Brasília: INL/Aguilar, 1974.

LIMA, Alceu Amoroso. *Memórias improvisadas*. Petrópolis: Vozes, 1973.

LINS, Álvaro. *Os mortos de sobrecasaca*. Rio de Janeiro: Civilização Brasileira, 1963.

LIRA NETO. *Getúlio – 1930-1945*. São Paulo: Companhia das Letras, 2013.

LISSOVSKY, Mauricio; SÁ, Paulo Sergio Moraes de. *Colunas da educação*. Rio de Janeiro: Edições do Patrimônio, 1996.

LOPEZ, Telê Porto Ancona. *Mário de Andrade: ramais e caminhos*. São Paulo: Duas Cidades, 1972.

_____. *Macunaíma: a margem e o texto*. São Paulo: Hucitec. 1974.

_____. (org.) *A imagem de Mário*. Rio de Janeiro: Edições Alumbramento, 1984.

LOPEZ, Telê Porto Ancona (org.). *Eu sou trezentos, eu sou trezentos e cincoenta*. Rio de Janeiro: Agir, 2008.

LUCA, Tania Regina de. *Leituras, projetos e (re)vistas do Brasil*. São Paulo: Unesp/Fapesp, 2011.

MÁRIO DE ANDRADE. Coleção grandes personagens da nossa história, São Paulo: Abril Cultural, 1970.

SOARES, L.G. "Mário de Andrade e a sociedade de Etnografia e Folclore, no departamento de Cultura da Prefeitura Municipal de São Paulo." Rio de Janeiro/São Paulo: Funart/ Instituto Nacional do Folclore/ Secretaria Municipal de Cultura, 1983.

"MÁRIO DE ANDRADE, o proibido." *Jornal do Brasil*, 10 ago. 1968.

MARQUES, Ivan. *Modernismo em revista*. Rio de Janeiro: Casa da Palavra, 2013.

MARTINS, Wilson. *A literatura brasileira: o Modernismo*. São Paulo: Cultrix, 1969.

MELLO E SOUZA, Gilda de. *A ideia e o figurado*. São Paulo: Duas Cidades/Editora 34, 2005.

_____. *O tupi e o alaúde: uma interpretação de Macunaíma*. São Paulo: Duas Cidades, 1979.

_____. *A palavra afiada*. Rio de Janeiro: Ouro sobre Azul, 2014.

MELLO, Mário Vieira de. *Desenvolvimento e cultura:* o problema do estetismo no Brasil. São Paulo: Companhia Editora Nacional, 1963.

MENDES, Murilo. *Convergência*. São Paulo: Duas Cidades, 1970.

MICELI, Sergio. *Intelectuais e classe dirigente no Brasil (1920-1945)*. São Paulo: Difel, 1979.

MODERNISMO BRASILEIRO. Rio de Janeiro: Divisão de publicações e divulgação, Biblioteca Nacional, 1972.

MORAES, Marcos Antonio de. *Orgulho de jamais aconselhar: a epistolografia de Mário de Andrade*. São Paulo: Edusp, 2007.

MORAES, J.A. Leite. *Apontamentos de viagem*. São Paulo: Penguin/Companhia das Letras, 2011.

MORAIS, Frederico. *Lasar Segall e o Rio de Janeiro*. Rio de Janeiro: Museu de Arte Moderna, 1991.

NAVA, Pedro. *Beira-mar*. Rio de Janeiro: José Olympio, 1978.
_____. *Galo das trevas*. São Paulo: Companhia das Letras, 2014.

NAVES, Santuza. *O Brasil em uníssono*. Rio de Janeiro: Casa da Palavra, 2013.

NUNES, Benedito. "O Modernismo na história das vanguardas". *Estado de S. Paulo*, Suplemento Literário, 1 jun. 1968.

ODALIA, N.; CALDEIRA, João R. C. (orgs.) *História do Estado de São Paulo*. Vol. 2. São Paulo: Imprensa Oficial, 2010.

OLIVEIRA, Francini V. "Intelectuais, cultura e política na São Paulo dos anos 30: Mário de Andrade e o Departamento Municipal de Cultura". *Plural*, 12, 2005.

OLIVEIRA, Lucia Lippi (org.). *Elite intelectual e debate político nos anos 30*. Rio de Janeiro: FGV, 1980.

O PERCEVEJO – Modernistas no teatro brasileiro II - Mário de Andrade e outros. Rio de Janeiro: Unirio – Departamento de Teoria do Teatro, ano 5, n. 5, 1997.

O BRASIL DE MÁRIO DE ANDRADE. (Catálogo). Rio de Janeiro: Museu da República, 1998-1999.

PARANAGUÁ, Paulo Antonio. *A invenção do cinema brasileiro*. Rio de Janeiro: Casa da Palavra, 2014.

PENNA, Maria Luiza. *Luiz Camillo: perfil intelectual*. Belo Horizonte: Editora da UFMG, 2006.

PEREIRA, Maria Elisa. *Lundu do escritor difícil*. São Paulo: Unesp, 2006.

PINTO, Edith Pimentel. *A gramatiquinha de Mário de Andrade: texto e contexto*. São Paulo: Duas Cidades, 1990.

PONTES, Heloisa. *Destinos mistos*. São Paulo: Companhia das Letras, 1998.

PRADO, Paulo. *Retrato do Brasil*. Rio de Janeiro, Briguiet, 1931.

PROENÇA, M. Cavalcanti *Roteiro de Macunaíma*. Rio de Janeiro: Civilização Brasileira, 1969.

LARA, Cecilia de (org.). *Pressão afetiva & aquecimento intelectual: cartas de Antônio de Alcântara Machada a Prudente de Moraes, neto*. São Paulo: Editora da PUC/Lemos Ed., 1997.

PUCHEU, Alberto; GUERREIRO, Eduardo (orgs.). *O Carnaval carioca de Mário de Andrade*. Rio de Janeiro: Azougue, 2011.

QUEM É QUEM NAS ARTES E NAS LETRAS DO BRASIL. Brasília: Ministério das Relações Exteriores, 1966.

RAMOS Jr., José de Paula (org.). *Leituras de Macunaíma*. São Paulo: Edusp/Fapesp, 2012.

RANGEL, Lúcio. *Sambistas e chorões*. Rio de Janeiro: IMS, 2014.

REVISTA DE ANTROPOFAGIA. Edição fac-similar. São Paulo: Metal Leve, 1975.

REVISTA DE CULTURA VOZES. *50 anos de Modernismo brasileiro*. Petrópolis, ano 66, vol. LXVI, 1972.

REVISTA DO ARQUIVO MUNICIPAL. Vol. 198, edição fac-similar do n. 106, 1946.

REVISTA BRASILEIRA DE MÚSICA. Vol, IX, 1943. Homenagem a Mário de Andrade. Artigos de Carleton Sprague Smith, Luiz Heitor Correa de Azevedo, Camargo Guarnieri, Francisco Mignone e A. Sá Pereira.

RODRIGO E SEUS TEMPOS. Rio de Janeiro: Publicações da Secretaria do Patrimônio Histórico e Artístico Nacional, 1986.

SALGADO, Plínio; PICCHIA, Menotti del; RICARDO, Cassiano. *O curupira e o carão*. São Paulo: Editorial Hélios, 1927.

SANDRONI, Carlos. *Mário contra Macunaíma*. Rio de Janeiro: Vértice, 1988.

SCHWARTZMAN, S.; BOMENY, H.; COSTA, V. R. *Tempos de Capanema*. São Paulo: Paz e Terra, 2000.

SCHWARCZ, Lilia. (org.) *História do Brasil Nação*, vol. 3. Madri/Rio de Janeiro: Mapfre/Objetiva, 2012.

SCHWARTZ, Jorge. *Vanguardas latino-americanas*. São Paulo: Edusp/Iluminuras, 1995.

SCHWARZ, Roberto. *A sereia e o desconfiado*. São Paulo: Paz e Terra, 1981.

SEMANA DE 22. Museu de Arte de São Paulo. São Paulo, mai. 1972.

SENNA, Homero. *República das Letras*. Rio de Janeiro: Civilização Brasileira, 1996.

SEROFF, Victor. *Dmitri Shostakovich*. Rio de Janeiro: Gráfica O Cruzeiro, 1945.

SOUZA, Eneida Maria de. *A pedra mágica do discurso*. Belo Horizonte: Editora da UFMG, 1999.

_____; ROTHIER, Marília. *Modernidade toda prosa*. Rio de Janeiro: Casa da Palavra, 2014.

TARSILA DO AMARAL. Coleção Folha – Grandes Pintores Brasileiros. Itaú Cultural/*Folha de S. Paulo*, 2013.

TELES, Gilberto Mendonça. *Vanguarda europeia e Modernismo brasileiro*. Petrópolis: Vozes, 2009.

TERRA ROXA E OUTRAS TERRAS. Edição fac-similar. São Paulo: Secretaria de Cultura, 1977.

TONI, Flávia Camargo. (org.) *A música popular brasileira na vitrola de Mário de Andrade*. São Paulo: Sesc/Senac, 2004.

_____. "Viola quebrada, também Maroca, para Mário de Andrade". Disponível em: <http://www.ieb.usp.br/marioscriptor_2/criacao/viola-quebrada-tambem-maroca-para-mario-de-andrade.html>. Acesso em: 29 set. 2014.

TRAVASSOS, Elizabeth. *Os mandarins milagrosos*. Rio de Janeiro: Funarte/Jorge Zahar Editor, 1997.

UM DESEJO QUASI ENRAIVECIDO DO RIO. Anais do seminário Mário de Andrade e o Rio de Janeiro. Rio de Janeiro: Edições Casa de Rui Barbosa, 1996.

"UMA FÁBULA LATINO-AMERICANA". *Jornal do Brasil*, 13 jun. 1970.

VALENTINI, Luísa. *Um laboratório de antropologia*. São Paulo: Alameda, 2013.

TOLIPAN, Sergio *et al*. *Sete ensaios sobre o Modernismo*. Rio de Janeiro: Funarte, 1983.

VELLOSO, Monica Pimenta. *Modernismo no Rio de Janeiro*. Rio de Janeiro: FGV, 1996.

_____. *História & Modernismo*. Belo Horizonte: Autêntica, 2010.

VIEIRA, Lucia Gouveia. *O salão de 1931*. Rio de Janeiro: Funarte, 1984.

WISNIK, José Miguel. *O coro dos contrários*. São Paulo: Duas Cidades, 1977.

ACERVOS PESQUISADOS

Fundação Biblioteca Nacional
Fundação Casa de Rui Barbosa
Instituto de Estudos Brasileiros | Universidade de São Paulo (IEB)

ACERVOS DAS IMAGENS

Instituto de Estudos Brasileiros | Universidade de São Paulo (IEB): 5, 10, 32, 33, 34, 35, 62 (baixo), 64-65, 66, 98-99, 100, 101, 102-103, 104-105, 106, 120 (alto), 122, 124, 137, 138, 147, 149, 180, 181, 182-183, 184, 212, 214, 220-221 e 254-255.
Museu da Cidade de São Paulo: 16 e 148.
Acervo do autor: 63.
Acervo Ouro Sobre Azul: 121, 122 (alto), 123 e 213.
Fundação Casa de Rui Barbosa: 120 (baixo)

Todos os esforços foram feitos para contatar os detentores de direitos autorais das imagens inseridas nesta obra. Os direitos encontram-se devidamente reservados.

AGRADECIMENTOS

Este livro nasceu de uma conversa com a amiga e editora Ana Cecilia Impellizieri Martins. Por todo o tempo da pesquisa e da redação do livro contei com sua colaboração. Para grande parte da investigação e na preparação da versão final do texto tive o apoio da bolsa de pesquisador residente da Fundação Biblioteca Nacional – PNAP-R. Sou grato a Angela di Stasio e Ângela Fatorelli pela atenção. Alguns amigos acompanharam de perto a elaboração deste trabalho. Agradeço especialmente a Marcelo Jasmin, Maria Elisa Sá, Pedro Duarte, Marcela Oliveira e Michel da Silva Almeida. Carlos Augusto Camargo e Paulo Antonio Paranaguá deram importantes sugestões. Muito obrigado à Cristiane de Andrade Reis, à Aline Castilho e à equipe da Edições de Janeiro.

SOBRE O AUTOR

Eduardo Jardim nasceu no Rio de Janeiro em 1948. Seu interesse pelo modernismo surgiu no final dos anos 1960, em uma viagem de estudos fora do país, como se a distância tivesse favorecido uma interrogação sobre a cultura brasileira. No retorno, formou-se em Filosofia na Pontifícia Universidade Católica (PUC-Rio), onde fez também o mestrado, que resultou no livro *A brasilidade modernista sua dimensão filosófica* (Graal, 1978). No doutorado, em 1983, na Universidade Federal do Rio de Janeiro (UFRJ), voltou a examinar, de um ponto de vista filosófico, as teses do modernismo brasileiro. Nos anos seguintes ampliou a investigação sobre o significado do modernismo em um estágio de pós-doutorado na Alemanha, em 1987, e no estudo de Hannah Arendt e Octavio Paz, sobre os quais escreveu *A duas vozes – Hannah Arendt e Octavio Paz* e *Hannah Arendt – pensadora da crise e de um novo início*. Voltou a tratar do modernismo e especificamente da obra de Mário de Andrade em *Limites do Moderno* e em *A morte do poeta*. Por muitos anos, Eduardo Jardim foi professor da PUC-Rio, no Departamento de Filosofia, quando orientou teses e trabalhou em parceria com pesquisadores de História e de Letras.

Mário em 1945 no sítio Santo Antônio, em São Roque, que comprou e providenciou sua reforma para que fosse doado, depois de sua morte, como residência de artistas.

Este livro foi editado na Cidade de São Sebastião do Rio de Janeiro no verão de 2015. O texto foi composto com as tipografias Warnock Pro e Neutra Display e impresso em papel Pólen Soft 80g/m² nas oficinas da gráfica Edelbra.